权威·前沿·原创

皮书系列为
"十二五""十三五"国家重点图书出版规划项目

BLUE BOOK

智 库 成 果 出 版 与 传 播 平 台

广东外经贸蓝皮书

BLUE BOOK OF FOREIGN TRADE AND ECONOMY IN GUANGDONG

广东对外经济贸易研究报告
（2020~2021）

ANNUAL REPORT ON THE DEVELOPMENT OF FOREIGN TRADE AND ECONOMY
IN GUANGDONG (2020-2021)

主　编 / 陈万灵

副主编 / 何传添　刘　胜

社会科学文献出版社
SOCIAL SCIENCES ACADEMIC PRESS（CHINA）

图书在版编目（CIP）数据

广东对外经济贸易研究报告. 2020－2021／陈万灵主
编. －－北京：社会科学文献出版社，2021.7
（广东外经贸蓝皮书）
ISBN 978－7－5201－8649－0

Ⅰ.①广… Ⅱ.①陈… Ⅲ.①对外贸易－贸易发展－
研究报告－广东－2020－2021 Ⅳ.①F752.865

中国版本图书馆 CIP 数据核字（2021）第 136460 号

广东外经贸蓝皮书
广东对外经济贸易研究报告（2020~2021）

主　　编／陈万灵
副 主 编／何传添　刘　胜

出 版 人／王利民
组稿编辑／许秀江
责任编辑／田　康　陈凤玲　李真巧

出　　版／社会科学文献出版社·经济与管理分社（010）59367226
　　　　　地址：北京市北三环中路甲 29 号院华龙大厦　邮编：100029
　　　　　网址：www.ssap.com.cn
发　　行／市场营销中心（010）59367081　59367083
印　　装／天津千鹤文化传播有限公司

规　　格／开 本：787mm×1092mm　1/16
　　　　　印 张：18　字 数：267 千字
版　　次／2021 年 7 月第 1 版　2021 年 7 月第 1 次印刷
书　　号／ISBN 978－7－5201－8649－0
定　　价／158.00 元

本书如有印装质量问题，请与读者服务中心（010－59367028）联系

广东外经贸蓝皮书编辑委员会

主要编撰者简介

　　陈万灵　博士，教授，博士研究生导师。现任广东外语外贸大学国际经济贸易研究中心（广东省普通高校人文社会科学重点研究基地）主任。兼任中国国际贸易学会理事，广东省新兴经济体研究会副会长兼秘书长，广东省农村经济学会常务理事。曾被广东省委高校工委、广东省教育厅评为"广东省1998年南粤教坛新秀"；获得教育部2010年度"新世纪优秀人才支持计划"资助。

　　主要研究领域：国际贸易与经济发展。曾主持教育部哲学社会科学研究重大课题攻关项目2项，国家社会科学基金1项，省（部）级课题10多项，主持政府政策咨询、企业委托研究项目20多项。在《经济研究》《改革》等专业刊物上发表论文100余篇，出版专著3部，主编教材1部。研究成果获得广东省哲学社会科学优秀成果奖（政府奖）2005年论文类二等奖、2015年调研报告类三等奖、2017年著作类二等奖。

　　何传添　博士，教授，博士研究生导师。现任广东外语外贸大学副校长、国际经济贸易研究中心兼职研究员。兼任教育部经济与贸易教学指导委员会委员，广东省经济与贸易本科教学指导委员会主任委员，广东经济学会跨国公司研究专业委员会会长。

　　主要研究领域：国际贸易理论与政策、世界经济和区域经济合作。主持国家社会科学基金重大课题1项、省（部）级课题多项；主持政府委托及政策咨询、企业委托研究项目10多项。在《国际贸易问题》《改革》等国内外刊物公开发表学术论文 40 余篇。主编《进口贸易实务》《世界经济概论》《国别电子商务概论》等多部教材。

刘　胜　本科毕业于广东外语外贸大学英语专业，硕士毕业于澳大利亚卧龙岗大学国际商务专业（优秀），博士毕业于澳大利亚纽卡斯尔大学经济学专业。现为广东外语外贸大学副教授、国际经济贸易研究中心副主任。兼为澳大利亚金融化研究小组（悉尼大学商学院主持）、澳大利亚统计协会新南威尔士州分会等多个学术团体的会员。

主要研究领域：发展经济学、国际贸易与投资、应用计量经济学。近年来，主持了省部级和市厅级课题各两项，校级项目一项；参与了多项国际合作研究项目。独立出版学术专著一部（全英），在 *Applied Economics* 等 SSCI 期刊和 *International Association of Applied Econometrics* 等国际会议上发表论文多篇。

摘　要

近几年的国际经贸形势非常复杂，中美之间的竞争逐步加剧，从关税领域向实体、科技领域延伸，正当 2020 年元月中美签订第一阶段协议时，新冠肺炎疫情突袭而至并给广东外贸带来了严重影响。

总体来看，广东外贸出现了一些新特征，表现出一定韧性。2020 年，广东进出口规模略微缩小，利用外资和对外直接投资保持增长。以人民币计价，2020 年，货物进出口总额为 7.08 万亿元，比上年下降 0.9%，其中，出口 4.35 万亿元，比上年增长 0.2%；进口 2.73 万亿元，比上年下降 2.6%。受疫情影响，广东外贸发展跌宕起伏，第一季度同比大幅度下滑，之后逐步回升，在第三季度达到最高值，在第四季度略微下滑。广东外贸伙伴结构也发生了较大变化，东盟取代香港，成为广东的第一大贸易伙伴；美国超越欧盟，成为广东的第三大贸易伙伴。从贸易方式和业态看，一般贸易的主导地位正在逐步加强；加工贸易进口和出口同时呈现负向增长，其地位继续减弱；跨境电商、市场采购贸易逆势增长。

从外贸区域角度看，粤港澳大湾区外贸增速呈现放缓趋势。香港外贸增长继续放缓，呈转口贸易减少和离岸贸易增加的趋势。珠三角九市外贸规模一直占广东外贸总额的 95% 左右，粤东西北地区外贸仅仅占广东外贸总额的 5% 左右。珠三角外贸在全国外贸总额中的份额保持在 20% 左右，广州、深圳、东莞、珠海等地区对外贸易的能力不断增强，支撑珠三角九市与港澳之间的贸易水平稳定发展。

从外贸结构来看，外贸出口行业分化明显。医疗仪器及器械、医药材及药品、口罩及防护服等防疫物资出口迅速增长，这很大程度地支撑了广东外贸没有大幅度下滑。广东医药工业的外贸特点是：一是近几年广东医药品出口保持较快增长，但呈现逆差态势；二是广东医疗器械制造的国际竞争优势逐步增强，而医药制造业出口增长乏力；三是从广东医药品贸易看，化学药品制剂出口份额领先，中药材及中成药出口大幅度下降。新冠肺炎疫情刺激了对医药品的需求，医药业特别是中医药外贸得到了一定复苏。

在外贸形势严峻的背景下，广东外贸高质量发展综合得分呈现下降趋势；外贸竞争力得分、外贸可持续发展得分与外贸规模得分略有下降；但外贸结构得分呈现渐进式的增长趋势。其中粤港澳大湾区各地外贸高质量发展各有优势，深圳、广州和香港总体水平排在前列。在外贸基础方面，香港、深圳、广州、佛山和东莞排在前列；在外贸优化度方面，深圳、东莞、广州和香港排在前列；在外贸结构方面，肇庆、惠州、东莞和深圳排在前列；在外贸效益方面，东莞和深圳表现比较突出。

2020 年，广东实际利用外资规模再创历史新高，并呈现回稳的态势。从长期看，利用外资进入全面发展阶段，出现以下特征：一是区域分布不均衡，珠三角地区实际利用外资占全省的95%左右；二是外资来源以港澳资本为主，占广东的80%以上；三是服务业实际利用外资远远超过了第二产业；四是外商"独资化"趋势增强。

为了应对复杂经贸形势，广东积极响应中央关于"六稳""六保"的要求，采取了一系列减税降费、货币金融、继续优化营商环境等措施。综合各方面因素的作用，预计2021年广东外贸形势整体向好，进出口贸易会继续保持最近三年的发展态势，按人民币计价，增长率接近零。

针对外贸各个领域问题，本报告提出了一系列对策和政策建议。一是抓住"双循环"新发展格局的机遇，培育外贸新型竞争优势。二是促进外贸协调发展，进一步挖掘粤东西北地区外贸发展的潜力，大力开拓新兴市场，特别是"一带一路"沿线市场。三是不断优化贸易结构，促进服务贸易稳定发展，做强跨境电商，推动市场采购、外贸综合服与其他新业态融合发展。四是挖掘外贸平台和出口基地的发展潜力，加强民营企业和一般贸易的发展。五是进一步扩大利用外商直接投资的规模，提高利用外资质量。六是对标国际高标准开放规则，进一步优化营商环境，特别重视培育知识产权保护意识，建立粤港澳知识产权司法与行政保护联动机制，开创新时代对外开放创新高地。

关键词： 对外贸易　行业发展　粤港澳大湾区　广东

目 录 ▷▷▷

Ⅰ 总报告

Ⅱ 分报告

Ⅲ　专题报告

皮书数据库阅读**使用指南**

总 报 告

General Report

B.1

广东外经贸形势分析报告
（2020～2021）

肖鹞飞　刘晓情*

摘　要：　2020年，面对新冠肺炎疫情导致的世界经济严重衰退、国际
贸易投资出现萎缩，广东省的经济运行体现出韧性。2020年
全年，广东地区生产总值突破11万亿元，同比增长2.3%；进
出口规模略微缩小，利用外资和对外直接投资保持增长。以
人民币计价，2020年货物进出口总额为7.08万亿元，比上年回
落0.9%。其中，货物出口4.35万亿元，比上年增长0.2%；货
物进口2.73万亿元，比上年下降2.6%。以美元计价，2020年
货物进出口总额为1.02万亿美元，比上年回落1.3%。其中，
货物出口6283亿美元，比上年下降0.2%；货物进口3952亿美
元，比上年下降2.9%。实际利用外资规模比上年增长6.5%，

---

* 肖鹞飞，广东外语外贸大学金融学院教授，研究方向为国际金融、国际贸易、世界经济；刘
晓情，广东外语外贸大学金融学院硕士研究生。

实际对外直接投资比上年增长53.9%。随着国内外疫情得到有效控制，加上新冠肺炎疫苗的推广使用和产生效果，2021年广东省的外贸形势整体向好，货物进出口总额维持在7.0万亿~7.2万亿元的水平，与前三年的平均水平相当。

关键词： 对外贸易　对外投资　利用外资　广东

一 2020年国内外经济形势分析

（一）世界经济形势分析

2020年是极不寻常的一年，影响世界经济走势的决定因素是新冠肺炎疫情的突袭而至及其在全球的蔓延。新冠肺炎病毒具有高传染性、高致病率和高死亡率，为了阻断和减缓疫情在全球的传播，世界各国纷纷采取了隔断人员交往的方式，实行封国、封城等措施。结果是，世界各国的经济活动骤然减速甚至停顿，全球经历了二战以来最为严重的一次经济衰退。

2020年，世界经济走势的特征表现为：一是经济活动随着新冠肺炎疫情的变化而变化；二是世界产出、贸易和投资同步显著萎缩；三是全球绝大多数经济体同步萎缩，并且是国际化程度越高的经济体所受影响越严重；四是全球产业链、供应链和价值链受到巨大冲击；五是传统服务业受到最大冲击，数字经济凸显优势，成为经济稳定和复苏的新动能；六是各国为了稳定经济和维持民生，采取超常规的财政金融扩张和刺激政策，导致全球债务总量快速上升，货币供应量大增。

2020年，各国的失业率明显上升，美国的失业率在2020年4月高达14.4%；欧盟失业率超过7.4%，部分国家的失业率超过10%；部分新兴市场国家失业率居高不下。根据《国际劳工组织监测报告》，2020年全球工作时间比上年减少8.8%，相当于减少了2.55亿个全职岗位。

根据国际货币基金组织 2021 年 1 月发布的《世界经济展望》，2020 年世界（实际）国内生产总值比 2019 年下降 3.5%。其中，发达国家国内生产总值整体下降 4.9%，其中美国下降 3.4%、欧元区下降 7.2%、日本下降 5.1%、英国下降 10%、加拿大下降 5.5%、其他发达国家下降 2.5%；新兴市场和发展中经济体国内生产总值整体下降 2.4%，其中亚洲新兴市场和发展中经济体下降 1.1%、欧洲新兴市场和发展中经济体下降 2.8%、拉丁美洲和加勒比国家下降 7.4%、中东和中亚国家下降 3.2%、撒哈拉以南非洲国家下降 2.6%。特别的是，中国和越南国内生产总值保持了正增长，低收入发展中国家国内生产总值只下降 0.8%。

与世界产出下降相比，全球贸易的下降幅度更大。根据国际货币基金组织发布的数据，2020 年世界货物和服务贸易总额比 2019 年下降 9.6%。与世界产出和全球贸易相比，全球外商直接投资（FDI）更是断崖式地下降。根据联合国贸易和发展会议（UNCTAD）2021 年 1 月发布的《全球投资趋势监测》，2020 年全球 FDI 流量相比 2019 年暴跌 42%，估计从 2019 年的 1.5 万亿美元下降到 8590 亿美元左右，比 2009 年的低谷还低 30%。

2020 年，全球金融市场波动剧烈。美国股市在 3 月 4 次熔断性暴跌，下半年又屡创历史新高；美元汇率大幅波动，黄金价格起伏不定，以石油为代表的大宗商品的期货价格同样出现暴跌暴涨的情况。

2020 年，全球的政府债务水平普遍迅速上升。对于政府总债务占 GDP 的比重，发达国家由 2019 年的 105.3% 上升到 2020 年的 125.5%，新兴市场和中等收入经济体由 52.6% 上升到 62.6%，低收入发展中国家从 43.3% 上升到 48.8%。

（二）中国经济形势分析

2020 年，在新冠肺炎疫情的冲击下，世界经济陷入严重衰退，中国经济的内外部环境错综复杂。在党中央的坚强领导下，全国团结一心，克服重重困难，坚持联防联控，保证经济社会发展各项工作有序开展，促进国内经济快速复苏。2020 年中国 GDP 第一次突破 100 万亿元大关，经济率先实现正向增长。

根据国家统计局的初步统计，2020 年我国的 GDP 为 1015986 亿元，按照可比价格计算，比 2019 年增长 2.3%。按照季度分析，第一季度、第二季度、第三季度、第四季度的 GDP 分别是 205727.0 亿元、248985.1 亿元、264976.3 亿元、296297.8 亿元，与 2019 年同期相比，分别增长 - 6.8%、3.2%、4.9%、6.5%。2020 年，我国经济总量呈现先下降后上升、稳步复苏的特点，并且我国成为全球唯一实现经济正增长的主要经济体。按照三次产业分析，第一产业增加值比上年提升 3.0%，第二产业增加值提升 2.6%，第三产业增加值提升 2.1%。2020 年，全国粮食产量再创历史新高；全国规模以上工业增加值比 2019 年增长 2.8%，实现营业收入增长 0.8%，实现利润增长 4.1%；全国服务生产指数与 2019 年持平，高技术服务业和金融服务业快速增长。市场销售受疫情冲击大，但恢复较快，全年社会消费品零售总额比 2019 年下降 3.9%；固定资产投资稳步回升，比上年增长 2.9%。就业形势总体稳定，2020 年，全国城镇调查失业率每月平均为 5.6%，低于预期目标 6.0%，并且全年城镇新增就业 1186 万人，超过预期目标 900 万人；居民人均可支配收入比 2019 年名义增长 4.7%，实际增长 2.1%，与经济增长基本同步。

在贸易方面，2020 年我国货物进出口总额突破 3 万亿元，达 321557 亿元，与 2019 年相比增长 1.9%。其中，出口货物 17.9 万亿元，同比增长 4%；进口货物 14.2 亿元，同比下降 0.7%。进出口总额和出口总额创历史新高，机电产品出口和传统劳动密集型产品出口的增速都超过 6%。抗疫物资的出口大量增加，在世界贸易组织发布的《2020 年上半年全球医疗贸易报告》中，中国供应世界各国口罩的数量排在全球第一位，成为最大的口罩供应国，占世界口罩出口总额的比重高达 56%，中国是防疫产品方面的三大贸易商之一。2020 年，我国进出口增长速度逐步回升，最终从 6 月开始由负转正，连续 7 个月都是正向增长，其中民营企业的贡献最大，我国民营企业进出口增长 11.1%，较 2019 年上浮 3.9 个百分点。在 2020 年的进出口中，民营企业发挥了主导作用，不畏困难地带动中小企业扩大进出口规模，积极开拓国际市场，拉动我国外贸进出口的增长，2020 年民营企业进出口增长率比全国进出口整体增长率高出 9.2 个百分点。另外，在新冠肺炎疫情席卷全球的背景下，我国进出口逆势上涨，东盟、欧盟、美国、日本和韩国仍然是我国的前五大贸易伙伴，它们与我国的进出口总额 2020 年分别提高 7.0%、5.3%、8.8%、1.2% 和 0.7%，其中美国的增幅最大，韩国的增幅最小。

2020 年，我国实际利用外资接近 1 万亿元，比 2019 年增长了 6.2%，实际利用外资规模创历史新高。利用外资的结构进一步优化，其中，服务业实际利用外资的比重超过 77%；高技术服务业实际利用外资比上年增长 28.5%，研发与设计服务实际利用外资同比增长 78.8%，科技成果转化服务实际利用外资同比增长 52.7%，电子商务服务实际利用外资同比增长 15.1%，信息服务实际利用外资同比增长 11.6%。根据商务部、国家外汇管理局统计，2020 年我国对外全行业直接投资 9169.7 亿元，比 2019 年增长 3.3%；其中我国境内投资者对境外企业进行非金融类直接投资 7597.7 亿元，比 2019 年下降 0.4%。

（三）广东经济形势分析

2020 年，面对严重的新冠肺炎疫情的冲击和复杂的国内外经济环境，广东采取一切措施保就业保市场，切实稳住经济基本盘。从整体上看，广东的经济运行情况比预期的要好，体现出广东经济强大的韧性。

根据广东省统计局统计，2020 年，广东省全年地区生产总值率先突破 11 万亿元，高达 110760.9 亿元，比 2019 年增长 2.3%，稳居全国第一位。其中，第一产业、第二产业和第三产业增加值分别达 4770.0 亿元、43450.2 亿元和 62540.8 亿元，同比增速分别是 3.8%、1.8% 和 2.5%。与 2019 年相比较，各个产业的增加值所占的比重变化幅度不大，整体上第一产业和第二产业略微缩减，第三产业上涨幅度也较小，并且第三产业继续处于主体地位。2020 年，广东省粮食总产量创 2013 年以来的新高，比 2019 年增长 2.2%。2020 年，广东省规模以上工业增加值为 3.31 万亿元，比 2019 年增长 1.5%；实现营业收入 14.69 万亿元，比 2019 年增长 0.1%；实现利润

0.93 万亿元，比 2019 年增长 3.2%。在投资方面，2020 年广东省固定资产投资比 2019 年增长 7.2%，是推动广东地区生产总值增长的重要因素；其中尤为突出的是，第一产业固定资产投资比上年增长 81.0%，医药制造业固定资产投资比上年增长 82.9%，医疗设备及仪器仪表制造业固定资产投资比上年增长 31.5%，电子计算机及办公设备制造业固定资产投资比上年增长 60.5%，基础设施固定资产投资比上年增长 11.6%。2020 年，广东社会消费品零售总额为 4.02 万亿元，比 2019 年下降 6.4%；居民消费物价指数（CPI）比上年上涨 2.6%，工业生产者出厂价格指数（PPI）比上年下降 1.0%。在就业方面，2020 年广东省登记的城镇失业率达 2.53%，广东常住居民人均可支配收入为 4.10 万元，比上年名义增长 5.2%。

二　2020年广东外经贸形势分析

（一）广东货物贸易进出口分析

1. 货物贸易进出口总量分析

在新冠肺炎疫情肆虐、国际贸易摩擦加大的情况下，广东省积极应对挑战，强化稳外贸的措施，凭借"宅经济"商品和防疫物资推动出口增长。根据海关总署广东分署发布的数据，2020 年广东"宅经济"商品中的电脑及其零部件等出口量增长 9.2%，出口防疫物资 2278.8 亿元，增长率高达 81.7%。2020 年广东进出口规模继续位居全国第一，连续四年保持出口正增长，充分体现了广东外贸的韧性和抗压能力。

根据广东省统计局的数据，2020 年广东省进出口总额达 70844.82 亿元，与 2019 年相比下滑 0.9%，占全国进出口总额的 22%。其中，出口总额 43497.98 亿元，比 2019 年增长 0.2%；进口总额 27346.84 亿元，比 2019 年降低 2.6%；贸易顺差规模增加至 1.62 万亿元，较上年扩大 5.4%。另外据海关和边检部门统计，2020 年全年广东省进出口货物达 53735.5 万吨，比 2019 年增长 6.0%。

按季度进出口总额来分析（见图 1），2020 年第一季度、第二季度和第三季度，广东的季度进出口总额逐季增加，并在第三季度达到最高值，进出口总额为 20260.84 亿元；第四季度进出口总额略微下滑，环比下降 1.3%，与第三季度相差 257 亿元。同时，与上年同期相比的增长率，第一季度和第二季度为负，在第三季度转正并达到 8.72% 的高度。从月度数据来分析，广东进出口增长率从 1 月到 5 月连续 5 个月为负，从 6 月到 9 月连续 4 个月为正，10 月增长率又重新回落到负数，11 月和 12 月又是正增长。进出口总额的全年累计增长率始终处在负增长状态。

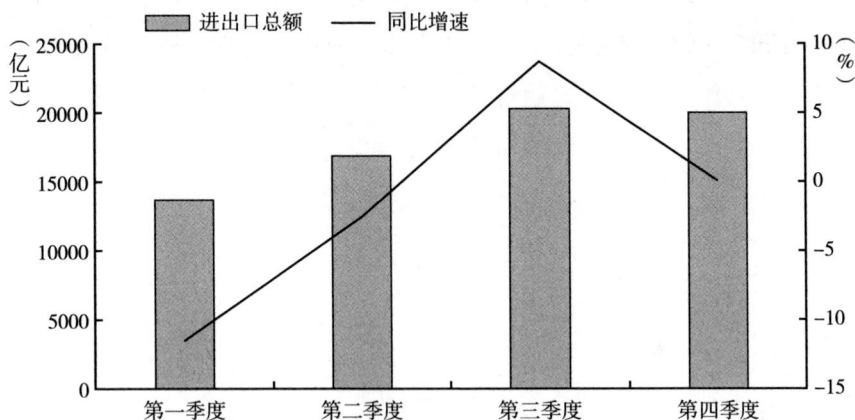

图 1 2020 年广东季度进出口总额及其同比增速变动情况

数据来源：根据广东统计信息网数据整理。

从出口来看，2020 年全年，广东外贸出口总额达 43497.98 亿元，比 2019 年提高 0.2%，增长幅度较去年回落 1.4 个百分点。从整体来看，第一、第二季度的出口总额处于较低位置，到第三、第四季度略微上升并达到较平稳的状态。出口增长率在上半年都在逐步上升，并在 7 月到达顶点为 17%，上涨幅度比 2019 年同期增加 16.5 个百分点，该月的出口总额达 4418.19 亿元。而下半年的增长率基本都呈下滑趋势，但是都为正。其中，增长率在 10 月达到最低点为 0.3%，反转 2019 年同期出现的负增长态势，上涨 6.2 个百分点；增长率在 11 月出现了反弹，达到 10.7%，出口总额为

4353.56亿元。2020年，出口总额在12月达到全年月度最高出口总额4570.85亿元。

从进口来看，2020年广东省外贸进口总额为27346.84亿元，同比下降2.6%，与2019年相比跌幅收窄0.3个百分点。与2019年相同，全年12个月中有9个月的增长率为负，其中1月和2月的累计跌幅最大，为－11.8%；6月、7月和9月这三个月为正增长，其中9月进口增长率最高，达到15.6%，与2019年同期相比，涨跌幅度相差29.5个百分点，2020年9月的进口规模较2019年同期扩大430亿元；1~2月的进口总额与上年同期相比严重下滑。相比于出口总额的各月波动情况，各月的进口总额相对稳定，剔除1月和2月的特殊情况，3~12月的10个月中，5月的进口总额最低，只有2070.12亿元；9月最高，达到2887.37亿元（见图2）。

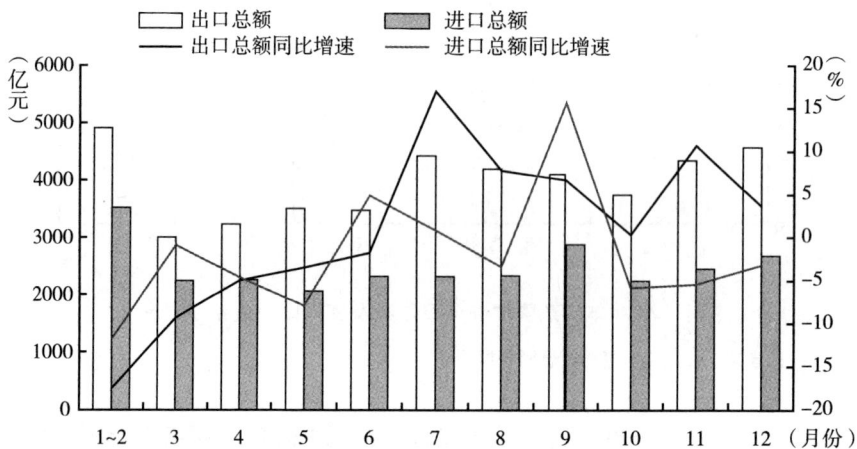

图2　2020年广东逐月出口和进口变动情况

数据来源：根据广东统计信息网数据整理。

2. 货物贸易进出口结构分析

（1）从贸易方式的角度分析。海关总署广东分署发布的数据显示，2020年，广东省的外贸质量效益不断提高，贸易方式结构逐步优化。2020年全年广东一般贸易进出口总额为3.6万亿元，比2019年提高3.5%，在广东进出口总额中占的比重达 51.2%，发挥了绝对的主导作用；而作为广东的第二大贸易方式，加工贸易的进出口总额为 2.0 万亿元，比 2019 年减少 13.3%，占广东进出口总额的 28.2%。其中，来料加工贸易进出口 1665.4 亿元，比 2019 年减少 30.0%；进料加工贸易进出口 1.8 万亿元，比 2019 年减少 11.4%。近年来，保税物流为广东省进出口做出的贡献逐步增长，2020 年全年保税物流进出口 1.1 万亿元，增长 6.4%，占全省进出口总额的比重上升至 15.5%，这为全省稳外贸注入了新动力。分进口和出口看，2020 年，广东一般贸易的进口和出口总额分别为 1.3 万亿元和 2.3 万亿元，同比增长率分别为 0.5% 和 5.4%；加工贸易的进口和出口总额分别为 0.7 万亿元和 1.3 万亿元，同比增长率分别为 -13.0% 和 -13.5%（见表 1）。从整体上看，一般贸易进出口占全省进出口的比重逐年上升，而加工贸易的进口和出口同时呈现负向增长的现象，下降的幅度较大，可见，加工贸易的地位正在逐渐被削弱，而一般贸易的主导地位正在逐步加强。

表1　2020年广东货物贸易进出口总额和增速变动情况

单位：亿元，%

指标	进出口		出口		进口	
	金额	同比增长	金额	同比增长	金额	同比增长
一般贸易	36285.4	3.5	22896.88	5.4	13388.48	0.5
加工贸易	19972.9	-13.3	12924.71	-13.5	7048.17	-13.0
来料加工	1665.4	-30.0	974.82	-29.1	690.61	-31.4
进料加工	18307.4	-11.4	11949.89	-11.9	6357.56	-10.4

数据来源：海关总署广东分署。

（2）从贸易商品的角度分析。从出口商品看，据海关总署广东分署统计，2020 年，广东机电产品出口 29760.5 亿元，比上一年增长 0.8%，占广东出口总额的 68.4%。其中，家用电器、电工器材和自动数据处理设备及其零部件分别出口 2248.1 亿元、2566.5 亿元、2827.7 亿元，同比增长率分别是 16.2%、4.5%、9.2%。同期，广东手机、服装及衣着附件的出口相对不景气，出口额分别仅达 2387.6 亿元和 1679.0 亿元，分别下降 20.2% 和

11.6%，外贸出口行业分化比较明显。另外，2020 年在新冠肺炎疫情的冲击下，广东的"宅经济"商品和防疫物资出口迅速增长，这很大程度地促进了广东外贸的发展。据统计，2020 年全年属于"宅经济"商品的电脑及其零部件等出口额同比增长 9.2%；同期，广东防疫物资的出口额达 2278.8 亿元，增长幅度高达 81.7%。其中，医疗仪器及器械的出口增长 41.5%，医药材及药品的出口增长 35.8%，含口罩等纺织品的出口增长率翻了一倍。"宅经济"商品和防疫物资出口合计共同拉动广东出口增长 2.9%，有力地支撑了广东出口的稳定发展。从进口商品看，2020 年，广东农产品、资源类商品、计量检测分析自控仪器及器具和集成电路进口的增长速度比较快。进口农产品 1690.6 亿元，比 2019 年增长 14.2%，占广东进口总额的份额达 6.2%；其中，肉类、粮食等农产品的进口增长率分别为 78.9% 和 44.1%。天然气、煤和金属矿及矿砂等资源类商品进口分别增加 29.5%、11.9% 和 8.1%。进口计量检测分析自控仪器及器具 441.7 亿元，比上年增长 9.6%。进口集成电路 8838.2 亿元，比 2019 年增长 7.0%，年增长率比 2019 年高 8.5 个百分点，进口额占广东同期进口总额的 32.3%。

（3）从经营主体的角度分析。无论是对于广东省还是对于全国来说，民营企业都成为外贸领域最活跃的力量，在进出口中的占比逐步提升，对本省乃至全国的外贸发展发挥了重要作用，近年来持续居于广东第一大外贸经营主体的地位。据统计，2020 年，民营企业进出口达 3.9 万亿元，比上年提高 5.5%，为广东省的进出口总额贡献的份额超过一半，继续保持广东省第一大外贸经营主体的地位。同期，外商投资企业进出口总额达 2.79 万亿元，比 2019 年下滑 7%，在全省进出口总额中占的比重下跌 2 个百分点至 39.4%。在改革开放初期，国有企业的外贸发展领先于其他经营主体，但从 1995 年开始，它的主导地位被外商投资企业替代，在全省外贸规模中所占的份额逐渐下滑。2020 年全年广东省国有企业进出口 3748.2 亿元，比上年降低 10.7%，占广东进出口总额的比重降低 0.6 个百分点至 5.3%。其中，国有企业的出口和进口总额分别为 2263.73 亿元和 1484.43 亿元，分别下降 6.3% 和 16.7%。可见，广东国有企业的外贸发展受新冠肺炎疫情、全球经济衰退等情况的影响较大，从侧面看出民营企业的主导作用发挥得越来越好。

（4）从贸易伙伴的角度分析。受国际形势变化的影响，广东与各个国家（地区）的贸易合作也有所变化。2020 年，东盟（10 国）取代香港，成为广东的第一大贸易伙伴。广东与东盟的进出口总额达 10859.8 亿元，同比提高 6.5%（如表 2 所示），增幅较 2019 年下滑 0.4 个百分点。而香港与广东的进出口总额则从 2019 年的 10993.4 亿元下滑至 10034.9 亿元，同比下降 8.8%。由于 2020 年英国正式脱欧，欧盟从 2019 年排名第三位回落到 2020 年排名第四位，广东与欧盟的进出口总额为 7695.8 亿元，比 2019 年增长 1.0%，但与 2019 年相比增幅下降 10 个百分点。受疫情的影响，中美贸易紧张局势稍微有所缓解，广东出口美国的防疫物资大幅增加，因此美国超越欧盟，成为广东的第三大贸易伙伴，广东对美国的进出口总额达 8428.2 亿元，同比增长 4.0%；其中，出口增长幅度为 6.1%，与 2019 年相比增幅上升 14 个百分点，进口增长幅度为 -8.8%，增幅比 2019 年提高 6 个百分点。对台湾、日本、韩国的进出口分别提高 7.9%、-3.7%、-9.7%。另外，广东省对"一带一路"沿线国家进出口 1.76 万亿元，比上一年增长 2.3%。

表 2   2020 年广东省外贸进出口主要国家（地区）总额和增速变动情况

单位：亿元，%

国家（地区）	进出口		出口		进口	
	金额	同比增长	金额	同比增长	金额	同比增长
东盟(10 国)	10859.8	6.5	5413.9	10.3	5445.9	2.9
香港	10034.9	-8.8	9839.9	-8.8	195.0	-5.4
美国	8428.2	4.0	7390.3	6.1	1037.9	-8.8
欧盟(27 国)	7695.8	1.0	5824.4	-11.9	1871.4	-5.0
台湾	5369.8	7.9	619.1	3.9	4750.7	8.5
日本	4358.1	-3.7	1659.1	-1.6	2699.0	-4.9
韩国	3882.1	-9.7	987.8	-14.6	2894.4	-7.9

数据来源：海关总署广东分署。

（5）从进出口地区的角度分析。珠江三角洲的外贸发展相对稳定，在广东省持续处于主导地位，其次是粤东地区。据统计，2020年全年，珠江三角洲所涵盖的9个城市的进出口总额达67666.43亿元，几乎与2019年持平，占全省进出口总额的95.5%，占比与2019年几乎相同。其中，广州、深圳、珠海、佛山、惠州进出口总额分别为9530.1亿元、30502.53亿元、2730.57亿元、5060.3亿元、2489.13亿元，增长幅度分别是－4.8%、2.4%、－6.1%、4.8%、－8.1%；东莞、中山、江门、肇庆进出口分别有13303.0亿元、2209.2亿元、1428.9亿元、412.7亿元，同比增长率分别是－3.8%、－7.4%、0.2%、2.1%。而在粤东、粤西、粤北这三块区域中，由于粤东处于沿海地区，在交通、区位上占据优势，因此在外贸方面相对于其他两块区域发展得更好。2020年，粤东地区的进出口总额达1228.3亿元，同比下降6.1%，进出口规模与珠三角地区的差距较大，在广东省的进出口总额中占比为1.7%，与2019年相比减少0.2个百分点；粤北地区进出口总额达1092.22亿元，比2019年增长9.4%，可见粤北地区的外贸发展具有一定潜力；粤西地区的进出口总额达833.37亿元，同比下降3.5%，占广东省进出口总额的1.2%。另外，广东自贸区的进出口发展也比较稳定，其中前海蛇口片区外贸快速增长，2020年全年进出口增长幅度达38%。总的来说，广东各地区的外贸正在协调发展，贸易区域结构正在逐步优化。

（二）广东利用外资分析

在全球经济严重衰退、美国始终坚持贸易保护主义的背景下，面对新冠肺炎疫情的冲击，2020年，新设外商直接投资项目个数有所下降，但实际利用外资稳步增长，规模再创历史新高，总体实现得比预期要好，并且呈现回稳的态势，体现了广东在做好防控疫情工作的同时，也在全力抓好稳外资的工作。广东省统计局发布的数据显示，2020年，广东省实际利用外资1620.29亿元，比2019年增长6.5%，占全国的比重为16.2%，占比与2019年几乎持平。具体地从月度看，实际利用外商直接投资金额在6月达到最高，达268.9亿元，这与2019年恰恰相反，2019年6月实际利用外商直接投资金额最低，仅有68.6亿元，2020年6月与2019年同期相比上涨幅度高达3倍；除1月、2月、6月和7月这4个月之外，其他月份的实际利用外商直接投资规模大体上保持一致（如图3所示）。分季度看，第一季度的实际利用外商直接投资金额最低，为307.9亿元，同比下降16.9%；第二季度的实际利用外商直接投资金额最高，达514亿元，同比增长10.0%。

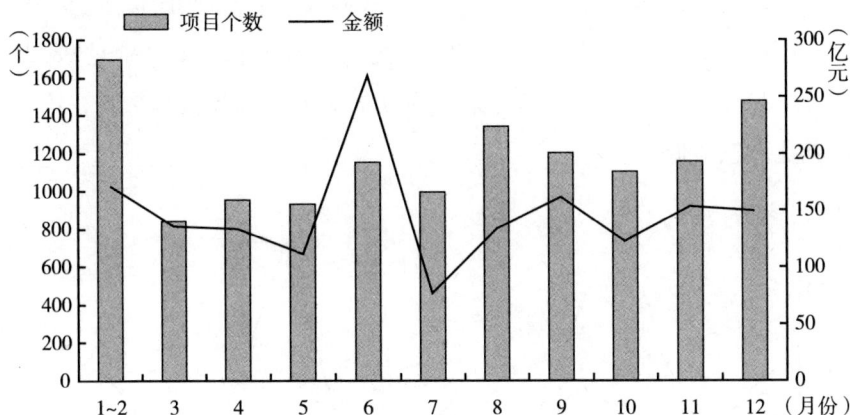

图3 2020年广东省实际利用外商直接投资情况

数据来源：根据广东省商务厅发布的数据整理。

2020年，广东省新设外商直接投资项目有12864个，与2019年相比减少10.4%，占全国总数的比重为33.3%。分季度看，第一、第二、第三、第四季度新设外商直接投资项目个数分别为2541个、3043个、3543个、3737个，其中第一季度最少，同比下降38.7%；第四季度最多，同比增长30%。

（三）广东对外投资分析

广东省商务厅发布的数据显示，2020年全年，广东省非金融类对外直接投资经备案（核准）新增中方协议投资额达126.14亿美元，与2019年相比上涨20.07%；中方实际投资额达158.16亿美元，上涨幅度高达53.89%；广东省对外承包工程完成营业额156.65亿美元，同比降低

6.2%，与 2019 年的营业额相差 10.41 亿美元。至 12 月底，劳务项下和工程项下派出各类劳务人员超过 3 万人，期末在外各类劳务人员超过 7 万人。从月度数据来看（如图 4 所示），在 1~12 月中，广东省对外实际投资额的最低点和最高点分别在 8 月和 9 月，实际投资额分别是 7.85 亿美元和 23.7 亿美元。从季度看，2020 年前三季度的实际投资额相比 2019 年同期几乎翻了一倍。具体地，2020 年四个季度的对外实际投资额分别是 40.88 亿美元、42.97 亿美元、40.43 亿美元和 33.88 亿美元，同比增长率分别是 98.2%、76.0%、82.9% 和 −4.9%，其中第二季度的对外实际投资额最高，第四季度的同比增速最低。

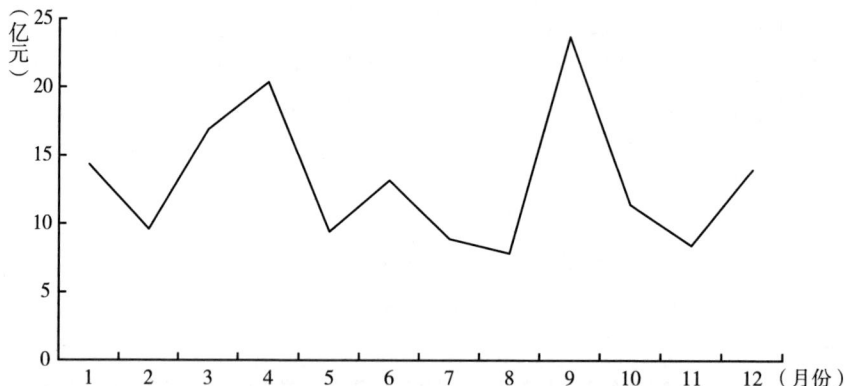

图 4　2020 年广东省各月对外实际投资额

数据来源：广东省商务厅网站。

三　广东外经贸发展趋势分析

（一）广东外贸发展趋势分析

1. 广东对外贸易发展的基本趋势

作为中国内地最早对外开放的地区之一，广东凭借地理优势、毗邻港澳以及政府赋予的特殊政策等在外贸领域开辟了新天地，成功地带动了全国对外贸易的发展，连续35年稳居全国第一大外贸地区。随着"六稳""六保"政策效应的持续释放，在2020年下半年，广东外贸出现了企稳迹象，外贸韧性较强。

1979年，广东成为首批对外开放的地区之一，设立了经济特区，扩大了对外贸易的规模，在短时间内外贸发展取得了重要成就并鼓舞了全国其他地区对外开放的信心。1986年，广东进出口总额达146.7亿美元，首次突破100亿美元，这是自改革开放起创下的最高纪录，总额首次排名全国第一，这为后来广东的外贸发展打下了坚实的基础。1992年，邓小平的"南方谈话"增强了外商投资的信心，进一步推动广东对外贸易的发展，全年进出口达3584.97亿元，同比增长29.2%。1994年，广东进出口首次突破8000亿元达8354.58亿元，再一次创历史新高，同比增长率高达85.3%。1998年，由于亚洲发生金融危机，广东进出口受到略微影响，同比下降0.4%。到2001年我国加入世界贸易组织，这标志着我国从部分地区开放转变为全方位开放，广东响应国家政策，积极实施国际化战略，形成经济开放的新格局。2008年，国际金融危机爆发，广东外贸发展进入瓶颈期，当年进出口总额接近4.8万亿元，同比下降1.2%，此次危机对下一年的对外贸易造成了较大的消极影响，2009年的进出口总额下降了12.8%，直到2010年，进出口总额才有所回升，基本消除了此次国际金融危机所带来的不利影响。2013年，"一带一路"倡议提出，广东成为海上丝绸之路沿线国家的首选省份，这进一步推动了广东对外贸易发展，当年，广东进出口总额达67806.1亿元，同比增长9.1%（见图5）。2020年，由于新冠肺炎疫情的冲击，广东的进出口受到了影响，但正是在这个冲击的影响下，广东的抗疫物资和"宅经济"商品出口迅猛发展，拉动了广东的对外贸易，至年底，进出口总额达70844.82亿元，下降0.9%。同期，中国正式签署《区域全面经济伙伴关系协定》（RCEP）和顺利完成中欧投资协定谈判，这些对于作为制造大省、外贸大省的广东来说，意义相当重大。

2. 广东对外贸易发展的基本特征

（1）在经营主体方面，广东经营外贸的企业主体从一开始的国有企业

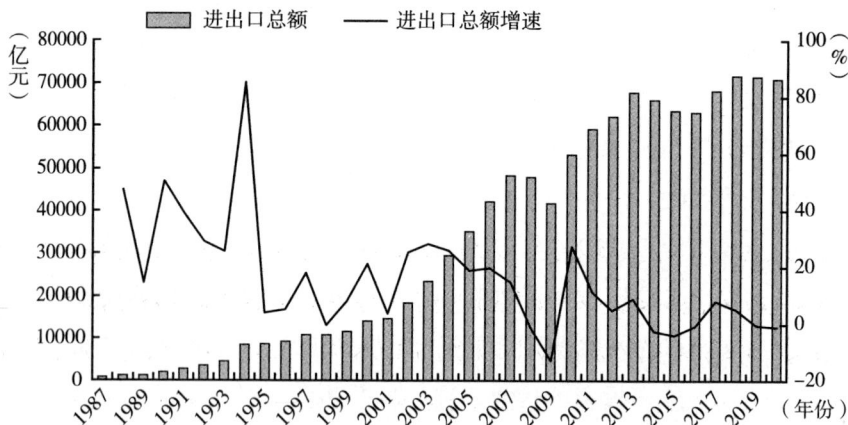

图5　1987～2020 年广东进出口总额及其增速变动情况

数据来源：根据广东统计信息网数据整理。

转变成外商投资企业，再到现在的民营企业。1995 年之前，国有企业领先于其他经营主体，主导着广东的对外经济。1990 年，国有企业进出口290.58 亿美元，大约占广东进出口总额的 70%。接下来的几年，国有企业所占据的份额逐年减少，到 1995 年，国有企业进出口总额增长率比 1994 年下降 3.6 个百分点，外商投资企业崛起并超越国有企业，首次成为广东外贸第一大经营主体。1995 年全年广东外商投资企业进出口 532.1 亿美元，为广东进出口贡献超过一半的份额，高达 51.2%。2006 年，外商投资企业的发展到达顶点，进出口占比上升到 65.5%，进出口规模扩大至 3452.33 亿美元。紧接着，随着 2008 年国际金融危机的发生，外商投资经济的发展逐渐变得缓慢，2008～2017 年的增长速度平均仅达 0.8%。2008～2018 年，广东外商投资企业的进出口规模从 4387.84 亿美元增长到 4905.88 亿美元，占比从 64.2% 下降到 45.2%，失去了第一大外贸经营主体的地位。民营企业后来居上，2018 年在广东省进出口总额中所占的比重达 48.9%，首次超越外商投资企业，占据绝对的主导地位；2019 年所占比重首次超过 50%。民营企业的发展，带动了广东外贸摆脱金融危机的阴影并且实现了企稳回升。

（2）在地区布局方面，珠三角地区凭借地理优势和特殊的政策主导广东对外贸易的发展，东西两翼和山区虽然占比较低，但进出口增长率几乎保持平稳上升，各区域间互相协调发展。纵观2010~2019年这十年，珠三角地区的进出口在广东省进出口总额中的占比始终保持在95%以上，东西两翼和山区的占比平均分别为2.07%、0.89%、1.41%。从2010年到2019年，珠三角地区的进出口总额从7513.03亿美元增加至9901.13亿美元，年平均增长3.11%；东翼地区的进出口总额从168.65亿美元上升到190.05亿美元，仅仅上升21.4亿美元，每年的变动幅度较小，年均仅增长1.34%，2016年起甚至出现了负增长的状态；西翼地区的进出口总额从61.48亿美元攀升到110.49亿美元，平均每年增长6.73%；山区地区的进出口总额从105.8亿美元上涨到164.1亿美元，年均增长5.00%。

（3）在贸易伙伴方面，广东与发达经济体的贸易往来相对密切，在2014年之前，广东与香港、美国、欧盟、日本等发达经济体的进出口总额在全省进出口总额中所占的比重超过50%，但是这个比重几乎逐年降低。相反，广东与东盟、韩国、印度等经济体进出口总额所占的比重呈现增长的态势，广东的贸易伙伴逐渐走向多元化。改革开放以来，香港一直都是广东的第一大贸易伙伴，在全省进出口总额中所占的比重平均每年保持在20%左右的水平上，但在2019年，该比重下降至15.4%，比2018年下降5.4个百分点。多年来，美国是广东的第二大贸易伙伴，但随着东盟经济的发展，2017年，东盟首次反超美国跃居广东的第二大贸易伙伴，而美国位居第三。2019年，在中美贸易冲突加剧的情况下，美国与广东的贸易往来因受到冲击而减少，广东与美国的进出口总额为1175.55亿美元，同比下降7%，占全省进出口总额的比重为11.3%，美国成为广东的第四大贸易伙伴；而欧盟跃居第三，占比达12.4%。此外，"一带一路"倡议的提出，进一步推动广东对外贸易的发展，广东对沿线国家的进出口总额占全省进出口总额的比重每年平均达20%。2020年，广东对"一带一路"沿线国家的进出口总额大约为1.76万亿元，与上一年相比上升2.3%，占全省进出口总额的24.8%，该比重较2019年上升0.92个百分点。

（4）在贸易方式方面，广东省从以加工贸易为主转向由一般贸易占绝对主导地位。在2004年以前，广东加工贸易进出口总额在全省进出口总额中所占的比重高达70%以上。随着广东经济向多元化方向发展，产业结构转型优化，其他贸易方式的进出口逐渐增长，而加工贸易所占比重逐渐回落，一般贸易进出口占全省进出口的比重逐渐增加。如图6所示，2016年，一般贸易的进出口规模高达4162.81亿美元，大约是2000年的11倍，首次超过加工贸易，在全省进出口中的比重达43.7%，而加工贸易仅占38.8%，这是改革开放以来，加工贸易在全省进出口总额中占据的份额首次低于40%，相比上年回落4.3个百分点。2020年，广东省加工贸易的进出口总额为19973亿元，下降幅度高达13.3%，在全省贸易中的比重跌至28.2%。同期，广东省一般贸易进出口总额为36285亿元，在全省进出口总额中占的比重达51.2%，比重首次超过50%，一般贸易占据了绝对的主导地位。此外，2020年，在新冠肺炎疫情的影响下，外贸新业态成为外贸发展的重要助推器，其中，市场采购出口2944.5亿元，比上一年增长23%；保税物流进出口10987.3亿元，增长6.4%。

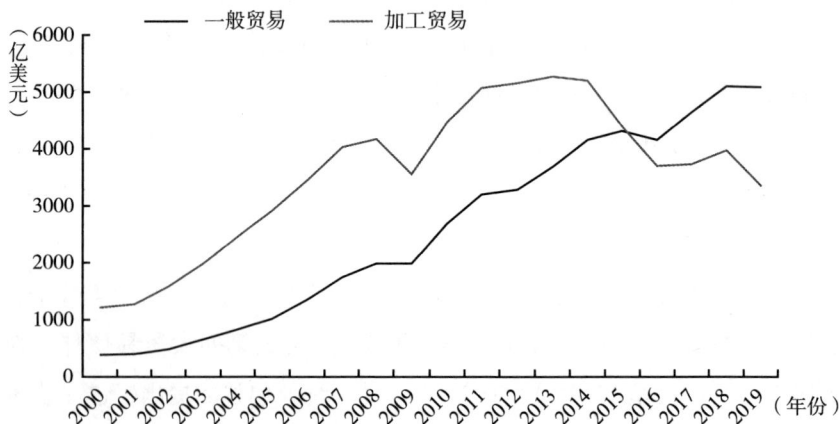

图6 2000～2019年一般贸易和加工贸易的进出口总额

数据来源：《广东统计年鉴》。

（二）广东利用外资发展趋势分析

1. 广东利用外资发展基本趋势

改革开放以来，广东省凭借制造业的优势吸引了不少外商投资，实际利用外资金额逐步增加。从1979年到2007年，广东实际利用外资金额从0.9亿美元攀升至196.2亿美元，增长了217倍，外资流入成为广东经济高速发展的助推器。2008年国际金融危机的爆发促使世界经济进入调整期，国际产业转移发生变化，国际资本流动放缓。一方面，发达国家的生产技术和生产要素更加高端，导致对这方面需求较高的外商直接投资流向了发达国家；另一方面，印度、越南等国家的劳动力更加低廉，这就促使国际制造生产企业转移投资到这些国家。因此，在2008年以后广东省实际利用外资金额保持在不稳定的波动阶段。2014年12月31日，广东自由贸易试验区的设立，有利于引入先进技术和管理经验以及提高利用外资的水平和质量，实现进一步对外开放。根据广东省商务厅发布的报告，自设立开始到2019年底，广东自贸区的实际利用外资金额累计达255.6亿美元，在全省中所占的比重超过25%，年均增长34%，是广东利用外资的新高地。自贸区的建立旨在促使广东省打造高端服务业和新兴产业，建设粤港澳高端产业集聚发展区，吸引高质量的外资项目，稳定外商投资规模和速度。从中可以看出，广东的利用外资发展正在从数量型向质量型转变。到2020年，广东的实际利用外资规模创历史新高，金额达1620.3亿元，同比增长6.5%。

2. 广东利用外资的基本特点

（1）实际利用外资金额逐渐增加，增速趋向平稳。在广东省的实际利用外资中，外商直接投资占据的比重逐年上升，从1990年起，每一年的比重均在70%以上；而从2008年至今，该比重攀升至90%以上，可见在广东省实际利用外资中，外商直接投资处于绝对领先地位。从1979年至1993年，广东实际利用外商直接投资规模由0.31亿美元扩大到74.98亿美元（见图7），签订项目由70个增加至16768个，分别增长240.87倍和238.54倍，实际利用外商直接投资规模扩大速度较快。1979~1995年，实际利用

外商直接投资同比增速变化的幅度也较大，1980年增长率高达296.8%，到
1982年、1985年和1987年都出现了负增长现象，分别同比下降1.2%、
5.0%和7.8%。在随后的20多年间，广东的实际利用外商直接投资规模不
断扩大，但增长率趋向平稳，处于中下水平的位置。到2020年，广东省实
际利用外商直接投资金额达234.7亿美元，大约是1979年的757倍。可以
看出，广东省不仅利用外资规模逐步扩大，而且在利用外资方面更趋于稳步
高质量发展。

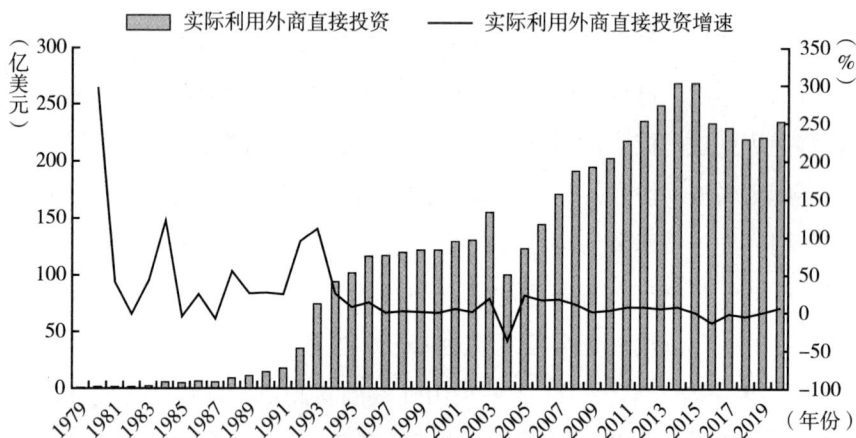

图7　1980~2020年广东实际利用外商直接投资金额及其增速变动情况

数据来源：根据《广东统计年鉴》数据整理。

（2）外资来源逐渐多元化，但香港仍占据最大份额。自改革开放以
来，香港一直都是广东省外资来源最多的地区，每年的实际利用香港直接
投资的比重几乎都保持在60%以上。1979~2013年，在粤投资量最大的
地区除香港居首位之外，维尔京群岛、日本、新加坡、台湾分别排在第
二、第三、第四、第五位，实际利用这五个地区的直接投资累计达2607
亿美元，占全省实际利用省外直接投资总量的80.5%。之后，来自澳门、
韩国的直接投资也呈现增长的态势，并挤进前五名的位置。到2019年，
来自澳门的实际利用直接投资达101.2亿元，同比增长28.8%，澳门跃居

广东的第二大直接投资来源地区；来自日本的实际利用外商直接投资金额仅为49.9亿元，排名回落到第七位；而德国、美国等发达国家来广东直接投资的金额所占比重较低，不超过6%。可见，广东实际利用外资的来源逐渐趋向多元化，这更有利于广东的对外经济发展。

（3）利用外资结构逐步向高质量方向转型。根据国民经济三大产业分析，在2015年之前，第二产业的实际利用外资占广东省的比重最大，第三产业次之，第一产业的比重最小。由于在改革开放初期广东的产业结构主要是劳动密集型，因此在第二产业中，制造业是吸引外商直接投资最多的行业，该行业吸引外商直接投资金额在全省实际吸引外商直接投资总额中占的比重超过50%。直至2015年，广东制造业实际利用外商直接投资102.8亿美元，占全省的比重跌至38.2%；第三产业所占比重首次超过第二产业，跃居广东第一大吸引外资的产业。随着广东趋于追求高质量经济发展，推进利用外资结构的优化升级，近年来大力引进通信设备制造、生物医药等优质外资项目。2019年，广东高技术产业实际利用外资达345.5亿元，占全省的22.7%。

（4）外商投资区域不平衡。由于珠三角是广东最先对外开放的地区，加上地理优越、人才集聚、交通便利等原因，大多数外商投资集中分布于珠三角地区。自改革开放以来，珠三角地区的实际利用外商直接投资在全省中占的比重年均为90%左右，具体分布在广州、深圳和珠海这三个城市。而东西两翼、山区地区经济相对落后，导致吸引外资能力较弱，因此它们的实际利用外资金额占全省的比重仅为个位数，这充分体现了广东的利用外资区域分布存在不平衡性，而这种不平衡性在一定程度上会阻碍广东的可持续性发展。

（三）广东对外投资发展趋势分析

1. 广东对外投资发展趋势

广东省的经济发展水平、生产技术、人才引进程度等都处于全国领先位置，同时广东的对外直接投资也在全国占据前列地位。随着国际国内经济形势越来越严峻复杂，世界经济进入调整期，贸易、投资等方面面临重大改革,广东省为顺应世界经济的变革采取了一系列的重要举措。近年来,广东强调"引进来"和"走出去"战略双向并举,进一步扩大开放领域、提高开放质量、建设安全高效的开放型经济体。但是,根据广东省商务厅发布的数据(如表3所示),2015~2019年,除2016年以外,中国对外直接投资流入和流出金额差距明显,流入金额大于流出金额,这说明广东省"走出去"的规模远远小于"引进来"的规模。近年来,广东自贸区和粤港澳大湾区的建立以及"一带一路"倡议的提出,促进了广东与香港、澳门地区以及"一带一路"沿线国家等的经济交流,有力地推进了广东的对外投资发展。

表3　2015~2019年对外直接投资流出与流入情况

单位:亿美元

指标	2015年	2016年	2017年	2018年	2019年
流出	106.45	206.84	87.5	138	102.77
流入	268.75	233.49	229.1	219.26	220.63

数据来源:广东省商务厅网站。

2. 广东对外投资的基本特点

(1)对外投资区域较集中。广东对外投资的去向区域主要是亚洲,而对其他各大洲的投资力度极小。2015~2019年,广东在亚洲的对外直接投资金额年均达84.32亿美元,每年占广东省对外直接投资总额的比重超过70%,其中对香港的直接投资占据最大份额,在全省对外直接投资总额中的年均占比为60.7%,可以说广东在亚洲的对外直接投资主要是由香港支撑的。随着中美贸易摩擦的加大,近年来,广东对美国的直接投资逐年降低,到2019年,对美国的直接投资金额仅为2.65亿美元,同比下降23%。2019年广东对北美洲的直接投资金额从2015年的9.71亿美元下滑到2.68亿美元,在全省中占的比重从9.1%跌落到2.6%。而非洲、欧洲、拉丁美洲、大洋洲所占比重相对稳定,2019年该比重分别为0.78%、2.07%、4.40%、1.65%(见表4)。

表4　2015~2019 年广东省在各地区的对外直接投资情况

单位：亿美元，%

地区	2015 年		2016 年		2017 年		2018 年		2019 年	
	金额	占比	金额	占比	金额	占比	金额	占比	金额	占比
亚洲	66.16	80.59	136.99	79.44	53.43	74.53	91.99	81.75	73.11	87.88
非洲	0.73	0.89	0.35	0.20	0.65	0.91	1.93	1.72	0.65	0.78
欧洲	0.80	0.97	4.91	2.85	2.50	3.49	2.34	2.08	1.72	2.07
拉丁美洲	3.39	4.13	7.49	4.34	7.98	11.13	6.92	6.15	3.66	4.40
北美洲	9.71	11.83	20.18	11.70	5.70	7.95	3.48	3.09	2.68	3.22
大洋洲	1.30	1.58	2.54	1.47	1.43	1.99	5.86	5.21	1.37	1.65

数据来源：《广东统计年鉴》。

（2）投资涉及领域广泛，但主要流入第三产业。近年来，在广东对外投资的 20 多个行业当中，制造业、房地产业、批发和零售业、租赁和商务服务业以及信息传输、软件和信息技术服务业这五个行业的对外直接投资金额占全省的比重排名位于前五。根据广东省统计局的数据，2015~2019 年，广东全省对外直接投资总额平均每年为 128.3 亿美元，普遍分布于各个行业，其中，对制造业、房地产业、批发和零售业、租赁和商务服务业以及信息传输、软件和信息技术服务业的直接投资金额在广东省对外直接投资总额中所占的比重年均分别为 11.6%、6.1%、17.2%、32.2%、4.1%。可以看出，广东对外投资主要流向第三产业，其中以租赁和商务服务业为主。

四　2021年广东外经贸发展预测

（一）广东外贸发展预测

在《广东外经贸形势分析报告（2019~2020 年）》中，我们预测 2020 年广东进出口贸易仍然存在下行压力，进出口总额的下降幅度为 5%~10%。理由如下：一是国内经济环境不稳定，出口供给和进口需求都受到了严重影响；二是国际经济环境正在恶化；三是美国政府加征中国商品关税；

四是政府推行的稳外贸政策促进广东进出口发展；五是人民币汇率发生变动；六是广东经济进行转型升级。而 2020 年广东省外贸的实际情况是：按人民币计价，2020 年广东进出口总额比 2019 年下降 0.9%，其中出口增加 0.2%，进口下降 2.6%；按美元计价，2020 年广东进出口总额同比下降 1.3%，其中出口下降 0.2%，进口下降 2.9%。这与我们的预测存在一定偏差，即实际情况比我们预测的要好。主要原因是：在党中央的坚强领导下，全国团结一心，联防联控，疫情在第二季度就得到了控制；广东各地区在做好疫情防控工作的同时逐步推进复工复产工作，经济在下半年逐渐得到复苏。与之相反的是，欧美国家和许多新兴市场经济体第二季度疫情蔓延并且失控，导致防疫物资需求骤升，但供应链断裂。广东是防疫物资的全球生产基地，疫情的全球蔓延反而为广东的出口提供了机遇；各级政府纷纷加大稳外贸、稳外资的政策支持力度，相关出口企业防疫生产两不误，成为转危为机的典型案例。

2020 年，广东化危为机，保住了外贸的基本盘，外贸取得了超预期的成绩。2021 年，随着疫情逐渐得到有效控制，我们对广东外贸形势保持谨慎乐观的看法。我们的预判是，2021 年广东的进出口贸易会继续保持最近三年的发展态势，按人民币计价，进出口总额会稳定在 7.0 万亿~7.2 万亿元，增长率接近零。主要理由如下。

第一，全球疫情逐渐稳定，世界经济面临恢复性增长。在疫苗产生积极效果、各国防疫到位的前提下，各国经济和社会活动会逐渐恢复正常，世界经济出现恢复性增长是大概率事件。国际货币基金组织预计，2020 年世界经济的增长率为 -3.5%，2021 年比 2020 年增长 5.5%；这就意味着 2021 年的世界实际产出比 2019 年的实际产出增长 1.8%。同时，国际货币基金组织预测，2020 年全球货物和服务贸易的增速为 -9.6%，2021 年的增速为 8.1%；这就意味着 2021 年的世界贸易总额还不能恢复到 2019 年的水平。2021 年全球贸易的主要特征是恢复 2020 年中断的国际供应链。因此，广东外贸面临世界经济和贸易恢复的增长效应，同时又面临在 2020 年显现的贸易替代效应会消失。

第二，2021年，中国稳外贸的政策效应会减弱。在疫情严重时期，中国采取了"六稳""六保"措施，财政减税减费2.5万亿元，财政赤字超过6万亿元，货币供应量超常规多投放10万亿元，这种超常规的财政货币政策是不可持续的。这就意味着，广东外贸企业不可能再像2020年那样继续享受财政补贴和金融支持，必然会增加贸易成本，减少贸易利润，从而会限制贸易的扩张。

第三，中美关系的变化和香港经济社会的稳定对广东外贸的影响重大。东盟已经成为广东的第一大贸易伙伴，2021年广东与东盟之间的贸易关系会相对稳定，贸易能够进一步平稳发展；中美紧张关系的缓解，有利于促进广东从美国的进口，促进广东外贸的增长；香港经济社会的稳定，有利于广东与香港贸易的恢复，促进广东进出口快速增长。但在全球疫情结束或稳定在低水平后，全球的供应链和产业链面临重组和调整，这会对广东的外贸产生很大的不确定影响。

第四，人民币汇率大幅升值不利于广东出口的增长。2020年美元兑人民币的汇率大幅波动，由年初的1美元兑6.96元人民币升至5月的7.17元人民币，6月之后一路走低，到12月底跌到6.5元人民币；2020年美元兑人民币相对2019年贬值6.6%。如果，2021年汇率稳定在1美元兑6.5元人民币中枢进行波动，人民币的升值对广东出口的抑制效应还是很明显，但同时会促进进口增长。

（二）广东利用外资发展预测

在《广东外经贸形势分析报告（2019~2020年）》中，我们预测2020年广东实际利用外资保持平稳发展，2020年的实际利用外资金额与2019年的实际利用外资金额相差不大。由广东统计局发布的报告可知，2020年广东实际利用外商直接投资1620.29亿元，比2019年增长6.5%，规模比2019年扩大约99亿元，好于我们的预期。主要得力于租赁和商务服务业、科学研究和技术服务业的招商引资工作。随着我国进一步扩大对外开放政策的逐步落实到位，预计2021年广东省的实际利用外资金额会继续保持增长态势。

（三）广东对外投资发展预测

在《广东外经贸形势分析报告（2019～2020年)》中，我们预测2020年广东的对外投资波动幅度不大，会与2019年持平或略微下降。实际情况是，2020年广东省的对外实际投资金额为158.2亿美元，同比增长53.9%，这远远超出我们的预期。从2015～2020年广东对外投资的实际情况来看，年度之间波动较大，且增长和下降交替出现。2021年与2020年国内的金融环境会相对趋紧，资金的宽裕度会下降，预计2021年广东的对外直接投资会有所下降。

五　政策建议

（一）优化区域布局，推动可持续发展

推动各区域间的合作与融合，实现区域协调发展。改革开放以来，由于珠三角地区具备地理优越、交通发达等优势，广东省把发展重心放在了珠三角地区，导致珠三角与东西两翼和山区地区的经济实力差距悬殊，以至于广东省执行区域协调平衡发展任务还存在一定的困难。广东省应深入推进珠三角地区高质量发展，推动高端制造业、高新技术产业、高端信息产业等产业新动能的发展，巩固珠三角地区在广东省的主导地位，并带动粤东西北地区的发展。将珠三角地区的先进生产技术、人才等引进粤东西北地区，加大信息共享力度，推动发达地区和欠发达地区的产业合作，实现可持续发展。同时，广东省应大力支持粤东西北地区发展开放型经济，扩大粤东西北地区的对外开放，引导外商投资向东西两翼和山区地区转移，鼓励劳动密集型加工企业进入粤东西北地区并带动当地经济的发展。

（二）坚持驱动创新，打造国际竞争新优势

强化创新驱动力量，形成以自主创新为引领的发展模式，为广东省量身

打造国际竞争优势以提高竞争力。广东省应进一步加强粤港澳大湾区和科研机构建设，形成"科-产-教"融合的高等教育群；促进技术要素发展，推动科学技术和成果的转化；培养和提升研究能力，加快半导体材料与器件、智能芯片等高新技术产业的建设，提高产品技术含量，开发关键核心技术，并加强与世界各国的交流，推动国际国内合作。同时，广东省应鼓励校企合作、企业办学或联合培养，积极推动创新型人才的培养。2020年，为应对新冠肺炎疫情和世界经济严重衰退带来的冲击，国家采取"五个优化""三项建设"以及培育外贸新功能等九大支持外贸发展的举措，中国的外贸将进一步实现创新发展。在这些举措中，"创新服务模式，推进贸易促进平台建设"作为重中之重，应用于广交会等平台，全球贸易投资将会得到良好的发展。

（三）扩大进口规模，优化出口商品结构

积极扩大进口，优化出口商品结构，促进广东进出口外贸协调发展。在扩大进口方面，广东省应引导企业进行技术改造，扩大关键零部件、先进技术设备等产品进口，同时进口人民群众需求较大的生活用品和重要物资，缩小进口规模与出口规模之间的差距。在出口商品方面，广东省应重视科技兴贸战略，控制高耗能、高污染产品出口；扩大高技术高附加值产品、节能环保产品和技术资金密集型的机电产品的出口；支持外贸新业态的发展，大力推广市场采购贸易与跨境电商。根据《广东省推进外贸高质量稳定发展若干措施》，广东省积极推进二手车出口，这不仅激发了广东省汽车的消费市场活力，也有利于推动广东外贸稳步地高质量发展。

（四）加快实施"走出去"战略，推动经济高质量增长

坚持落实"走出去"战略，加大开拓国际市场力度，推动广东省的经济稳步增长。习近平总书记在党的十九大中提到"开放带来进步，封闭必然落后"，"一带一路"倡议的提出、粤港澳大湾区的建设以及广东自贸区的建立，为广东省"走出去"提供了安全高效的路径。自改革开放以来，

广东省的投资去向较单一，大部分对外直接投资流向香港，这在一定程度上限制了广东省对外投资的发展。为提高自身竞争水平，广东省应加快实施"走出去"战略，实行多元化投资，加大对欧美等发达国家科学技术较高企业以及非洲等欠发达国家轻工业制造企业的投资。同时，扩大资源型行业和高科技行业的投资规模，缩小"引进来"和"走出去"的差距，双向并举，推动高质量经济的增长，构建开放型经济格局。

参考文献

［1］肖鹞飞、吴丽诗：《广东外经贸形势分析报告（2019～2020年）》，载《广东对外经济贸易发展研究报告（2019～2020）》，社会科学文献出版社，2020。

［2］刘胜、陈万灵：《"优进优出"—打造对外开放新局③ 广东利用外资问题初探》，《广东经济》2015年第5期，第15～19页。

［3］陈一楠：《广东省重点构建对外开放新格局的研究与建议——以"一带一路"为背景》，《中国商论》2018年第20期，第135～136页。

分 报 告
Sub Reports

B.2

广东外贸高质量发展的
评价指标与测度分析*

刘伟丽　杨景院**

摘　要：　本报告构建外贸高质量发展评价指标体系，具体涵盖外贸结构、外贸竞争力、外贸可持续发展与外贸规模4个一级指标，并利用熵值法对2005～2019年广东外贸高质量发展水平进行了测算与分析。结果发现，就总体指标而言，广东外贸高质量发展综合得分在波动中表现出先增长后下降的趋势。就分维度指标而言，广东外贸结构得分总体上呈现渐进式的增长趋势，而外贸竞争力得分、外贸可持续发展得分与外贸规模得分在波动中略有下降。

---

* 本报告为教育部人文社会科学重点研究基地重大项目"中外经济特区比较研究"（16JJD790042）的成果。

** 刘伟丽，博士研究生导师，深圳大学中国经济特区研究中心、深圳大学中国质量经济发展研究院教授，研究方向为质量经济、世界经济、国际经贸规则与标准等；杨景院，深圳大学中国经济特区研究中心博士研究生。

关键词: 对外贸易　对外经济　高质量发展　广东

一　引言

中国经济已由高速增长阶段转向高质量发展阶段，因此推动各领域实现高质量发展是当前经济发展的主要任务。作为拉动经济增长的"三驾马车"之一，对外贸易在国家经济社会发展进程中发挥着非常重要的作用。因此，探索中国外贸发展质量是实现推动经济高质量发展的重要一环。

当前，国内外社会形势发生了"百年未有"的深刻变局。新形势变化与新技术革命给中国传统外贸发展带来挑战，也给外贸高质量发展带来了诸多机遇。外贸高质量发展必须符合中国经济高质量发展要求，顺应新的国际形势变化，以创新发展为主线，补充核心短板技术，提升外贸竞争新优势。

近几年，经济高质量发展问题是学界的热点问题，相关成果极其丰富。然而，具体到外贸高质量发展领域，研究成果却寥寥无几，尤其是外贸整体质量水平的系统定量评价实属稀少。① 在最新的研究中，马林静利用熵值法构建了外贸高质量发展目标框架下的外贸增长质量评价体系，包含外贸的结构优化度、绩效水平、竞争力、规模地位及可持续性5个维度的25个具体评价指标，对中国外贸增长质量综合指数进行了测算，并对该指数进行了时序趋势分析和结构分异分析。②

近年来，国内外经济形势出现了新的变化，基于当前以国内大循环为主体、国内国际双循环相互促进的新发展格局，外贸高质量发展有了新的内涵与要求，因此外贸高质量发展评价指标体系理应适应新的发展内涵与特征。此外，广东是我国经济与贸易发展水平最高的地区之一，在构建广东外贸高

---

① 马林静:《基于高质量发展标准的外贸增长质量评价体系的构建与测度》,《经济问题探索》2020 年第 8 期, 第 33 ~ 43 页。

② 马林静:《基于高质量发展标准的外贸增长质量评价体系的构建与测度》,《经济问题探索》2020 年第 8 期, 第 33 ~ 43 页。

质量发展评价指标体系时，理应体现广东区域特征，而非与全国性研究如出一辙。

综上所述，本报告以广东为对象，确定新时代外贸高质量发展的内涵，构建广东外贸高质量发展评价指标体系，使用熵值法对广东外贸高质量发展水平进行测度，并就测度结果进行深入研究分析。

二　外贸高质量发展评价指标体系

关于外贸高质量发展的内涵与特征，现有文献已有诸多论述。曲维玺、崔艳新和马林静等从五个方面对外贸高质量发展的内涵展开讨论，其中包括外贸产业与科技基础、外贸平衡、外贸国际竞争力地位、外贸综合服务制度体系以及国际经贸规则制定的话语权。[①] 戴翔和宋婕认为外贸高质量发展的基本内涵，就是要实现外部市场、内部区域结构、产业结构、开放领域等横向维度更加平衡，而全球经济治理能力和话语权等纵向维度更加充分发展。[②] 马林静从外贸发展结构、发展格局、发展动力、发展模式与发展理念五方面阐述了外贸高质量发展的基本内涵。[③] 贾怀勤与吴珍倩把贸易质量定义为一国或地区的贸易发展状态符合其自身发展需求的程度，而贸易质量具体表现为一个国家与地区特定历史背景下所制定的贸易战略的实现程度。[④]

从理论上，外贸高质量发展属于经济高质量发展的一个重要组成部分，其内涵应该服从于经济高质量发展的内涵。也就是说，外贸高质量发展应该以是否促进经济高质量发展，以及促进程度来衡量。因此，新时代外贸高质量发展的评价指标体系应该以习近平新时代中国特色社会主义思想为指导，

---

① 曲维玺、崔艳新、马林静、赵新泉：《我国外贸高质量发展的评价与对策》，《国际贸易》2019 年第 12 期，第 4～11 页。

② 戴翔、宋婕：《我国外贸转向高质量发展的内涵、路径及方略》，《宏观质量研究》2018 年第 6 期，第 22～31 页。

③ 马林静：《基于高质量发展标准的外贸增长质量评价体系的构建与测度》，《经济问题探索》2020 年第 8 期，第 33～43 页。

④ 贾怀勤、吴珍倩：《我国贸易质量综合评价初探》，《国际贸易》2017 年第 4 期，第 40～44 页。

坚持"创新、协调、绿色、开放、共享"的新发展理念。基于此，本报告把外贸高质量发展的内涵确定为四个方面：实现贸易方式、进出口平衡结构、地区结构与国际市场结构等对外贸易结构更加优化，以创新提升贸易竞争力，实现外贸可持续发展，促进外贸规模增长。由此，本报告构建了一套外贸高质量发展评价指标体系（见表1），包括外贸结构、外贸竞争力、外贸可持续发展、外贸规模4个一级指标，涵盖22个二级指标。

表1 外贸高质量发展评价指标体系

一级指标	二级指标	计算方法	属性
外贸结构	贸易方式	加工贸易出口占比	负
		加工贸易进口占比	负
	进出口平衡结构	出口贸易总额/进口贸易总额	正
	地区结构	非珠三角地区出口贸易占比	正
		非珠三角地区进口贸易占比	正
	经营主体结构	私营经济出口贸易占比	正
		私营经济进口贸易占比	正
	国际市场结构	前五大出口贸易国家或者地区占比	负
		前五大进口贸易国家或者地区占比	负
	出口产品结构	高新技术产品出口占比	正
外贸竞争力	贸易TC指数	（出口 - 进口）/（出口 + 进口）	正
	高新技术产品TC指数	（高新技术产品出口 - 高新技术产品进口）/（高新技术产品出口 + 高新技术产品进口）	正
	高新技术产品RCA出口指数	（广东高新技术产品出口/广东出口总额）/（中国高新技术产品出口/中国出口总额）	正
	出口增长优势指数	广东出口增长率减去全国出口增长率	正
	市场占有率	广东贸易总额/中国贸易总额	正
		广东贸易总额/世界贸易总额	正
外贸可持续发展	资源可持续发展	矿产品出口占总出口的比重	负
		矿产品进口占总进口的比重	正
	贸易弹性系数	（GDP增量/GDP）/（贸易额增量/总贸易额）	正
	出口对GDP增长的贡献率	出口增量/GDP增量	正
	出口对GDP增长的拉动率	出口增量/GDP	正
	技术外溢效应	高新技术产品进口占总进口的比重	正
	加工贸易增值率	（加工贸易出口额 - 加工贸易进口额）/加工贸易进口额	正

一级指标	二级指标	计算方法	属性
外贸规模	贸易依存度	进出口总额/GDP	正
	贸易增长速度	贸易出口增长率	正
		贸易进口增长率	正
	贸易规模	贸易出口规模	正
		贸易进口规模	正
	贸易顺差规模	广东贸易净出口总额	正
	贸易顺差份额	广东贸易净出口总额/中国贸易净出口总额	正

（一）外贸结构

优质合理的进出口贸易结构是外贸高质量发展的前提。本报告从多角度刻画对外贸易结构。一是贸易方式，利用加工贸易占比来衡量。广东传统贸易方式是资本与劳动力密集型的加工贸易，这是一种粗放式贸易发展模式，与外贸高质量发展的内涵背道而驰，因此加工贸易占比与外贸高质量发展是负向关系。随着加工贸易占比降低，一般贸易比重提升，这意味着贸易经济从由粗放型增长模式转向知识密集的集约型增长模式，体现了"创新"的发展理念。二是进出口平衡结构。利用出口贸易总额与进口贸易总额的比重来描绘进出口平衡结构，如果进出口平衡结构大于1，意味着一国或者地区的贸易出现顺差，否则出现贸易逆差。贸易顺差意味着一个国家出口更多的商品和服务，这有利于创造就业和促进经济增长。三是地区结构，利用非珠三角地区进出口贸易占比来衡量，体现了"共享"的发展理念。广东海岸线长度全国第一，货运港口众多，但是由于经济发展不均衡，进出口贸易主要集中在珠三角地区。贸易地区结构不均衡损害了整体贸易发展质量，不利于缩小广东各区域间经济发展差距。四是经营主体结构，利用私营经济进出口贸易占比来衡量。随着市场化推进，广东民营企业进出口份额逐渐扩大。2019年，广东民营企业进出口总额接近总量的一半，超过外商投资企业进出口总额，这表明外贸内生性动力成为推动贸易增长的主要力量。民营经济增长在促进就业与改善民生方面发挥着重要的作用，体现了"共享"的发展理念。五是国际市场结构，利用主要进出口国家前五占比来衡量，体现了"开放"的发展理念。多元化的国际市场有利于规避贸易风险。近年来，中国提出"一带一路"倡议，坚持广泛磋商、共同贡献和共同利益的原则，积极推动与"一带一路"沿线国家加强贸易合作，促进对外贸易市场多元化发展。六是出口产品结构，以高新技术产品出口占比来衡量。

（二）外贸竞争力

在日益由市场驱动的全球经济中，对外贸易需要具有竞争力才能促进贸易繁荣与发展，这也是外贸高质量发展的重要体现。竞争力意味着一个国家在全球市场中拥有有效竞争的能力。贸易规模不等同于贸易竞争力，贸易竞争力体现为贸易拉升劳动力、资本和技术之间相互协同的效率，也就是贸易企业的生产率，这是出口产品向价值链上游攀升的关键因素。用贸易 TC 指数与出口增长优势指数来刻画外贸竞争力。随着广东经济的发展，贸易日益多样化，贸易更多的是出口工业制成品，进口工业原料、资本设备和技术知识，而不再依赖一些初级商品的出口。外贸竞争中最核心的竞争为科技创新的竞争，出口企业通过创新打造高质量的产品与服务，形成品牌效应。基于此，我们还引入了高新技术产品 TC 指数、高新技术产品 RCA 出口指数来表征外贸竞争力，体现了"创新"的发展理念。此外，分别利用广东贸易总额在中国贸易总额与世界贸易总额中的份额来衡量广东在中国对外贸易经济中的地位与世界市场占有率。

（三）外贸可持续发展

外贸可持续发展指外贸发展给本地技术创新与经济增长带来可持续的促进效应，以及外贸资源的可持续性发展，反映对外贸易与经济发展、资源环境的相互协调与促进作用。贸易发展能促进国内生产总值增长与技术创新进步。一方面，国际贸易使得企业经营规模扩大，有利于降低单位生产与营销成本，推动经济增长，同时国际贸易提供了不同国家之间思想交流和专业知识的技术流动，有利于企业创新发展。另一方面，国际贸易带来竞争效应，导致垄断力量被冲击，促使企业提高生产效率。因此，外贸发展带来的经济增长与技术进步等是衡量外贸发展质量的重要组成部分。如果外贸发展能持续推动经济增长、盈利增长与技术进步，则认为外贸发展质量水平较高。特别地，外贸的技术外溢效应是体现外贸发展质量的关键。技术吸收与消化对国内产业升级产生促进作用，从而提高国内经济增长质量。

此处，利用贸易弹性系数、出口对 GDP 增长的贡献率与拉动率来衡量贸易发展对经济增长的推动作用，利用高新技术产品进口占总进口的比重来刻画国际贸易带来的技术外溢效应，利用加工贸易增值率来描述外贸的盈利水平。此外，外贸发展的资源可持续性也是影响贸易发展质量的一个关键环节。传统外贸模式片面追求外贸规模增长，但是高消耗和高污染的外贸粗放发展模式难以持续，需要向高质量和高效益增长的外贸模式转变。本报告利用矿产品进口占总进口的比重、矿产品出口占总出口的比重来度量外贸发展的资源可持续性水平。跨境电子商务已成为中国经济中日益重要的组成部分，并且在对外贸易中所占的份额不断增加，为中国对外贸易的发展注入了新的活力。广东作为数字经济与贸易经济大省，2019 年跨境电子商务进出口总额占全国的一半份额。由于缺少跨境电子商务进出口数据，因此在具体测算外贸高质量发展水平时不考虑跨境电子商务等外贸发展新动能指标。

（四）外贸规模

外贸高质量发展具有两层含义，包括外贸高质量发展的"质"与"量"。前面介绍的三个一级指标外贸结构、外贸竞争力与外贸可持续发展是"质"的体现，而外贸规模是"量"的体现。对外贸易发展质量高的地区，通常有较大的贸易规模优势，而贸易规模反过来也会促进创新和生产力的提高，进而提升外贸发展质量。这是因为贸易规模扩张带来的竞争效应迫使企业通过创新和技术进步来赢取国际竞争力，以及贸易规模扩张意味着企业可以为更大的市场生产产品，从而降低企业单位创新成本。利用贸易依存度来衡量地区贸易经济地位，进出口在国内生产总值中所占的份额表明一个经济体在贸易方面对外开放的程度，这一点也反映了该国采取的贸易战略性质。利用贸易增长速度指标来度量广东进出口贸易增长速度的快慢。一个国家的进出口总额增长速度为负数，即当年进出口总额比上一年减少，意味着贸易经济出现了衰退。外贸高质量发展不意味着忽略外贸增长速度，外贸高质量增长要保证一定水平的外贸增长速度，促进外贸发展质量与速度并驾齐驱，这样更有利于外贸质量可持续发展。此外，利用贸易规模指标来度量广东进出口贸易"量"的表现。

三 外贸高质量发展水平的测量方法

（一）测量方法：熵值法确权

1. 基本原理

在评估广东外贸高质量发展水平之前，需要先为每个指标分配权重，再通过权重与指标相乘得出具体评价分数。本报告使用熵值法对评价指标进行权重确定。熵首先是在热力学中引入的，然后香农将其引入信息论中，对信息的不确定性进行度量。如果信息的不确定性越小，熵也就越小，反之信息的不确定性越大，熵也就越大。熵值法确定权重完全由数据所决定，是一种客观的权重确定方法，它根据每个索引的接触程度或每个索引提供的信息量来确定权重，有效避免了主观意识产生的偏误。因此，熵权理论的基本思想是，在同一指标上对评估对象之间的价值差异进行比较，如果指标提供的价值差异越大，指标就越重要。具体来说，指标值之间的差异越大，指标提供的有用信息就越多，说明信息的不确定性越小，熵也就越小，该指标对综合评价的权重越大。如果某个指标的所有值均相等，则在评估过程中禁用该指标，这表明该指标在综合评估中不起作用，其权重为零。

2. 熵值法步骤

（1）选取广东 n 年中的 m 个指标，则 x_{ij} 为第 i 年的第 j 个指标的数值（$i=1, 2, \cdots, n; j=1, 2, \cdots, m$）。首先，由于每个指标的维数不同，因此在用它们计算综合得分前，对数据进行了标准化处理，即把指标的绝对值转化为相对值，以消除数据维数的影响。其具体方法如下：

正向指标：

$$x'_{ij} = \frac{x_{ij} - \min\{x_{1j}, x_{2j}, \cdots, x_{nj}\}}{\max\{x_{1j}, x_{2j}, \cdots, x_{nj}\} - \min\{x_{1j}, x_{2j}, \cdots, x_{nj}\}}$$

负向指标：

$$x'_{ij} = \frac{\max\{x_{1j}, x_{2j}, \cdots, x_{nj}\} - x_{ij}}{\max\{x_{1j}, x_{2j}, \cdots, x_{nj}\} - \min\{x_{1j}, x_{2j}, \cdots, x_{nj}\}}$$

其中，x'_{ij} 是第 j 个指标上第 i 年评估对象的标准化值。

（2）计算第 i 年评估对象在第 j 个指标上的比例：

$$p_{ij} = \frac{x_{ij}}{\sum\limits_{i=1}^{n} x_{ij}}, i = 1, 2, \cdots, n, j = 1, 2, \cdots, m$$

（3）计算第 j 项指标的熵值：

$$e_j = -k \sum_{i=1}^{n} p_{ij} \ln(p_{ij})$$

其中，$k = 1/\ln(n) > 0$。满足 $e_j \geq 0$。

（4）熵的冗余度计算公式：$d_j = 1 - e_j$。

（5）每个评估指标的熵权可以表示为：

$$w_j = \frac{d_j}{\sum\limits_{j=1}^{m} d_j}, j = 1, 2, \cdots, m$$

（6）计算历年的综合得分：

$$s_i = \sum_{j=1}^{m} w_j \cdot p_{ij}, i = 1, 2, \cdots, n$$

其中，s_i 是广东外贸高质量发展综合得分，p_{ij} 是第 i 年评估对象在第 j 个指标上的值，w_j 表示每个指标的权重。

（二）数据来源的说明

本报告使用的基本类别数据包括广东层面对外贸易数据、全国层面对外贸易数据以及全球层面贸易数据。外贸高质量发展评价指标体系涵盖4个一级指标，共涉30个基础指标数据，时间跨度为2005～2019年。其中，广东层面基础指标数据来源于《广东统计年鉴》，全国层面基础指标数据来自《中国统计年鉴》，全球层面基础指标数据来源于《中国商务年鉴》。

四　广东外贸高质量发展水平测度结果及分析

在外贸高质量发展水平的测量过程中，首先，利用熵值法确定广东外贸高质量发展评价指标权重（见表2）。然后，利用指标权重，计算得到广东外贸高质量发展综合得分及外贸结构得分、外贸竞争力得分、外贸可持续发展得分与外贸规模得分，并获得2005～2019年广东外贸高质量发展各指标值的时间序列。

表2　广东外贸高质量发展评价指标权重

指标	权重（%）	指标	权重（%）
前五大进口贸易国家或者地区占比	1.846	广东贸易净出口总额	2.875
（高新技术产品出口 – 高新技术产品进口）/（高新技术产品出口 + 高新技术产品进口）	2.082	矿产品进口占总进口的比重	2.963
（出口 – 进口）/（出口 + 进口）	2.453	前五大出口贸易国家或者地区占比	3.005
贸易出口规模	2.512	广东贸易总额/世界贸易总额	3.077
贸易进口规模	2.609	非珠三角地区出口贸易占比	3.079
贸易出口增长率	2.720	非珠三角地区进口贸易占比	3.090
出口贸易总额/进口贸易总额	2.764	（GDP 增量/GDP）/（贸易额增量/总贸易额）	3.214
出口增量/GDP 增量	2.774	高新技术产品进口占总进口的比重	3.263
出口增量/GDP	2.837	广东出口增长率减去全国出口增长率	3.282
广东贸易总额/中国贸易总额	2.843	加工贸易出口占比	3.305

指标	权重(%)	指标	权重(%)
矿产品出口占总出口的比重	3.423	贸易依存度	4.088
贸易进口增长率	3.475	加工贸易进口占比	4.311
(广东高新技术产品出口/广东出口总额)/(中国高新技术产品出口/中国出口总额)	3.490	广东贸易净出口总额/中国贸易净出口总额	5.189
(加工贸易出口额 - 加工贸易进口额)/加工贸易进口额	3.592	私营经济进口贸易占比	5.435
私营经济出口贸易占比	4.009	高新技术产品出口占比	6.395

总体来说，广东外贸高质量发展综合得分上升幅度较大，由 2005 年的 0.3405 上升到 2019 年的 0.5364（如表 3 所示）。其中，在 2005 年处于统计样本期间的最低位置，为 0.3405；在 2013 年处于统计样本期间的最高位置，为 0.6112。从得分变化来看，2010 年，广东外贸高质量发展综合得分增长了 28.23%，增长率达到最高值；2014 年增长率最低，为 - 22.28%。

表 3　广东外贸高质量发展综合得分及其增长率

年份	综合得分	增长率(%)	年份	综合得分	增长率(%)
2005	0.3405	—	2013	0.6112	9.77
2006	0.3517	3.19	2014	0.4998	- 22.28
2007	0.3708	5.14	2015	0.5601	10.76
2008	0.3670	- 1.02	2016	0.5323	- 5.21
2009	0.3704	0.93	2017	0.5464	2.58
2010	0.5161	28.23	2018	0.5409	- 1.03
2011	0.4945	- 4.37	2019	0.5364	- 0.84
2012	0.5515	10.33			

广东是外贸经济大省，外贸进出口质量升级是推动广东经济向高质量发展转型的关键。在建设粤港澳大湾区的国家战略背景下，推动广东进出口贸易做大、做强、做优，并向高质量升级转型，对于促进广东经济结构升级、提升经济发展质量、保持经济长久繁荣稳定具有重要的意义。广东外贸高质量发展综合得分在波动中表现出先增长后下降的趋势（见图 1）：2005～2013 年广东外贸高质量发展综合得分表现为上升的趋势；2013 年达到最高点；之

后，在波动中呈现下降的趋势。主要是出口市场经济不景气、需求不足，导致出口出现低迷，加上广东推进加工贸易转型升级政策，短期内对外贸竞争力、外贸规模造成了一定的负面影响。

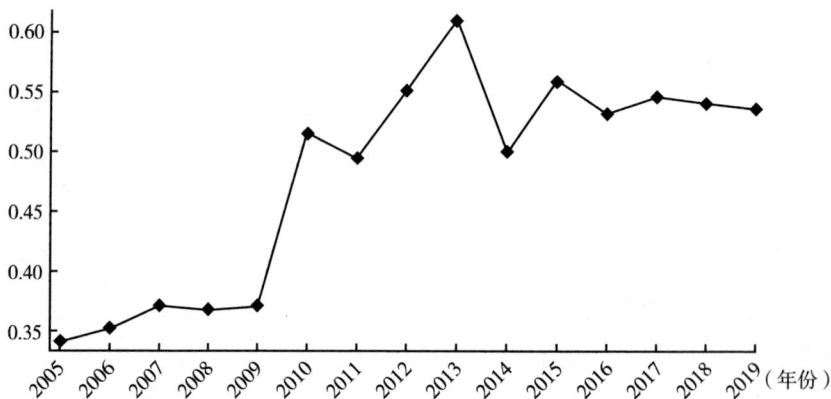

图1　广东外贸高质量发展综合得分变化趋势

从各个分指标得分来看，外贸结构得分、外贸竞争力得分、外贸可持续发展得分与外贸规模得分的时间序列变化趋势有所差异（见表4和图2）。2005~2019年，外贸结构得分总体上呈现渐进式的增长趋势，而外贸竞争力得分、外贸可持续发展得分与外贸规模得分却略有下降。

表4　分维度外贸高质量发展得分

年份	外贸结构得分	外贸竞争力得分	外贸可持续发展得分	外贸规模得分
2005	0.0187	0.0637	0.1323	0.1257
2006	0.0274	0.0729	0.1403	0.1111
2007	0.0515	0.0806	0.1263	0.1123
2008	0.1010	0.0644	0.1136	0.088
2009	0.1629	0.1042	0.0561	0.0472
2010	0.1694	0.0729	0.1398	0.1340
2011	0.1630	0.0813	0.1128	0.1373
2012	0.1752	0.1002	0.1159	0.1602
2013	0.2078	0.1227	0.1291	0.1516
2014	0.1904	0.0892	0.0953	0.1249
2015	0.2279	0.1255	0.1070	0.0997

年份	外贸结构得分	外贸竞争力得分	外贸可持续发展得分	外贸规模得分
2016	0.2424	0.1086	0.0951	0.0863
2017	0.2398	0.0674	0.1298	0.1095
2018	0.2446	0.0479	0.1206	0.1278
2019	0.2751	0.0524	0.1118	0.0971

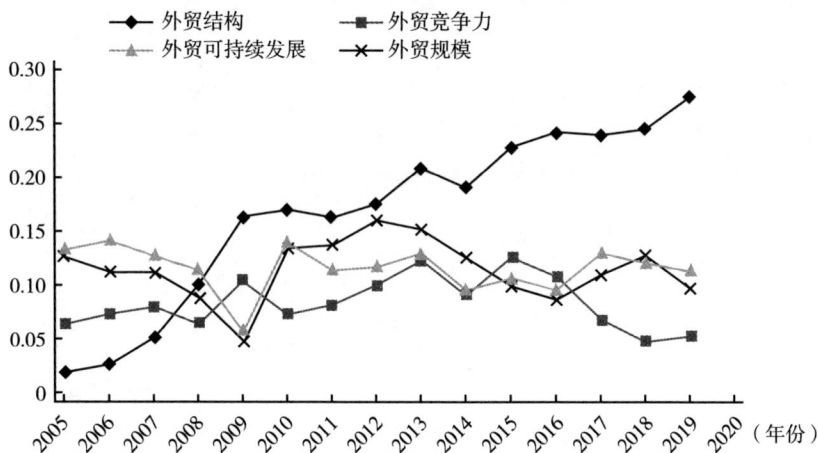

图 2 广东分维度外贸高质量发展得分变化趋势

外贸结构得分总体上呈现增长趋势，这主要得益于贸易方式与经营主体结构的优化，以及国际市场多元化（见表5）。2005～2019年，广东私营经济出口贸易占比由12.6%上升到49.8%，私营经济进口贸易占比由11.0%上升到48.7%，这表明私营企业已经成为广东进出口增长的重要力量。2005年，广东加工贸易出口占比为73.5%，加工贸易进口占比为61.7%。过去广东珠三角地区依靠区位优势与政策优势，吸引了全省乃至全国农村剩余劳动力从而助推进出口加工贸易快速发展。这种简单组装加工的贸易方式，往往是生产一些技术含量和附加值较低的产品，尽管能推动就业快速增长，但是对经济发展的整体贡献率较低。2019年，广东加工贸易出口占比下降到34.4%，加工贸易进口占比下降到28.9%，这表明广东贸易方式持

表5 外贸结构各细分指标得分

年份	出口贸易方式	进口贸易方式	进出口平衡结构	出口地区结构	进口地区结构	出口经营主体结构	进口经营主体结构	出口国际市场结构	进口国际市场结构	出口产品结构
2005	0.000	0.000	0.000	0.009	0.004	0.000	0.000	0.000	0.000	0.006
2006	0.004	0.001	0.005	0.006	0.000	0.003	0.001	0.004	0.004	0.000
2007	0.006	0.003	0.009	0.000	0.010	0.005	0.002	0.009	0.006	0.002
2008	0.007	0.008	0.012	0.002	0.016	0.005	0.004	0.012	0.010	0.025
2009	0.010	0.012	0.011	0.014	0.027	0.008	0.009	0.013	0.011	0.048
2010	0.011	0.013	0.007	0.013	0.031	0.010	0.014	0.012	0.012	0.046
2011	0.013	0.013	0.009	0.014	0.026	0.013	0.016	0.012	0.018	0.029
2012	0.014	0.015	0.009	0.010	0.019	0.018	0.020	0.007	0.018	0.045
2013	0.019	0.022	0.009	0.010	0.010	0.022	0.029	0.005	0.016	0.064
2014	0.020	0.020	0.015	0.019	0.021	0.023	0.027	0.013	0.018	0.013
2015	0.025	0.026	0.028	0.027	0.014	0.023	0.035	0.017	0.015	0.018
2016	0.028	0.032	0.026	0.031	0.007	0.031	0.042	0.020	0.012	0.012
2017	0.030	0.035	0.023	0.023	0.012	0.034	0.046	0.024	0.013	0.000
2018	0.029	0.037	0.014	0.017	0.005	0.036	0.052	0.024	0.013	0.018
2019	0.033	0.043	0.018	0.022	0.016	0.040	0.054	0.030	0.015	0.003

续优化。从地区结构成分指标来看，广东区域贸易格局更加协调，非珠三角外贸出口增长速度加快，但是进口增长缓慢。国际市场结构指标得分增长也较快，广东对美国的贸易依赖程度降低，与东盟、南美洲等新兴市场的贸易交往程度加深，从而使得国际贸易市场更加多元化。此外，出口产品结构指标增长较慢，这表明广东高新技术产品出口占比仍然有待提升。

广东外贸竞争力得分呈现略微下降的趋势，这是由于高新技术产品 TC 指数、高新技术产品 RCA 出口指数与国内市场占有率三大二级指标得分出现下降（见表6）。从高新技术产品来看，广东高新技术产品出口占比增长缓慢，甚至出现了下降的趋势，而全国高新技术产品出口占比仍处于增长的趋势，导致广东高新技术产品外贸竞争力下降。从贸易规模来看，随着中西部地区通过承接产业转移等经济手段发展对外贸易，广东外贸竞争力逐渐被削弱，2005 年广东贸易总额占全国的 30.1%，但 2019 年份额已经下降到 22.6%。

表6 外贸竞争力各细分指标得分

年份	贸易 TC 指数	高新技术产品 TC 指数	高新技术产品 RCA 出口指数	出口增长优势指数	国内市场占有率	国际国内市场占有率
2005	0.000	0.015	0.010	0.010	0.028	0.000
2006	0.006	0.015	0.003	0.017	0.028	0.004
2007	0.009	0.021	0.009	0.010	0.025	0.007
2008	0.012	0.016	0.018	0.000	0.015	0.002
2009	0.010	0.017	0.013	0.033	0.019	0.012
2010	0.007	0.015	0.013	0.008	0.014	0.016
2011	0.009	0.016	0.022	0.012	0.009	0.014
2012	0.009	0.016	0.028	0.018	0.011	0.018
2013	0.009	0.015	0.035	0.025	0.014	0.025
2014	0.015	0.016	0.019	0.007	0.009	0.024
2015	0.025	0.017	0.016	0.025	0.012	0.031
2016	0.024	0.011	0.013	0.020	0.012	0.027
2017	0.021	0.007	0.000	0.009	0.007	0.023
2018	0.014	0.000	0.006	0.003	0.003	0.022
2019	0.017	0.001	0.004	0.010	0.000	0.021

从外贸可持续发展指标来看,2005～2019 年,广东资源可持续发展以及出口对 GDP 增长的贡献率得分与拉动率得分出现下降,但是技术外溢效应与加工贸易增值率得分上升(见表7)。随着加工贸易占比降低,广东加工贸易提质增效与技术外溢效应逐渐增强。

表7 外贸可持续发展各细分指标得分

年份	出口资源可持续发展	进口资源可持续发展	贸易弹性系数	出口对 GDP 增长的贡献率	出口对 GDP 增长的拉动率	技术外溢效应	加工贸易增值率
2005	0.034	0.016	0.030	0.026	0.026	0.000	0.000
2006	0.030	0.017	0.032	0.028	0.028	0.004	0.002
2007	0.027	0.014	0.028	0.024	0.025	0.002	0.007
2008	0.000	0.030	0.019	0.017	0.015	0.013	0.019
2009	0.000	0.021	0.000	0.000	0.000	0.016	0.019
2010	0.011	0.022	0.032	0.025	0.023	0.014	0.012
2011	0.003	0.027	0.024	0.020	0.018	0.011	0.009
2012	0.014	0.021	0.024	0.020	0.013	0.015	0.009
2013	0.019	0.020	0.025	0.021	0.015	0.020	0.010
2014	0.015	0.018	0.013	0.014	0.009	0.014	0.011
2015	0.027	0.000	0.007	0.012	0.008	0.025	0.028
2016	0.025	0.003	0.001	0.000	0.004	0.029	0.033
2017	0.020	0.008	0.020	0.016	0.010	0.028	0.028
2018	0.019	0.005	0.019	0.015	0.010	0.033	0.020
2019	0.016	0.007	0.005	0.008	0.007	0.032	0.036

从外贸规模指标来看,2005～2019 年,广东贸易规模与贸易顺差规模不断上涨,但是贸易依存度、贸易增长速度以及贸易净出口总额全国占比出现下降(见表8)。

表8 外贸规模各细分指标得分

年份	贸易依存度	贸易出口增长速度	贸易进口增长速度	贸易出口规模	贸易进口规模	贸易顺差规模	贸易顺差份额
2005	0.040	0.026	0.023	0.000	0.000	0.000	0.037
2006	0.041	0.027	0.026	0.004	0.003	0.003	0.007

年份	贸易依存度	贸易出口增长速度	贸易进口增长速度	贸易出口规模	贸易进口规模	贸易顺差规模	贸易顺差份额
2007	0.038	0.024	0.025	0.008	0.007	0.006	0.003
2008	0.028	0.016	0.016	0.010	0.009	0.009	0.000
2009	0.018	0.000	0.002	0.007	0.006	0.012	0.002
2010	0.022	0.027	0.035	0.013	0.014	0.010	0.014
2011	0.020	0.021	0.023	0.018	0.019	0.012	0.025
2012	0.019	0.015	0.017	0.021	0.022	0.015	0.052
2013	0.019	0.017	0.020	0.024	0.026	0.017	0.029
2014	0.014	0.010	0.006	0.025	0.024	0.019	0.027
2015	0.009	0.009	0.006	0.025	0.019	0.023	0.015
2016	0.005	0.004	0.006	0.022	0.016	0.029	0.004
2017	0.004	0.012	0.017	0.024	0.019	0.026	0.007
2018	0.002	0.012	0.022	0.025	0.024	0.026	0.016
2019	0.000	0.007	0.005	0.024	0.021	0.022	0.018

五 结论及政策建议

利用熵值法确定各指标权重，测算出广东 2005～2019 年外贸高质量发展综合得分及各细分指标得分和并进行分析，得出以下结论。第一，广东外贸高质量发展综合得分在波动中表现出先增长后下降的趋势。2013 年之前，总体上表现出上升的趋势，2013 年后，总体上表现出下降的趋势。第二，广东外贸结构得分总体上呈现渐进式的增长趋势，而外贸竞争力得分、外贸可持续发展得分与外贸规模得分在波动中略有下降。主要原因是广东贸易规模增长速度后劲不足、非珠三角地区进口增长缓慢、高新技术产品出口占比增长缓慢、资源性产品进口占比降低、出口对 GDP 增长的贡献率与拉动率出现下降，以及国内其他地区贸易发展步伐加快削弱了广东贸易竞争力。

由此，本报告提出以下政策建议。第一，打造外贸发展新动能。广东外贸规模不断增长，但近年来增长速度有所放缓。外贸高质量发展意味着不仅要提升外贸发展"质"，也要保证"量"的增长。在传统外贸渠道发展缓慢的情况下，打造外贸发展新产业、新模式、新业态，新平台、新市场等新动能是促进广东外贸高质量发展的必然选择。第二，创新发展，扩大高新技术产品出口规模。鼓励民营企业自主创业，抓住粤港澳大湾区建设机遇，推进高新技术产业出口，提升出口贸易价值链。第三，推动区域均衡发展。推动传统劳动密集型的加工贸易向非珠三角地区转移，重点推动汕头、湛江等副中心城市向外向型经济发展，以此促进区域发展更加均衡协调。第四，推动进出口平衡发展。不断扩大进口，尤其是扩大资源与清洁能源产品进口，以此减少贸易顺差。一方面有利于减少贸易摩擦，另一方面也有助于推动贸易与环境的可持续性发展。

粤港澳大湾区外贸高质量发展分析

蔡春林　张　霜[*]

摘　要：　本报告基于2018年粤港澳大湾区11个地区外贸发展相关数据，建立一套外贸高质量发展指标体系，利用因子分析法得出11个地区外贸高质量综合评价结果，以直观地分析11个地区外贸高质量发展的水平和差异。分析发现，香港、深圳、广州、佛山和东莞在外贸基础方面排在前列；深圳、东莞、广州和香港在外贸发展优化度方面排在前列；肇庆、惠州、东莞和深圳在外贸结构方面排在前列；东莞和深圳在外贸效益方面表现比较突出；深圳、广州和香港在外贸高质量发展水平方面排在前列。总体而言，粤港澳大湾区外贸发展质量的外贸基础、外贸优化度与外贸竞争力都有待加强与提高，并且粤港澳大湾区各地区外贸高质量发展水平存在很大的差距。因此，针对所存在的问题，本报告认为粤港澳大湾区必须提高外贸优化度、培养外贸新型竞争优势、优化外贸营商环境以及缩小各地区发展差距。

关键词：　对外贸易　高质量发展　广东　粤港澳大湾区

一　引言

改革开放以来，中国对外贸易规模迅速扩大，呈现跨越式的发展态势。

* 蔡春林，广东工业大学经济与贸易学院教授，金砖国家研究中心主任，研究方向为国际贸易与国际问题、"一带一路"与金砖国家、广东外贸等；张霜，广东工业大学经济与贸易学院硕士研究生。

与发达国家相比，中国对外贸易虽实现了数量增长，但质量仍不高，对经济发展的贡献率也较低，出口产业仍处在全球产业链的低端。中国经济进入新的历史方位，正在从高速增长阶段转向高质量发展阶段，经济结构正在转型，增长动力正在转换。对外贸易作为国民经济中重要的一部分，理所当然要走向高质量发展道路，以推动从贸易大国到贸易强国的转变。《粤港澳大湾区发展规划纲要》明确了粤港澳大湾区的指导思想与战略定位，旨在深化珠三角地区与港澳两地的合作，推动粤港澳大湾区城市群融合发展，借助港澳的独特优势，提升国家经济发展与对外开放在国际中的优势地位。广东作为中国外贸第一大省，近年来外贸增速开始下行，珠三角地区近年来出口额也在不断下降。粤港澳三地必须积极配合国家发展方针，尽快实现外贸发展方式的转型，实现外贸高质量的发展，这有利于中国融入全球市场体系。

本报告借鉴现有的外贸质量发展研究方法，建立一套科学评价外贸发展质量的指标体系，对粤港澳大湾区及其所属 11 个地区的外贸高质量发展水平进行综合评价，以直观地分析 11 个地区外贸高质量发展的水平和差异，从而发掘粤港澳大湾区外贸发展质量中存在的问题，并针对问题提出合理的建议。

二　外贸高质量发展的含义与指标体系的构建

大部分学者认为，外贸高质量发展须符合"创新、协调、绿色、开放、共享"理念。此外，本报告通过对外贸高质量发展指标体系相关文献进行梳理与分析，并参考何莉、黄一鸣以及李鸿阶和张旭华所构建的指标体系①，来整理与构建符合外贸高质量发展含义的评价指标体系。

---

① 何莉：《基于 AHP 的中国对外贸易质量综合评价》，《国际经贸探索》2011 年第 9 期，第 17～22 页；黄一鸣：《重庆外贸发展质量评价研究》，硕士学位论文，西南政法大学，2015；李鸿阶、张旭华：《对外贸易发展质量省际比较与提升路径选择——基于福建与广东、江苏、浙江比较》，《福建论坛》（人文社会科学版）2019 年第 1 期，第 187～194 页。

（一）外贸高质量发展的含义

党的十八大以来，中国经济发展方式发生了深刻的变化，由粗放型转向高效益、高质量型。外贸发展方式也正在改变，从关注外贸基本规模转向关注外贸高质量发展。党的十八届五中全会提出了"创新、协调、绿色、开放、共享"的发展理念，以新发展理念为导向，中国外贸高质量发展的内涵丰富而多元，主要有以下五方面。

第一，具备更优化的发展结构。具备优质合理、更优化的外贸发展结构是外贸高质量发展的首要条件，这主要体现在三个方面：一是贸易方式更加优化；二是外贸商品结构更加优化；三是产业结构更加优化。粤港澳大湾区11个地区中有6个地区的一般贸易出口占比超过50%，而有3个地区的加工贸易占比超过40%，有3个地区的加工贸易占比接近40%。在商品结构方面，高新科技产品出口贸易比较具有优势的地区有深圳、惠州和东莞，其高新科技产品出口贸易占比分别为50.7%、57.5%和43.2%。然而机电产品出口贸易比较具有优势的地区有深圳、珠海、中山、惠州和东莞，其机电产品出口贸易占比分别为78.6%、78.3%、73.1%、82.7%和75.5%。

第二，实现更加协调的发展格局。更趋协调的发展格局要求国内不同区域的外贸协调发展，国外的国际市场更加多元，即国内市场与国外市场的多元协调。粤港澳大湾区各个地区之间的贸易发展水平差异较大，广州、深圳、香港及珠海等地区拥有地理区域、资源禀赋和政策优惠等优势，并且拥有较强的外资企业聚集效应，其外贸发展在大湾区中是主要阵地。而其他地区的自然资源与人力资源都向广州、深圳两地靠拢，缺乏贸易发展的优势。整体来说，粤港澳大湾区的外贸发展格局抗压能力较弱，对外贸易依赖度较高，广州和深圳对外贸易依存度达到60%以上，而东莞的外贸依存度则高达96.1%。积极开拓新兴工业市场，减少对传统市场的依赖，有助于推动外贸高质量发展，打造更加协调的国内外市场发展格局。

第三，具有持续的发展动力。高质量发展从本质上来讲就是用最少的生产投入、最低的资源环境成本去换取最高效的资源配置与最好的经济社会效益，是一种可持续发展的概念。外贸高质量发展就是要拥有可持续的增长动力以实现外贸持续高效发展。以创新驱动为经济增长的动力，并且实现新旧动能转换，也是外贸高质量发展的内涵之一。摒除以往以资源消耗为贸易增长动力的传统观念，将之转换为以技术创新、制度创新和模式创新为贸易增长内生动力的新观念。近年来，在粤港澳大湾区城市群中，深圳和广州的对外贸易在技术创新方面有了很大的进步，创造了以产研学为主的工业经济发展，建造了广深至东莞的科技创新走廊，为外贸高质量发展提供了动力源泉。

第四，实施更加开放的发展模式。改革开放 40 多年来，中国不断推进对外开放的广度和深度，深入国际分工体系与国际经贸体系，在国际经贸规则中的地位不断上升，由曾经的"跟随者"变为如今的"引领者"。实践证明，不断扩大对外开放是中国外贸在过去几十年中实现高速增长的重要条件之一。然而，不管是在货物贸易还是在服务贸易方面，对外开放的路途并没有终点，必须建立更加开放的市场环境，才能更加融入国际市场，减弱贸易保护主义对中国外贸发展的影响。近年来，粤港澳大湾区成为中美贸易摩擦的重点打击对象，如华为、中兴等大型企业就受到了冲击，还有很多对美出口的中小型企业也受到了沉重的打击。必须采取相应措施应对当今世界贸易保护主义的威胁。总之，加大对外开放力度、提高全球资源利用效率、提升在全球价值链中的地位、推进贸易自由化与便利化是中国外贸高质量发展的内涵之一。

第五，秉持更普惠的发展理念。"更普惠"是中国对外贸易高质量发展的内涵要求具备的发展理念，主要体现在以下两个方面。一是主动开放国内市场。通过开放促进资源的全球流通，为世界各国提供更广阔的贸易市场与贸易空间，推动各国贸易更加协调和稳定发展。二是提供更多国际公共产品，加强中国在国际贸易规则中的话语权，从而加快中国由贸易大国转变为贸易强国的步伐。

（二）指标体系的构建

外贸高质量发展是指更高效、更协调和更可持续的发展，但没有统一的衡量方法。因此，需要构建符合"创新、协调、绿色、开放、共享"理念的外贸高质量发展指标体系，通过指标体系对每个地区外贸高质量发展的水平进行量化分析。本报告按照科学性、全面性、可行性和层次性的原则从外贸发展基础、外贸优化度、外贸结构以及外贸产生效益四个方面出发，构建了外贸基础、外贸优化度、外贸结构和外贸效益 4 个一级指标，其中涵盖二级指标 14 个、三级指标 29 个（见表 1）。

表 1　外贸高质量发展指标体系

一级指标	二级指标	三级指标	单位	指标正逆性
外贸基础	贸易竞争力	贸易竞争指数	无	+
		高新科技产品 TC 指数	无	+
	产业结构	第二产业产值比重	%	+
		第三产业产值比重	%	+
	科技创新	R&D 投入占 GDP 比重	%	+
	经济基础	GDP	亿元	+
外贸优化度	规模	出口总额	亿元	+
		进口总额	亿元	+
		净出口额	亿元	+
	速度	出口贸易增长率	%	+
		进口贸易增长率	%	+
		进出口增长率	%	+
	稳定性	出口增长波动率	%	+
		进口增长波动率	%	+
	贸易发展新动能	跨境电子商务出口占比	%	+
		实际对外直接投资	亿元	+
外贸结构	商品结构	机电产品出口占比	%	+
		高新科技产品出口占比	%	+
	主体结构	外资企业出口占比	%	+
		内资企业出口占比	%	+
	方式结构	一般贸易出口占比	%	+
		加工贸易出口占比	%	+

续表

一级指标	二级指标	三级指标	单位	指标正逆性
外贸效益	经济效益	出口边际倾向	无	+
		进口边际倾向	无	+
	社会效益	外贸依存度	%	+
		外贸促进就业贡献率	%	+
	生态效益	出口贸易工业废气排放强度	无	−
		出口贸易工业废水排放强度	无	−
		出口贸易工业废物排放强度	无	−

三 粤港澳大湾区外贸高质量发展水平分析

外贸高质量发展是一个动态的过程，需要选择合适的指标体系和评价方法进行动态监测。在指标综合评价方法中，有层次分析法、相对指数法、熵值法及主成分分析法与因子分析法。层次分析法是典型的主观赋权法，受专家主观经验的影响较大，不宜采纳。相对指数法与熵值法都是客观赋权法，但是相对指数法未考虑各指标之间的相关性，而熵值法并不能很好地显示各指标之间的相关关系。前述 29 个三级指标之间可能存在明显的相关关系，因此不宜使用相对指数法与熵值法。主成分分析法与因子分析法是利用各指标之间的自身特征来确定权重，能够很好地避免各指标间相关性带来的影响和消除主观性影响。

因子分析是处理多变量数据的一种统计方法，其基本思想是把相关性较高的变量分为一组，利用降维的思想把每组相关性较强的变量综合成几个相关性较小的具有综合性的公共因子，并用这些公共因子来代表原始变量，使得大部分变量所包含的信息可以从少数的公共因子中表现出来，便于对多变量数据的研究，是适用于外贸高质量发展分析的一种指标综合评价方法。

（一）模型构建

假定有 n 个样本，每个样本有 p 个观测指标项（这 p 个指标项之间具有较强的相关性），X 表示把原始观测值进行标准化处理之后的变量项向量；$F_1,F_2,\cdots,F_m(m<p)$ 表示标准化后的公共因子；$\varepsilon_1,\varepsilon_2,\cdots,\varepsilon_p$ 表示各个变量项向量分量所特有的不可观测因子，无法被公共因子表示并解释，因此最终所得到的因子模型如下：

$$\begin{cases} X_1 = a_{11}F_1 + a_{12}F_2 + \cdots + a_{1m}F_m + \varepsilon_1 \\ X_2 = a_{21}F_1 + a_{22}F_2 + \cdots + a_{2m}F_m + \varepsilon_2 \\ \qquad\qquad \cdots \\ X_p = a_{p1}F_1 + a_{p2}F_2 + \cdots + a_{pm}F_m + \varepsilon_p \end{cases} \tag{1}$$

其矩阵形式表示为：$X = AF + \varepsilon$

式（1）中 $a_{ij}(i=1,2,\cdots,p;j=1,2,\cdots,m)$ 表示因子载荷，表示第 i 个变量在第 j 个公共因子上的载荷，a_{ij} 的绝对值越大，表明 X_i 和 F_j 的相依程度越大，即公共因子 F_j 对于 X_i 的载荷量越大。矩阵 A 是由 a_{ij} 构成的因子载荷矩阵，即 $A = \begin{bmatrix} a_{11} & a_{12} & \cdots & a_{1m} \\ a_{21} & a_{22} & \cdots & a_{2m} \\ \vdots & \vdots & \ddots & \vdots \\ a_{p1} & a_{p2} & \cdots & a_{pm} \end{bmatrix}$。

接下来进行参数估计，得到因子载荷矩阵 A，采用回归法将公共因子转化为原始变量的线性组合，其公式如下：

$$F_j = \beta_{j1}X_1 + \beta_{j2}X_2 + \cdots + \beta_{jp}X_p, j=1,2,\cdots,m \tag{2}$$

式中，$\beta_{j1},\beta_{j2},\cdots,\beta_{jm}$ 为线性组合待估系数，即因子得分系数，其矩阵表达式为 $B = A'R^{-1}$，其中 R 为样本相关系数矩阵。

最后对因子得分系数进行估计，构建指标综合评价模型，其公式如下：

$$y_i = \sum_{j=1}^{k} w_j F_{ij}, i=1,2,\cdots,n;j=1,2,\cdots,k \tag{3}$$

式中，y_i 为第 i 个样本的综合评价值；F_{ij} 为第 i 个样本第 j 个公共因子得分；w_j 为第 j 个公共因子的权重，用第 j 个公共因子的方差贡献率/累计方差贡献率表示。

（二）数据来源与处理

本报告选取粤港澳大湾区 11 个地区为样本，以 29 个三级指标为变量，并从 2018 年广东统计局、各地级市统计年鉴及《国民经济和社会发展统计公报》中获取并整理数据。在构建实证模型之前，由于指标间同时存在正向指标与逆向指标，并且为避免指标量纲所带来的影响，需要对各指标进行标准化和正向化处理。

根据林海明和杜子芳对因子分析指标正向化的处理方法[①]，对正逆向指标做了以下的处理：

正向指标：

$$x'_{ij} = \frac{x_{ij} - \min(x_{1j}, x_{2j}, \cdots, x_{nj})}{\max(x_{1j}, x_{2j}, \cdots, x_{nj}) - \min(x_{1j}, x_{2j}, \cdots, x_{nj})} \tag{4}$$

逆向指标：

$$x'_{ij} = \frac{\max(x_{1j}, x_{2j}, \cdots, x_{nj}) - x_{ij}}{\max(x_{1j}, x_{2j}, \cdots, x_{nj}) - \min(x_{1j}, x_{2j}, \cdots, x_{nj})} \tag{5}$$

式中，x'_{ij} 表示正向化后 i 地区 j 指标的得分值，x_{ij} 表示 i 地区 j 指标的原始观测值。

（三）实证分析与结果

基于上文建立的指标体系与评价模型，在进行因子分析之前，首先对 4 个一级指标即外贸基础、外贸优化度、外贸结构和外贸效益进行分项因子评价分析，检验 4 个一级指标下的分指标是否适合进行因子分析，然后对每个三级指标进行因子分析，得出每一项三级指标的因子得分。

（1）对外贸基础、外贸优化度、外贸结构和外贸效益 4 个一级指标进行 KMO（Kaiser - Meyer - Olkinn）检验和 Bertlett 球形检验。KMO 检验和

---

① 林海明、杜子芳：《主成分分析评估指数的构造条件和案例》，载《21 世纪数量经济学》（第 13 卷），社会科学文献出版社，2013，第 119 ~ 129 页。

Bertlett 球形检验用于检验评价对象是否适合做因子分析，KMO 检验主要检验各指标间是否存在较大的偏相关性，只有当 $0.5 < KMO < 1$ 时，才能说明各指标间存在偏相关性，即适合进行因子分析；而 Bertlett 球形检验用于检验指标间的相关系数矩阵是否为单位矩阵，当 P 值 < 0.05 时可拒绝原假设"指标间相关系数矩阵为单位矩阵"，即评价对象各指标间存在较强的相关性，说明评价对象各指标适合进行因子分析。

经检验，4 个一级指标所得 KMO 检验值分别为 0.5437、0.1610、0.5441、0.7082，即 4 个一级指标下的 29 个三级指标间存在相关性，但由于所得 KMO 检验值都偏低，因此需要进一步进行 Bertlett 球形检验，结果得到 4 个一级指标的 Bertlett 检验值分别为 67.111、162.043、71.366、67.420，并且所得 P 值均为 0.000，说明 29 个三级指标间存在较强的相关性，适合进行因子分析。

（2）利用主成分法提取公共因子，并得到各公共因子的特征值与因子载荷矩阵。由于初始因子载荷矩阵并没有突出典型代表变量，为更好地解释各公共因子，利用最大方差法进行因子旋转，得到因子旋转载荷矩阵（见表2）。

表2　公共因子特征值与方差贡献率

主因子	初始特征值			提取载荷平方和			旋转载荷平方和		
	总计	方差贡献率（%）	累计方差贡献率（%）	总计	方差贡献率（%）	累计方差贡献率（%）	总计	方差贡献率（%）	累计方差贡献率（%）
F_1	10.2929	35.49	35.49	10.2929	35.49	35.49	9.3716	32.32	32.32
F_2	7.9265	27.33	62.83	7.9265	27.33	62.83	7.5668	26.09	58.41
F_3	3.6987	12.75	75.58	3.6987	12.75	75.58	3.6360	12.54	70.95
F_4	2.2086	7.62	83.20	2.2086	7.62	83.20	3.1007	10.69	81.64
F_5	1.7818	6.14	89.34	1.7818	6.14	89.34	1.8789	6.48	88.12
F_6	1.3658	4.711	94.05	1.3658	4.711	94.05	1.7203	5.93	94.05
F_7	0.7940	2.74	96.79						
F_8	0.4337	1.50	98.28						
F_9	0.3738	1.29	99.57						
F_{10}	0.1242	0.43	100.00						

从表2可看出前6个公共因子具有大于1的特征值，其累计贡献率达到94.05%，说明前6个公共因子已经解释了29个三级指标中绝大部分的现象。接下来可测算出因子得分系数（见表3）。

表3　因子得分系数

指标	公共因子					
	F_1	F_2	F_3	F_4	F_5	F_6
X_1	0.40212	− 0.35409	0.16464	− 0.01175	0.77694	0.33589
X_2	0.00000	0.00000	0.00000	0.00000	0.00000	0.00000
X_3	0.00000	0.00000	0.00000	0.00000	0.00000	0.00000
X_4	0.00000	0.00000	0.00000	0.00000	0.00000	0.00000
X_5	0.12610	− 0.02416	− 0.01811	− 0.10044	0.41848	0.38425
X_6	− 0.49323	0.09294	− 0.07949	0.13795	− 0.15918	0.43016
X_7	0.12822	0.69824	− 0.11365	− 0.37819	− 0.08436	− 0.29893
X_8	0.00000	0.00000	0.00000	0.00000	0.00000	0.00000
X_9	0.00000	0.00000	0.00000	0.00000	0.00000	0.00000
X_{10}	0.00000	0.00000	0.00000	0.00000	0.00000	0.00000
X_{11}	− 0.12633	0.04309	0.37799	0.98105	− 0.38657	0.01770
X_{12}	0.00000	0.00000	0.00000	0.00000	0.00000	0.00000
X_{13}	0.00000	0.00000	0.00000	0.00000	0.00000	0.00000
X_{14}	0.00000	0.00000	0.00000	0.00000	0.00000	0.00000
X_{15}	0.04500	− 0.09387	− 0.06293	0.26088	0.08682	− 0.03096
X_{16}	0.00000	0.00000	0.00000	0.00000	0.00000	0.00000
X_{17}	0.00000	0.00000	0.00000	0.00000	0.00000	0.00000
X_{18}	0.00000	0.00000	0.00000	0.00000	0.00000	0.00000
X_{19}	− 0.12589	− 0.39851	0.54391	0.07663	− 1.41052	0.77837
X_{20}	0.00000	0.00000	0.00000	0.00000	0.00000	0.00000
X_{21}	0.00000	0.00000	0.00000	0.00000	0.00000	0.00000
X_{22}	0.38393	0.68621	− 0.79151	− 0.00019	0.29601	− 0.98390
X_{23}	0.00960	0.02623	0.97788	0.13986	− 0.02427	− 0.13177
X_{24}	0.00000	0.00000	0.00000	0.00000	0.00000	0.00000
X_{25}	0.00000	0.00000	0.00000	0.00000	0.00000	0.00000
X_{26}	− 0.18053	− 0.06486	− 0.07692	− 0.06042	0.16271	− 0.41501
X_{27}	0.00000	0.00000	0.00000	0.00000	0.00000	0.00000
X_{28}	0.00000	0.00000	0.00000	0.00000	0.00000	0.00000
X_{29}	0.00000	0.00000	0.00000	0.00000	0.00000	0.00000

根据表3中的因子得分系数可以得到以下6个回归方程：

$$\begin{cases} F_1 = 0.40212X_1 + 0.12610X_5 - 0.49323X_6 + 0.12822X_7 - 0.12633X_{11} + 0.04500X_{15} \\ \quad - 0.12589X_{19} + 0.38393X_{22} + 0.00960X_{23} - 0.18053X_{26} \\ \\ F_2 = -0.35409X_1 - 0.02416X_5 + 0.09294X_6 + 0.69824X_7 + 0.04309X_{11} - 0.09387X_{15} \\ \quad - 0.39851X_{19} + 0.68621X_{22} + 0.02623X_{23} - 0.06486X_{26} \\ \\ F_3 = 0.16464X_1 - 0.01811X_5 - 0.07949X_6 - 0.11365X_7 + 0.37799X_{11} - 0.06293X_{15} \\ \quad + 0.54391X_{19} - 0.79151X_{22} + 0.97788X_{23} - 0.07692X_{26} \\ \\ F_4 = -0.01175X_1 - 0.10044X_5 + 0.13795X_6 \\ \quad - 0.37819X_7 + 0.98105X_{11} + 0.26088X_{15} \\ \quad + 0.07663X_{19} - 0.00019X_{22} + 0.13986X_{23} - 0.06042X_{26} \\ \\ F_5 = 0.77694X_1 + 0.41848X_5 - 0.15918X_6 - 0.08436X_7 - 0.38657X_{11} + 0.08682X_{15} \\ \quad - 1.41052X_{19} + 0.29601X_{22} - 0.02427X_{23} + 0.16271X_{26} \\ \\ F_6 = 0.33589X_1 + 0.38425X_5 + 0.43016X_6 - 0.29893X_7 + 0.01770X_{11} - 0.03096X_{15} \\ \quad + 0.77837X_{19} - 0.98390X_{22} - 0.13177X_{23} - 0.41501X_{26} \end{cases}$$

根据这六个方程以及因子累计方差贡献率，得到每个地区外贸高质量发展的综合评价得分：

$$F = (32.32F_1 + 26.09F_2 + 12.54F_3 + 10.69F_4 + 6.48F_5 + 5.93F_6)/94.05$$

按照相同的方法，得到4个一级指标的综合评价得分（见表4）。

表4　因子分析综合评价结果

地区	外贸基础得分		外贸优化度得分		外贸结构得分		外贸效益得分		综合得分	
	数值	排名	数值	排名	数值	排名	数值	排名	数值	排名
香港	2476.10	1	947.68	4	8.97	10	124.30	10	0.488	3
澳门	358.27	8	127.62	11	5.67	11	107.82	11	-0.989	11
广州	2247.70	3	1220.80	3	22.71	9	744.42	5	0.533	2
深圳	2387.36	2	3635.43	1	47.13	4	1966.98	2	0.587	1
珠海	288.78	9	404.80	7	46.48	5	850.40	4	0.383	6
佛山	983.79	4	549.58	6	38.51	8	232.45	9	-0.005	10
中山	359.23	7	269.26	9	44.75	6	268.63	8	0.190	7
惠州	407.52	6	386.36	8	51.67	2	441.33	6	0.135	8

地区	外贸基础得分		外贸优化度得分		外贸结构得分		外贸效益得分		综合得分	
	数值	排名	数值	排名	数值	排名	数值	排名	数值	排名
东莞	817.06	5	1630.32	2	47.64	3	2453.70	1	0.448	4
江门	287.95	10	193.39	10	41.51	7	376.49	7	0.055	9
肇庆	25.64	11	592.80	5	58.68	1	1121.98	3	0.405	5

（四）综合评价结果的分析

1. 外贸基础综合评价结果

从外贸基础的得分来看，通过因子分析得到的结果表明排名前三的城市分别为香港、深圳和广州，外贸基础得分分别为 2476.10、2387.36 和 2247.70。香港、深圳和广州都为粤港澳大湾区重点规划城市，分别是著名的国际自由港、国际大都市和国际贸易中心，拥有独特的先天优势和雄厚的国际影响力。2018 年这三个地区的 GDP 依次为 25257.84 亿元、24221.98 亿元和 22859.35 亿元，R&D 投入占 GDP 比重分别为 2.35%、4.2% 和 2.8%，在粤港澳大湾区 11 个地区中排名靠前。接下来是佛山、东莞、惠州、中山、澳门、珠海、江门和肇庆，外贸基础得分都比前三名低得多。从实际情况来看，这几个地区 2018 年的 GDP 都低于粤港澳大湾区 GDP 的平均值 10009.05 亿元。R&D 投入占 GDP 比重除了珠海和佛山分别达到 3.16% 和 2.37% 外，其他地区都较低，原因是人才吸引能力较差。

2. 外贸优化度综合评价结果

从外贸优化度的得分来看，因子分析结果显示粤港澳大湾区 11 个地区中存在明显的梯队分层。第一梯队即排名第一的深圳，外贸优化度得分为 3635.43。深圳 2018 年的出口总额为 16274.69 亿元，在 11 个地区中排名第一，跨境电子商务出口占比为 1.69%，实际对外直接投资 570.93 亿元，出口贸易增长率在 2018 年虽为负，但是出口增长波动率不高，总体增长趋势比较平稳。此外，深圳外贸市场集中度高，主要集中在美国、日本和香港等发达国家和地区。第二梯队是东莞、广州和香港，外贸优化度得分分别为

1630.32、1220.80 和 947.68。因为 2018 年前后广州出口贸易增长率和进口贸易增长率波动的幅度太大，而香港 2018 年净出口额出现负数的情况，因此广州和香港在外贸优化度这一指标上的表现落后于东莞。最后一梯队是肇庆、佛山、珠海、惠州、中山、江门和澳门，这几个城市的外贸优化度得分都没有达到 600，原因是这几个城市属于粤港澳大湾区城市群中的跟随者，经济发展条件较广州、深圳和香港差，到当地投资建厂的企业不多。除此之外，新兴产业发展仍然处于初步阶段，发展模式保守，因此外资吸引能力较差，并且外贸对就业的贡献率也较低。

3. 外贸结构综合评价结果

从外贸结构来看，除香港和澳门外，内地 9 个城市的得分差距不是特别大。首先，排名前四的是肇庆、惠州、东莞和深圳，外贸结构得分依次为 58.68、51.67、47.64 和 47.13。这几个城市中突出的是机电产品出口占比和高新科技产品出口占比，其中惠州和东莞由于近几年引入较多高新科技产品企业在当地设厂，因此两者高新科技产品出口占比分别为 82.7% 和 75.5%，而深圳一直都是中国重要的工业和科研基地，吸引人才与海外投资众多，因此外贸结构得分较高。其次，珠海、中山、江门、佛山和广州等地的外贸结构得分在 20 和 47 之间，差距不大。最后，排名在后的是香港和澳门，得分较低的原因是两地的产业结构比较单一，都倾向于服务化，工业经济仍处在传统产业阶段，它们的结构转型存在困难。

4. 外贸效益综合评价结果

从外贸效益的得分来看，排名第一的是东莞，主要表现为东莞的生态效益较高，出口贸易的工业废气、废水和废物排放强度较低。排名第二的是深圳，其外贸依存度高达 67.2%，但是由于出口贸易的工业废气、废水和废物排放强度较高，生态效益不太乐观。剩下 9 个地区的外贸效益表现不突出，主要体现为 9 个地区进出口边际倾向较低，并且生态效益较低。

5. 外贸高质量发展综合评价结果

首先看综合得分排名第一的深圳，作为中国改革开放以来第一个经济特区，深圳拥有独特的先天优势，是对外开放的重要窗口之一。从外贸基础来看，2018 年深圳 GDP 为 24221.98 亿元，而 R&D 投入占 GDP 比重为 4.2%，是粤港澳大湾区 11 个地区中科研投入占比最高的地区。从外贸优化度来看，深圳 2018 年净出口额为 2565.64 亿元，在广东省排名第一，出口贸易增长率在 2018 年虽出现负增长，但是出口增长波动率不高，总体增长趋势比较平稳。从外贸结构来看，主要优势在于高新科技产品出口占比为 50.7%，加工贸易出口占比为 39.2%。从外贸效益来看，虽然深圳出口贸易工业废水、废气与废物的排放强度较高，但是深圳的外贸依存度较高，且深圳外贸促进就业贡献率较高。除了以上数据分析外，深圳作为中国经济中心城市，也是珠三角地区的核心城市，借助改革开放多年来的政策优势，同时作为中国重要的工业和科研基地，吸引人才与海外投资众多。

再来看排名第二和第三的城市——广州和香港。第一，广州作为广东省省会城市和国际商贸中心，2018 年 GDP 达 22859.35 亿元，净出口额为 1403.41 亿元。虽然外贸基础与规模不比深圳有优势，但是广州的跨境电商出口拥有良好的发展势头，2018 年跨境电子商务出口占比为 4.4%。此外，广州外贸所产生的生态效益较好，出口贸易工业废水、废气和废物排放强度比深圳低，并且外贸促就业贡献率高达 15.99%。广州共有 8 所重点高校，其中有 2 所 985 高校、4 所 211 高校，拥有优质的教育资源，人才引入量较大，因此广州拥有资源、环境、科技和人才上的比较优势。第二，香港作为中国经济行政特区、国际自由贸易港，对外开放程度较高，拥有雄厚的国际影响力。尽管香港外贸比较发达，但是由于香港产业结构偏向服务化，工业经济仍处在传统产业阶段，结构转型存在困难，因此香港的对外贸易缺乏竞争力，并且从香港外贸高质量发展的各项指标来看，香港外贸质量仍需要加大发展力度。

最后看澳门、珠海、佛山、中山、东莞、惠州、江门和肇庆这几个排名较后的城市。这几个地区的外贸发展质量情况与深圳、广州和香港相差甚远。从外贸规模来看，除了东莞外，其他几个地区 2018 年的出口总额都低于粤港澳大湾区出口总额的平均值 4032.67 亿元。R&D 投入占 GDP 比重除了珠海和佛山分别达到 3.16% 和 2.37% 外，其他地区都较低，原因是人才吸引能力较差，但是进出口增长波动率都不高，增长较平稳。此外，这些城市的第二产业发展具有明显的优势，除了澳门外，其他几个地区的第二产业产值比重都高达40%以上，而机电产品出口占比和高新科技产品出口占比较高。但是第三类地区的外资吸引能力较差，并且外贸促进就业贡献率也较低。

四 粤港澳大湾区外贸高质量发展存在的问题

粤港澳大湾区凭借着自身区位优势、政策支持、人口优势及科技创新优势，积极参与国际竞争，外贸发展水平有了一定提升，但是推动外贸高质量发展仍然面临一系列问题。以下结合因子分析结果，从现实的角度出发整体分析粤港澳大湾区外贸高质量发展的不足和问题。

（一）外贸发展动力亟须进一步转换

从新旧动能转换情况来看，粤港澳大湾区外贸发展虽然在中国已经处在领先地位，但尚未完全实现。在劳动力成本上升、"人口红利"逐步消减、资源环境约束增强的制约条件下，中国亟须推动贸易增长新旧动能的转换，将以往依靠物质资源消耗实现增长的模式改变为依靠技术创新、制度创新、模式创新和劳动者素质提升来实现增长。从粤港澳大湾区高新技术产品出口100强企业来看，尽管民营企业占比呈现上升趋势，但目前高新技术产品出口仍以外资企业和港澳台企业为主，自主高新技术产业发展仍然滞后。此外，基于数字经济衍生出的贸易新业态、新模式发展迅猛，跨境电商、数字服务贸易等新兴贸易模式成为拉动中国外贸增长的新动能。2018年，粤港澳大湾区跨境电商进出口额达1347亿元，其中出口561.2亿元。从数字技术实力来看，粤港澳大湾区数字技术基础仍比较薄弱，贸易整体数字化模式创新仍处于弱势地位。粤港澳大湾区企业尤其是中小型企业标准化程度仍然较低，多数企业还没有适应数字经济快速发展的形势，传统贸易与信息技术产业和新技术的融合发展需进一步突破。

（二）外贸优化度有待提高

近年来，粤港澳大湾区的服务业随着整体经济的发展逐渐发展起来，且伴随着产业的转型升级，粤港澳大湾区从过去的"前店后厂"的制造业模式，逐渐发展成为先进制造业和现代服务业有机融合的经济模式。粤港澳大湾区服务贸易的整体实力十分强劲，但是从第三产业比重与服务贸易竞争力的角度看，粤港澳大湾区稍微低于其他三个湾区。2019 年，粤港澳大湾区、东京湾区、纽约湾区与旧金山湾区的第三产业比重分别为 62.20%、80.73%、83.28% 和 76.60%，而粤港澳大湾区、东京湾区、纽约湾区与旧金山湾区服务贸易 TC 指数（贸易竞争优势指数）分别为 -0.344、-0.019、0.202 和 0.202，服务贸易 RCA 指数（显示性比较优势指数）分别为 0.82、0.94、1.66 和 1.60。可见，粤港澳大湾区服务贸易竞争潜力虽大，但是仍存在明显服务贸易逆差，落后于其他湾区，并且粤港澳大湾区的服务贸易竞争力落后于货物贸易。

从国际市场布局来看，粤港澳大湾区外贸海外市场集中度过高的问题比较凸显，过度依赖欧、美、日等传统市场的问题依然突出。近年来，受中美贸易摩擦的影响，粤港澳大湾区对外贸易受到严重打击，虽然部分企业已经将目标市场转移至东盟等新兴经济市场，但是力度仍然不够。

（三）外贸竞争优势不足

从出口竞争力来看，劳动密集型产品和资源类加工产品一直是中国出口产品中竞争力较强的商品，尽管近年来高新技术产品出口占比提升，但较大程度上是中国承载国际产业转移的结果。海关数据显示，2019 年前三季度粤港澳大湾区加工贸易项下高新技术产品出口占比达 36.6%。从产业链分工来看，高新技术出口产品多处于技术含量和附加值较低的"加工 - 组装"环节，在附加值较高的研发、设计、营销和售后服务等环节缺乏竞争力。

就品牌建设而言，粤港澳大湾区具有一定的优势，但是相对于其他湾区，粤港澳大湾区仍缺乏世界性知名品牌，自主品牌少。2019 年，粤港澳大湾区入围世界 500 强的企业为 20 家，而东京湾区、纽约湾区与旧金山湾区入围世界 500 强的企业分别为 39 家、22 家和 11 家。通过对上榜企业的数量排名、行业分布以及营收利润等重要指标进行对比分析，粤港澳大湾区入围企业排名整体上升，入围企业平均利润提升，产业协同更具优势，高质量发展趋势明显，但是总体品牌价值不高，需要进一步加强品牌建设能力。

（四）区域内部发展不协调

多年来，粤港澳大湾区各地区外贸高质量发展态势呈现不协调、不均衡态势。近年来，粤港澳大湾区的发展重点更多地放在广州、深圳 – 香港以及珠海 – 澳门三方面，其他地区的外贸高质量发展从外贸基础、外贸优化度、外贸结构和外贸效益看都不及广州、深圳、香港等发达地区，并且出口商品结构较单一，各项指标发展不协调和不均衡。

五　促进粤港澳大湾区外贸高质量发展的对策

面对日趋复杂多变的国际国内形势，粤港澳大湾区外贸高质量发展需要进一步提升对外开放水平，加快培育产业国际竞争新优势。主要提出以下对策以促进粤港澳大湾区外贸高质量发展。

（一）积极转换外贸发展动力

以创新驱动为引领，积极转换外贸发展动力。一是夯实产业基础，培育高端高新技术产业，集聚高端创新要素，加快大数据、人工智能、区块链等新技术与传统产业的深度融合，推动产业朝集约化、智能化、绿色生态方向发展。二是加快数字技术对传统产业的改造与融合，大力发展数字娱乐、数字传媒、数字教育、数字医疗、数字出版等数字内容服务，实现数字服务贸易的标准化和平台化。三是推动云计算、大数据、区块链、软件信息、社交媒体、搜索引擎等数字技术服务发展，注重拓展服务贸易发展领域。四是做优做强服务业，大力发展跨境电子商务、供应链管理、服务外包和云众包、数字贸易等新型服务，促进粤港澳大湾区服务贸易更加优化发展。

（二）推动高水平开放和提高外贸优化度

推动外贸高质量发展需要不断推动全方位和深层次开放，促进国内国际要素有序流动、资源高效配置、市场深度融合，促进贸易内产品、产业、市场结构更加协调发展。

1. 提高贸易自由度，促进进出口贸易平衡发展

进口与出口平衡发展是外贸持续发展的基础，通过扩大进口，减少贸易顺差，积极化解外贸企业在国际市场竞争上所面临的市场风险，提高贸易安全度。因此，在强化出口能力的同时，实施积极的进口促进战略，重点是优化进口商品结构，增加关键零部件、重要设备、先进服务和重要消费品的进口，充分发挥进口对扩大开放、提升消费、调整结构、发展经济的重要作用。

2. 积极开拓新兴市场，构建外部市场多元化格局

外贸市场多元化可以降低市场风险。因此，必须巩固发达国家等传统市场的外贸规模，同时深度拓展亚洲、非洲、拉美等新兴市场。深度拓展与"一带一路"沿线国家的贸易合作空间，积极挖掘南非、巴西等国家的市场潜力，扩大与俄罗斯、东盟及其周边国家的贸易规模，逐步提高对新兴市场和发展中国家的贸易份额。

3. 加快推进服务业领域对外开放

推动货物贸易与服务贸易平衡发展是粤港澳大湾区服务业全方位开放的重要内容。抓住新一轮服务业跨国转移的重大机遇，深度参与国际服务业分工合作，推动外贸企业融入全球服务贸易市场，扩大服务贸易规模。

（三）培育外贸新型竞争优势

提升对外贸易综合竞争力是外贸高质量发展的基础，必须基于外贸发展的产业基础与科技基础，提高粤港澳大湾区产品和服务在全球价值链中的地

位与竞争力；推动以价格优势为主的传统竞争优势向以技术、标准、品牌为核心的新型竞争优势转变。

1. 推动产业转型升级

继续加大基础研究投入，鼓励企业自主创新，培育具有自有品牌和自主知识产权的产品和服务，构建全球范围内的自主营销渠道，主导行业规范和产品标准的制定，提升外贸产品与服务在全球价值链体系中的影响力和控制力。

2. 做强对外贸易主体，推动各类载体创新发展

一是推动优势企业跨地区兼并重组和对外投资合作，培育一批组织化程度高、产业链条长、市场竞争力强的跨国公司。二是鼓励创新型中小微企业发展，全面参与并力争主导全球产业链、供应链、价值链重构。三是继续发挥各类园区在外贸发展中的引擎作用与示范功能，推动粤港澳大湾区内综保区、经开区、高新区、自贸试验区等各类园区载体转型升级，强化其聚集、服务、创新功能，将之打造成为中国高端制造、物流、研发、销售、结算、维修中心。

3. 支持新业态与新模式发展，加快培育对外贸易新动能

进一步扩大跨境电商综合试验区试点范围，加快试点经验与政策复制推广，鼓励跨境电子商务企业通过规范的"海外仓"、体验店和配送网店等模式，融入境外零售体系。鼓励境内银行、支付机构依法合规开展跨境电子支付业务，推动跨境电子商务活动中使用人民币计价结算。

（四）推动外贸的区域协调发展

粤港澳大湾区外贸高质量发展亟须加强各地区间的协调与合作，加强港澳与内地的合作发展至关重要。一是充分利用粤港澳大湾区合作联席会议，加强政策协调。二是基于各地比较优势，加强产业整合，缩小各地区之间的外贸发展差距，把发达地区的发展优势辐射到发展中地区以及发展落后地区。三是加大人才引进力度，并且强化对关键技术人才的培育。四是充分利用发达地区科研创新优势，改善发展中地区以及发展落后地区外贸发展质量。

（五）持续优化营商环境

完善的法律法规、制度政策与规则体系是外贸高质量发展的保证，必须持续构建法治化、便利化、国际化的营商环境，全面提升粤港澳大湾区在全球经贸规则制定中的制度性话语权。一是简化行政审批程序，完善地方政府的事权分配。二是探索规范外贸经营秩序新模式，完善重点行业进出口管理和竞争自律公约机制，防止恶性竞争。三是建立外贸企业信用记录数据库，促进外贸企业信用评价体系建设。四是加大贸易便利化改革力度，坚决清理和规范进出口环节收费，为市场主体提供便捷的口岸通关服务，降低企业通关成本。

B.4
广东外贸区域平衡发展的思路及对策

林创伟*

摘　要： 2019年，粤东西北12个地级市的外贸总额在广东的占比仅为4.5%。粤东西北的外贸依存度仅为15%左右，不但远低于珠三角的水平，而且只有全国平均水平的一半左右。针对粤东西北外贸不够发达、广东外贸发展存在巨大的区域不平衡这一问题，在对广东外贸发展区域不平衡成因分析的基础上，提出了加快粤东西北外贸发展、促使广东外贸区域平衡发展的思路及相关政策建议，如完善粤东粤西粤北基础设施建设，打造粤东、粤西沿海地区重化工业的生产和出口基地，营造粤东、粤北和粤西外贸发展一系列平台等。

关键词： 外贸　区域平衡发展　广东

　　改革开放以来，广东经济快速发展，迅速崛起为中国的经济第一大省，在这一过程中，外贸可以说是主要动力。但是，广东在快速发展中，出现了巨大的区域发展不平衡，这就是所谓"最富在广东、最穷也在广东"。回顾改革开放以来四十多年广东的发展历程，广东区域经济发展不平衡的一个主要原因就是区域外贸发展不平衡。在珠江三角洲在对外贸易拉动下经济快速增长，深圳、东莞等城市快速崛起的时候，粤东西北等地的外贸一直不温不火，

* 林创伟，广东外语外贸大学国际经济贸易研究中心副教授，研究方向为国际贸易理论与政策、产业发展理论等。

没有起到和珠三角外贸一样的对经济增长的巨大拉动作用。因此，深入分析广东外贸发展区域不平衡的原因，对促进广东区域经济平衡发展有着重要的作用。

一 广东外贸发展的区域不平衡性

2020 年，广东的 GDP 高达 110760.94 亿元，但是珠三角九市就占了 89524 亿元，占比高达 80.8%，而整个粤东西北 12 个地级市 GDP 之和才为 21237 亿元，占比还不足 20%。相比于经济总量的不平衡，广东外贸的区域不平衡则更为突出。广东近二三十年一直是中国的外贸重地，长期占据第一外贸大省的地位。2020 年，广东出口 4.35 万亿元，占全国的 24%；进口 2.73 万亿元，占全国的 19%，货物贸易总额高达 7.08 万亿元，占全国的 22%。以一省占到全国外贸总额的 1/5 多，这一比例不谓不高，但是广东的外贸高度集中在珠江三角洲。珠三角的外贸总额近年来一直占广东全省的 95% 左右，而粤东西北 12 个地级市的外贸占比仅仅为 5% 左右。例如，2019 年，珠三角进出口总额为 68234.6 亿元，占全省的 95.5%；粤东、粤西、粤北进出口总额占全省的比重分别为 1.8%、1.1%、1.6%。2018 年，全省进出口总额为 71618.3 亿元，珠三角进出口总额占全省的 95.8%，粤东、粤西、粤北进出口总额占全省的比重分别为 1.8%、0.9%、1.5%。

从外贸依存度（进出口总额与 GDP 的比值）来看，2019 年，我国进出口总额为 31.5 万亿元，GDP 为 99 万亿元，外贸依存度为 31.8%。广东作为外贸大省，外贸依存度当然较高，广东的外贸依存度为 66%（全国第三，仅次于上海和北京两个直辖市），其中珠三角的外贸依存度为 79% 左右，珠三角中外贸最发达的东莞、深圳的外贸依存度高达 146% 和 111%，而粤东西北的外贸依存度仅为 15% 左右。粤东西北的外贸依存度不但远低于珠三角的水平，而且只有全国平均水平的一半左右。

从时间轴线来看，近十年来，粤东西北在全省的外贸占比一直都在 4% ~ 5% 徘徊。2009 年，粤东西北外贸占全省的比例为 4.8%。到了十年后的 2019 年，即使其间广东大力实施"双转移"、粤东西北振兴等区域平衡发展战略，粤东西北外贸在全省的占比不但没有得到提高，还从 4.8% 轻微下降到 4.5%。

从绝对金额来看，2019 年，广东出口额最高的深圳，一市的出口额高达近 17000 亿元，是出口额最低的云浮（63 亿元）的近 270 倍。进口方面的情况也类似，2019 年广东进口额最高的深圳，进口额高达 13000 多亿元，是进口额最低的揭阳（16 亿元）的 800 多倍。

综上所述，广东虽然长年是中国第一外贸大省，但是珠三角和粤东西北外贸发展存在着巨大的区域不平衡，粤东西北的对外贸易尚需大力发展，目前粤东西北 12 个地级市外贸总额占广东的比重不到 5%，就是与全国的平均水平相比，粤东西北的外贸也是相当落后的，粤东西北的外贸依存度只有 15% 左右，仅相当于全国平均水平的一半左右。

二 广东外贸发展区域不平衡的原因

珠三角和粤东西北的外贸发展如此失衡，是多年来，尤其是改革开放 40 多年来各种因素累积形成的。这些因素主要有区位差异、先发优势、历史沉淀、发展基础、体制机制等。区位差异上，珠三角位处广东中部，莅临港澳，非常容易接受港澳的资本以及和港澳开展"前店后厂"的合作模式，而粤东西北僻处广东的边角，是所谓的"省尾国角"；先发优势上，珠三角是中国最早实行改革开放的地区，有深圳、珠海两大经济特区；历史沉淀上，珠三角的核心城市广州近两千年来一直是中国的贸易中心，人民有着悠久的经商传统，各类涉及贸易的设施发达，并且具有广交会这一全国独一无二的开放和贸易平台；发展基础上，珠三角的广州一直是广东的政治、经济、文化、交通中心，珠三角依托广州这一核心城市，在改革开放的起步阶段就有着比粤东西北高得多的起点；体制机制上，珠三角市场机制相对发达，契约精神较强，而粤东西北相对较为排外，宗族势力强大，相比之下存在不少的差距。

粤东西北在这些方面和珠三角存在的巨大差异经过改革开放 40 多年的发展和放大后，造成粤东西北在经济发展水平、吸引外来资本和产业发达程度上与珠三角存在巨大差距。而贸易与经济发展水平、吸引外来资本和产业发达程度是直接相关的。一个地区经济繁荣、外资涌入、产业发达自然就有大量的贸易。

回顾过去，正是粤东西北和珠三角在区位差异、先发优势、历史沉淀、发展基础、体制机制上的差距，导致粤东西北在改革开放至今的 40 多年里，错过了多次发展机会，出现了粤东西北和珠三角贸易发展极不平衡的局面。

（一）粤东西北错失全球劳动密集型产业转移的机遇

中国改革开放能够取得巨大的成就，广东经济能够快速崛起，一个很重要的外部因素就是抓住了 20 世纪 80～90 年代，全球劳动密集型产业从欧美日等发达经济体和亚洲"四小龙"大规模溢出和转移的机遇。广东是改革开放的排头兵，率先对外开放，充分利用了毗邻港澳、海外华侨众多等地缘、人文优势，接受了大量的劳动密集型产业的转移，把"三来一补"的对外贸易方式发挥得淋漓尽致。因此，广东的外贸快速增长，1994 年广东进出口总额占全国的比重达到历史峰值，高达 40.9%。即使随着改革开放的深入，广东外贸的占比有所下降，也一直维持在超过 20% 的水平，但是广东接受外来投资和产业转移也是极不平衡的。改革开放初期，广东吸引的外来投资是以港资和华侨资本为主，而珠三角莅临港澳，具有地缘方面的优势，另外因为拥有广州这一核心城市，港口、机场、公路等基础设施条件也比粤东西北好得多。地缘优势和基础设施优势等原因，使得改革开放初期，广东接受的投资和产业转移高度集中在珠三角。珠三角本身的基础就强于粤东西北，改革开放后更是迅速拉开了和粤东西北的差距，而经济发展后就有财力进一步改善基础设施和营商环境。因此，20 世纪 90 年代后，以台资和欧美资本为主的第二波对广东投资的热潮还是集中在珠三角，珠三角经济进一步快速发展，在外贸方面进一步拉开了和粤东西北的差距，最终形成了目前珠三角外贸占到广东外贸 95% 左右的极不平衡的局面。

（二）粤东西北没能承接到珠三角的产业转移

珠三角经过多年的快速发展，土地、劳动力等生产要素成本日益增长，区域内的劳动密集型产业面临着对外转移的问题。广东省委省政府早在2008年就提出"双转移"战略，2013年更是提出了粤东西北振兴战略。这两个战略取得了很多成绩，一段时间内粤东西北无论是在经济增长还是在外贸出口上，增速都快于珠三角，但是总体来说，并没有达到预期的效果。广东这两个战略实施的时候，恰逢我国进一步加快内地开放和内地多省市大力招商引资，粤东西北在吸引珠三角产业转移上，相比于内地，尤其是内地的省会和经济强市，在土地、劳动力成本、基础设施等方面都没有优势，因此珠三角很多产业并没有转移到粤东西北，而是转移到河南郑州、安徽合肥、重庆等人口大省大市。这方面最典型的例子就是深圳富士康。在深圳土地、劳动力成本大幅上涨以后，富士康并没有转移到粤东西北，而是转移到了郑州。深圳富士康转移部分生产而在郑州建立的鸿富锦精密电子（郑州）有限公司2019年出口额高达2199.2亿元，位居中国出口企业第一，是第二名的华为终端有限公司出口额的两倍，大大拉动了郑州，甚至是整个河南的外贸增长。可以想象，如果富士康是转移到粤东西北，粤东西北的外贸就会出现井喷，广东的外贸发展不平衡局面会有较大的改观。

（三）粤东西北本身产业发展不尽如人意

对外贸易，尤其是出口，体现的就是一个地区的产业竞争力。只有一个地方的产业有全球竞争力，才会有国外的需求和强劲的出口。如果一个地方，因为多方面的原因，在吸引外资和全球产业转移上落后了，未能做到借外力发展，但如果能做到依靠内生增长，慢慢培养起在全球有竞争力的产业集群，也会成为一个外贸强市。这方面的典型例子就是佛山。佛山位处珠三角西岸，在吸引港资和台资等外资方面，地缘优势不如珠三角东岸的深圳、东莞等地，所以在相当长的一段时间内，佛山的外贸并不是很突出，远远落后于经济体量相比较小的东莞。但是近年来，随着佛山家电、机电、家具等产业集群的不断积累发展，全球竞争力越来越强，佛山的外贸，尤其是出口，增速反而不断提高。2019年佛山外贸进出口总额就创了历史新高，增速高居珠三角九市第一。而整个粤东西北，不但在吸引外资和全球产业转移上落后了，在依靠内生发展方面也存在很多不足。目前，粤东西北总体上产业还处于较为低端的层次，除了个别亮点企业外，尚未形成有全球竞争力的产业集群。

三　广东外贸区域平衡发展的思路

广东外贸区域平衡发展的关键是粤东西北外贸要强起来，增速要超过珠三角，这样才能逐渐扭转粤东西北外贸在广东外贸中仅占5%左右的局面。而要做到这一点，长远来说就是抓住产业发展，通过培育有全球竞争力的产业带动外贸发展；短期来说，就是抓住机遇，抓住国家的新政策新布局，挖掘现有贸易潜力。

（一）从长期看，抓住产业发展，以产业发展带动外贸发展

外贸发展的基础是产业发展，外贸区域平衡发展要求实现区域产业平衡发展。可以制定产业发展区域规划。一是通过内生发展，形成有国际竞争力的产业集群，通过产业的发展来带动外贸的发展。二是通过大力招商引资，发展外向型经济，大进大出。中国已经进入创新驱动发展的阶段，劳动力成本、土地成本也上升不少，不少劳动密集型产业已经在向内地和东南亚地区转移，粤东西北还走招商引资、大力发展劳动密集型产业的道路已经行不通了。因此，粤东西北的外贸发展需要具有全球竞争力的高端产业支撑。对于规划粤东西北的产业发展，通过产业发展带动外贸发展，必须充分考虑当前中国的发展阶段、发展特点以及广东省和粤东西北的实际情况。重点采取如下三条措施。

1. 抓住沿海重化工业重新布局机会，打造粤东、粤西重化工业亮点，以产业发展带动贸易发展

中国的产业结构过去一直存在南方轻工业占比较高、北方重工业占比较高的特点。中国的钢铁、石化等重化工业大多布局在北方，这和中国铁矿石、原油、煤炭等资源主要分布在北方是密切相关的。但是随着中国经济的

快速发展，原油、铁矿石等大宗商品均需大量进口，而在沿海地区设立大型钢铁厂、化工厂，有利于靠近进口来源地，节约大量的运输成本，因此近年来中国出现了重化工业向沿海地区布局和转移的趋势，而广东是中国能源、钢铁、石化等重化工产品最大的销售市场，也是我国最接近中东石油、澳大利亚矿石的省份之一，因此广东已经成为国内外大型钢铁巨头、石化巨头的主要布局点，而粤东、粤西拥有漫长的海岸线和众多的优良港口，土地供应充足，环境容量较大，是新一轮重化工业布局的最佳选址。

当前，已经有湛江巴斯夫、湛江宝钢基地、中科炼化、揭阳大南海石化等千亿级项目落户粤西、粤东。当然，当前重化工业巨头在广东的布局主要是满足广东市场乃至华南市场的需要，但是随着广东重化工业技术的进步、规模效应的显现、产业链的日益完善，粤东、粤西的重化工业完全有可能发展成为具有全球竞争力的产业集群，从而大量出口高端钢铁产品、石化产品，带动粤东、粤西外贸的大幅增长。在这方面，新加坡的经验值得借鉴。新加坡不产一滴油，却利用地缘优势，大力引进世界石化巨头，采用最新的技术，把本国打造成了世界第三大炼油国，每年出口石化产品高达2000多亿元。

2. 继续推进产业共建和都市圈建设，把粤东西北融进珠三角产业链，带动粤东西北经济增长和外贸出口

经过改革开放40多年的发展，珠三角的经济得到了巨大的进步，涌现出如华为、中兴、大疆、美的等一大批本土大企业，形成了电子信息等具有全球竞争力的产业集群。客观来说，短期内，粤东西北要培养出大企业和形成有全球竞争力的产业集群是不现实的，但是当前珠三角土地资源日益紧张，土地成本日益提高，产业尤其是制造业（或者制造环节）面临着溢出和转移，而粤东西北和珠三角地理邻近，完全可以借助广东当前正在大力推进的"一带一路一区"和五大都市圈建设，以产业共建等方式接受珠三角地区的制造业或者制造环节，通过接受珠三角的产业分工来带动经济增长和外贸出口。粤东西北的12个地级市中，粤北的清远、云浮、韶关属于广州都市圈，其中的清远一直是广州的帮扶对象，合作非常紧密。粤东的汕尾、

河源则属于深圳都市圈，其中汕尾还有深汕特别合作区，这是种非常特殊的珠三角和粤东西北合作共享的发展方式。

3. 立足粤东西北现有优势，大力打造特色产业，增强出口优势

粤东西北经过改革开放40多年的发展，结合本地的传统和文化，目前也形成了一些特色产业，如汕头的玩具、潮州的陶瓷和工艺品、揭阳的五金、阳江的刀具等，但是这些产业目前还存在附加值低、缺乏品牌等问题，出口竞争力不强。未来，要着力在这些产业培养出具有工匠精神、能够精密加工的大品牌、大企业，增强这些产业的出口竞争力，并结合当前正在快速增长的跨境电商，加大粤东西北这些特色产业的出口，从而带动粤东西北的外贸增长。

（二）短期来说，需抓机遇，挖掘现有贸易潜力

根据外贸发展新形势，结合当前国家新政策和新布局，从以下几方面入手。

1. 紧抓双循环的新发展格局，把粤东、粤西打造成重要贸易节点

2020年5月14日，中共中央政治局常委会会议首次提出"构建国内国际双循环相互促进的新发展格局"。双循环的新发展格局是中国未来重大的发展战略，体现的是改革开放以来中国发展方式的一次重大转型。历史发展经验一再证明，每一次国家重大发展战略调整，能够抓住机遇的地方就能迎来快速的发展。粤东、粤西、粤北未来外贸要实现较快的增长，必须紧紧抓住这一新发展格局，力争在国家双循环布局中占据一席之地。

2. 抓住跨境电商、市场采购等正在快速增长的贸易方式，实现弯道超车

近年来，广东的跨境电商和市场采购等新的贸易业态快速增长。2019年，广东跨境电商贸易总额为1107.9亿元，增速高达45.8%，规模位居全国第一；市场采购出口2393.4亿元，居全国第2位。粤东西北有出口竞争力的优势产业主要集中在各种小商品、日用品上，适合采用跨境电商和市场采购的方式出口。当前粤东西北已经有了较好的电商基础，尤其是粤东的潮汕地区，近年来，揭阳、汕头、潮州三市涌现出一大批淘宝镇、淘宝村。从

快递量来看，潮汕三市快递量全部进入全国前 50 强。2020 年，揭阳、汕头、潮州快递量分别达到 23 亿件、14 亿件、4 亿件，分列全国的第 7、第 12、第 41 名。当然，目前粤东、粤西电子商务发达，主要是面向内销的，但是有着这么好的电商基础，快递业又高度发达，只要有好的引导和平台，粤东、粤西是可以抓住跨境电商、市场采购等正在蓬勃发展的贸易方式，实现贸易的快速发展和弯道超车的。

四　广东外贸区域平衡发展的对策

（一）进一步完善粤东西北基础设施建设，为外贸发展奠定良好的基础

粤东西北在改革开放的 40 多年里，没有抓住多次产业转移和投资热潮的机遇，导致和珠三角相比，经济发展水平较低、外贸发展落后，其中一个主要原因就是基础设施条件不佳，对外来资本和产业没有吸引力。另外，要让粤东西北融入珠三角的产业链，要让粤东西北抓住跨境电商和市场采购等新的贸易方式促使外贸大发展，发达的基础设施都是必不可少的。因此，粤东西北目前的基础设施短板必须尽快补上，甚至必须是有所规划、有所超前。但是，目前粤东西北各地级市经济发展水平不高，财力普遍不强，对改善基础设施可谓是心有余而力不足。这就需要广东省委省政府统筹财力，由省级财政有选择、有重点地给予一定的支持和配套，改善汕头、湛江等粤东西北主要核心城市的基础设施，尤其是涉及外贸发展的港口、机场、高速公路等基础设施，争取让汕头、湛江等粤东西北核心城市的基础设施在短期内能达到一个较高的水平。基础设施的改善将为粤东西北的贸易在未来缩小和珠三角的差距奠定一个较好的基础。

（二）通过战略规划打造粤东、粤西沿海地区重化工业的生产和出口基地

当前，广东迎来了国内外重化工业巨头来粤投资布局的新趋势。广

东要抓住这一机遇，出台优惠政策，大力招商引资，具体来说，对内要积极对接央企，吸引央企在广东布局大型石化、钢铁、能源等大型重化工业项目，对外要积极面向国外能源巨头、化工巨头招商引资，以优惠条件吸引它们在粤东、粤西投资布局，力争在粤东、粤西形成完善的、具有国际竞争力的重化工业产业链。对引进的重化工业巨头，广东还需出台相关配套政策，鼓励它们采用国际新技术生产高附加值产品，并积极扩大出口，争取把粤东、粤西沿海培育成省内乃至国内主要重化工业生产和出口基地。

（三）营造粤东、粤北和粤西外贸发展一系列平台

粤东西北外贸稳定发展需要一些发展平台支撑，可以通过广东自贸区扩容，推广电子商务、市场采购试点城市等方式，为粤东西北外贸发展构建一系列支撑平台。广东自贸区由广州南沙、深圳前海、珠海横琴三个片区构成，全部集中在珠三角最发达的地区。目前，上海自贸区已经扩容，广东自贸区扩容的基本条件也已经成熟，广东要积极争取中央支持，把粤东的汕头、粤西的湛江纳入广东自贸区的扩容范围。另外，电子商务、市场采购等新的贸易方式正在蓬勃发展，而这两种贸易方式尤其适合粤东、粤西以各种小商品、日用品为主的产业结构，粤东、粤西人民也有经商的传统，广东要在现有的基础上，争取粤东西北有更多的城市设立跨境电子商务综合试验区（目前粤东西北只有汕头、梅州、湛江、茂名四个城市设立，而电子商务非常发达的揭阳、潮州等市尚未设立）。广东现有的市场采购贸易方式试点也主要集中在珠三角（分别是国家第三批设立的广州花都皮革皮具市场，第四批设立的中山市利和灯博中心，第五批设立的东莞市大朗毛织贸易中心、深圳华南国际工业原料城），而整个粤东西北只有2020年9月第五批设立的汕头市宝奥国际玩具城。广东未来应该争取在揭阳、湛江等地设立更多的市场采购贸易方式试点。总之，要让粤东西北外贸快速发展，拉近和珠三角的距离，给予粤东西北好的外贸发展平台也是必不可少的。

（四）依托粤东、粤西地缘和人文优势打造基于新发展格局的主要贸易节点

当前我国正在构建国内国际双循环相互促进的新发展格局，粤东西北的外贸要能够实现跨越式发展，拉近和珠三角的距离，就必须结合自身优势和特点牢牢把握好这一机遇。粤东、粤西和东盟有着地理邻近、华侨众多等地缘和人文优势，和非洲、南亚等也联系密切。广东应该善于把握好国家构建新发展格局、实施扩大进口战略等的机遇，把粤东、粤西的主要城市打造成我国新发展格局下的主要贸易节点，其中粤东要充分利用海外（尤其是东盟）华侨华人众多的优势，把本地打造成我国和东盟贸易的主要节点；粤西则要善于利用莅临海南以及处于大西南出海口的优势，和海南以及广西的北部湾港区联动发展。

（五）支持粤东、粤西和粤北产业做大做强，增强出口竞争力

粤东西北现有的特色产业主要是玩具、陶瓷、五金等小商品和传统产品，但是传统产品并不代表就不能有高的附加值，不能有大量的出口，丹麦乐高积木、德国双立人五金等传统产品就行销全球，大量出口。目前，粤东、粤西这些特色优势产品，产量已经非常巨大，缺的就是工艺的进一步提高、品牌的进一步塑造，而粤东西北各地级市财力紧张，对企业转型升级的支持力度有限。建议由广东省委省政府出台专项的粤东西北产业振兴和贸易促进计划，并由省级财政提供一定比例的支持和补贴，助推粤东西北现有产业做大做强，增强出口竞争力。

参考文献

［1］李思敏：《新时期广东外贸转型升级之路》，《中国金融》2019 年第 15 期，第 37 ~ 39 页。

［2］刘雪莹：《广东省区域经济协调发展非均衡分析——珠三角与粤东西北区域例证》，《商场现代化》2016 年第 14 期，第 226 ~ 227 页。

［3］刘冬平：《广东珠三角与粤东西北地区经济发展水平比较》，《经济研究导刊》2014 年第 34 期，第 35 ~ 36 页。

［4］汪一洋、任红伟、邵帅、李潇、孙英翘：《关于粤东西北地区振兴发展的政策建议》，《广东经济》2016 年第 12 期，第 22 ~ 25 页。

［5］吴莞生：《粤东西北与珠三角协调发展研究》，《中国市场》2015 年第 26 期，第 20 ~ 22 页。

［6］肖营：《跨境电子商务推动广东外贸转型升级的对策研究》，《广东经济》2016 年第 11 期，第 62 ~ 66 页。

［7］杨碧云、易行建：《广东外贸依存度高低的判断及其趋势预测——基于外贸依存度的国际与国内比较》，《国际经贸探索》2009 年第 1 期，第 9 ~ 13 页。

［8］杨德才：《区域合作与振兴粤东西北》，《中国发展》2016 年第 6 期，第 61 ~ 67 页。

［9］左连村：《加快粤东西北振兴发展　跨越中等收入陷阱》，《广东经济》2013 年第 12 期，第 72 ~ 75 页。

［10］张昱：《广东省外贸竞争力评析》，《国际贸易问题》2006 年第 1 期，第 61 ~ 68 页。

［11］郑京淑、郑伊静：《"双转移"战略对广东外贸竞争力的影响研究》，《广东外语外贸大学学报》2014 年第 3 期，第 29 ~ 34 页。

B.5
粤港澳大湾区对外贸易
发展状况与未来方向

陈万灵 胡 耀 刘铸辉*

摘　要： 随着粤港澳大湾区建设的深入开展，粤港澳大湾区的外贸显得越来越重要。香港外贸在2010~2020年的年均增速为2.51%，比前一个10年的年均增速减少了4.56个百分点，其外贸方式变化呈现转口贸易减少和离岸贸易增加的趋势。2015~2020年，珠三角九市外贸年均增速为1.60%，其中出口年均增速为1.17%、进口年均增速为2.30%。珠三角九市与港澳之间的贸易呈现萎缩态势，外贸总额从2015年的12408.86亿元，降低到2020年的9811.75亿元，年均增速为 -4.59%，其中出口年均增速为 -4.57%，进口年均增速为 -5.55%。在一些积极政策因素的影响下，大湾区外贸可望实现高质量的增长，将继续保持一定增长速度，区域结构进行较大调整，贸易领域及新业态出现新特征，服务贸易将得到快速发展，技术贸易及知识产权交易将得到长足发展。

关键词： 对外贸易　珠三角外贸　香港外贸　粤港澳大湾区

---

* 陈万灵，教授，博士研究生导师，广东外语外贸大学国际经济与贸易研究中心主任，研究方向为国际贸易与经济发展；胡耀，广东外语外贸大学国际经济贸易研究中心硕士研究生；刘铸辉，广东外语外贸大学国际经济贸易研究中心硕士研究生。

一 引言

"湾区"本是一个海洋经济概念,原指由一个海湾或几个海湾及其邻近岛屿构成的区域,引申为依赖海湾资源、港口及其航运条件逐步形成海洋渔业、海洋运输、临港产业、海洋旅游等产业聚集的经济区域。随着湾区经济集聚和辐射,逐步形成区域经济中心,乃至全球经济中心。在世界范围内形成了以纽约、旧金山、东京为代表的港口、城市、产业与创新要素融合发展的湾区经济模式。粤港澳大湾区地处珠江入海口,在《广东海洋经济地图》中称为环珠江口湾区。

在区域经济一体化发展的大背景下,中国将"粤港澳大湾区建设"从区域经济合作设想上升为国家战略,受到学术界广泛关注,成为当前研究的一大热点。广东省2016年的政府工作报告提出"开展珠三角城市升级行动,联手港澳打造粤港澳大湾区"等规划。2016年3月,《国民经济和社会发展第十三个五年规划纲要》明确提出"推动粤港澳大湾区和跨省区重大合作平台建设";国务院2017年的政府工作报告明确提出"要推动内地与港澳深化合作,研究制定粤港澳大湾区城市群发展规划,发挥港澳独特优势,提升在国家经济发展和对外开放中的地位与功能",这标志着粤港澳大湾区建设正式成为国家战略。

粤港澳大湾区包括广东珠江三角洲、香港、澳门三地。改革开放以来,随着三地经济要素流动、生产合作和政府合作的增强,经济社会融合程度不断提升,并逐渐成为全国经济中心和全球经济中心。由于三地属于不同关税区,在整体上发挥要素集聚和对外贸易功能,受到内部区域相互之间的摩擦阻力。本报告试图弄清粤港澳大湾区对外贸易的状况,为培育和发挥大湾区集聚功能和全球中心功能提供资讯参考。

二 粤港澳大湾区对外贸易发展状况

珠江三角洲是粤港澳大湾区的腹地,在大湾区的外贸发展中占有重要地位。珠江三角洲主要是指广州、深圳、珠海、东莞、佛山、中山、惠州、江门、肇庆九个地区（市），简称"珠三角九市"。大湾区由珠三角九市、香港和澳门构成，呈现三个空间区域、三个关税区、两种制度，实行不同贸易往来监管制度。大湾区对外贸易包含三层含义：一是珠三角九市、香港、澳门作为一个整体，与外部经济体进行的贸易；二是珠三角九市、香港、澳门分别与外部进行的贸易；三是珠三角九市与香港、澳门之间的贸易。第一个层次涉及统计方法、范围和计量单位的差异，现在还难以计算出来。本报告对第二、第三层次的外贸情况进行描述。

（一）珠三角九市的外贸发展现状

国际金融危机后，世界各国"逆全球化""贸易保护主义"行为盛行，特别是美国政府提出"购买美国货""美国优先"等口号和政策主张。2017年以来，中美之间的竞争加剧，加上2020年新冠肺炎疫情蔓延，国际经贸环境出现了恶化。世界经济增速已显示减缓的疲态，国际贸易投资活动低迷。国内经济形势出现复杂的局面，人民币升值、劳动力成本不断上涨、环境压力增加和成本上升，严重影响到大湾区外贸发展。

国际金融危机后，珠三角九市外贸处于低速增长态势。总体看，珠三角九市进出口总额从2015年的62501.65亿元，增加到2020年的67663.19亿元，年均增长1.60%；其中，出口额从39014.08亿元增加到41347.55亿元，年均增长1.17%，进口额从23487.57亿元增加到26315.64亿元，年均增长2.30%（见表1和表2）。进出口总额2015~2016年增速处于低谷时期，2016年为-4.59%，2017~2018年有所回升，分别为8.48%和5.68%，但动力不足。2019~2020年连续两年下降，分别为-0.62%和-0.41%。2020年，珠三角九市进出口总额、出口额和进口额分别比上年增长1.01%、-2.56%和-0.41%。

从区域构成看，多年来，珠三角九市进出口总额占广东进出口总额的比重一直保持在95%左右，2020年为95.51%。珠三角九市所处区位、产业条件和外贸基础不同，外贸地位也不断变化。从出口看，广州、深圳、东莞

表 1 珠三角九市 2015～2020 年出口贸易变化情况

单位：亿元

年份	广州	深圳	珠海	佛山	中山	东莞	惠州	肇庆	江门	合计
2015	5034.57	17183.92	1874.34	3137.55	1820.65	6435.30	2263.25	309.85	954.65	39014.08
2016	5187.05	15459.78	1775.67	3057.50	1734.14	6556.85	1972.52	307.45	993.59	37044.55
2017	5792.15	16533.57	1812.72	3034.96	1968.07	7027.38	2233.13	222.30	1075.59	39699.87
2018	5607.50	16274.69	1862.51	3527.40	1776.06	7795.64	2208.90	237.65	1123.10	40413.45
2019	5258.36	16708.95	1559.35	3727.70	1821.63	8628.78	1821.74	271.72	1136.09	40934.32
2020	5424.70	16972.66	1608.79	4131.20	1815.20	8281.50	1688.10	299.50	1125.90	41347.55

数据来源：《广东统计年鉴》（历年）；2020 年数据来自海关公布的数据、各地国民经济和社会发展统计公报。

表 2 珠三角九市 2015～2020 年进口贸易变化情况

单位：亿元

年份	广州	深圳	珠海	佛山	中山	东莞	惠州	肇庆	江门	合计
2015	3271.71	11611.73	1223.63	1139.57	493.55	3972.46	1274.22	223.60	277.10	23487.57
2016	3379.87	10471.02	935.81	989.49	467.22	4859.15	1072.26	146.90	268.19	22589.91
2017	3922.21	11477.89	1063.53	1157.14	505.44	5236.99	1182.86	135.60	309.59	24991.25
2018	4204.09	13709.05	1344.07	1071.90	532.16	5463.06	1125.82	152.23	350.16	27952.52
2019	4742.68	13064.92	1185.02	1099.90	432.25	5172.87	888.01	132.71	289.31	27007.67
2020	4102.40	13529.86	1121.78	929.10	393.90	5021.50	801.00	113.10	303.00	26315.64

数据来源：《广东统计年鉴》（历年）；2020 年数据来自海关公布的数据、各地国民经济和社会发展统计公报。

和佛山合计占比从 2015 年的 81.48% 上升到 2020 年的 84.19%，集中度不断提高（见表 3）。

表 3　2015～2020 年珠三角九市出口构成变化

单位：%

年份	广州	深圳	珠海	佛山	中山	东莞	惠州	肇庆	江门
2015	12.90	44.05	4.80	8.04	4.67	16.49	5.80	0.79	2.45
2016	14.00	41.73	4.79	8.25	4.68	17.70	5.32	0.83	2.68
2017	14.59	41.65	4.57	7.64	4.96	17.70	5.63	0.56	2.71
2018	13.88	40.27	4.61	8.73	4.39	19.29	5.47	0.59	2.78
2019	12.85	40.82	3.81	9.11	4.45	21.08	4.45	0.66	2.78
2020	13.12	41.05	3.89	9.99	4.39	20.03	4.08	0.72	2.72

数据来源：《广东统计年鉴》（历年）；2020 年数据来自海关公布的数据、各地国民经济和社会发展统计公报。

深圳外贸规模居珠三角九市首位，出口额早已经超过 1 万亿元。2015～2020 年出口规模有所萎缩，年均增长 -0.25%，进口保持了正增长，年均增长 3.10%。2020 年在珠三角九市出口额中的份额仍然保持在 40% 以上，但近几年占比有所下降，从 2015 年的 44.05%，下降到 2020 年的 41.05%。

广州外贸发展呈波动上升趋势。在新冠肺炎疫情背景下，2020 年出口较 2019 年有所上升，增长 3.16%，进口大幅度下降 13.50%。2015～2020 年，广州出口年均增长 1.5%，进口年均增长 4.63%。广州出口在珠三角九市出口中的份额从 2015 年的 12.90% 上升到 2020 年的 13.12%。

东莞外贸规模一直居珠三角九市的第 2 位。2015～2019 年，东莞外贸规模呈现增长态势，出口年均增速达到 5.17%，进口年均增速为 4.80%。东莞出口规模在珠三角九市出口中的份额从 2015 年的 16.49% 上升到 2020 年的 20.03%。受新冠肺炎疫情影响，2020 年出口下降 4.02%，进口下降 2.93%。

佛山外贸规模在珠三角九市排位中居第 4 位。近几年出口贸易逆势而上，连续三年正增长，2020 年出口增长 10.82%。2015~2020 年，年均增速达到 5.66%，远远超过珠三角九市平均年均增速，其出口在珠三角九市出口中的份额从 2015 年的 8.04% 上升到 9.99%，显示出一定后劲。进口起伏波动大，下降比较快，2020 年下降 15.53%，2015~2020 年年均增速为 -4.00%。

中山与惠州外贸规模相近。中山 2017 年出口增速达到 13.49%，2018 年出口大幅下跌 9.76%，近两年仍然萎靡不振。惠州出口 2016 年大幅度下滑，近三年又连续下滑，2018~2020 年增速分别为 -1.09%、-17.53% 和 -7.34%。2015~2020 年，中山与惠州出口年均增速分别为 -0.06% 和 -5.70%，进口年均增速分别为 -4.41% 和 -8.87%。

珠海尽管有经济特区的优惠政策和体制优势背景，外贸发展其实不尽如人意，出口一直处于低速增长状态，2019 年还出现大幅度下滑，增速为 -16.28%，2015~2020 年年均增速为 -3.01%，拉下了珠海在珠三角九市的外贸地位，其出口份额从 2015 年的 4.80% 下降到 2020 年的 3.89%。

江门和肇庆外贸在珠三角九市中处于最后两位。江门出口除 2020 年负增长外，其他年份保持正增长，2015~2020 年年均增速为 3.35%。肇庆 2017 年出口增速深度下滑至 -27.70%，近几年出现了比较快的增长，2015~2020 年年均增速为 -0.68%。

总体来看，珠三角九市近几年外贸增速呈现低速态势，2015~2020 年，东莞、佛山、江门、广州和深圳外贸实现了正增长，惠州、珠海、中山和肇庆外贸为负增长。在复杂多变的国际经贸环境下，佛山、东莞和江门受到的影响比较小，广州、惠州、珠海和中山受中美贸易摩擦的影响比较大，惠州、东莞、江门和中山受新冠肺炎疫情的影响比较大。

（二）港澳对外贸易发展状况

香港是世界上具有重要影响力的自由港，享有国际金融中心、贸易中心、航运中心的美誉，而且国际创新科技中心的地位也逐步形成。澳门是世界旅游、休闲、娱乐中心，其著名的酒店和娱乐场使澳门长盛不衰，成为全球发达、富裕的地区之一。这些地位与港澳背靠内地的区位分不开，港澳主要依靠基于区位优势的货物流动、资金流动、人员流动以及信息流动，推动商贸业、运输业、金融业和旅游业的发展。①

进入 21 世纪，香港外贸增长继续放缓，2010 年外贸规模达到 63958.59 亿港元，第一个 10 年年均增长率为 7.07%，其中，进口额年均增长 7.33%，出口额年均增长 6.78%，港产品出口额呈现下降态势，年均增长率为 -9.12%。进入第二个 10 年，香港 2020 年外贸规模达到 81986.00 亿港元，比上年下降 2.45%，进口额为 42697.30 亿港元，比上年下降 3.30%，出口额比上年下降 1.50%。2010～2020 年外贸规模年均增长 2.51%，其中进口额年均增长 2.47%，出口额年均增长 2.63%（见表4）。

表4 2000～2020 年香港贸易变化情况

单位：亿港元，%

年份	外贸总额	进口额	出口额	港产品出口额	转口贸易出口额
2000	32306.52	16579.62	15726.89	1809.67	13917.22
2005	45796.43	23294.69	22501.74	1360.30	21141.43
2010	63958.59	33648.40	30310.19	695.12	29615.07
2015	76517.00	40464.00	36053.00	469.00	35584.00
2016	75966.00	40084.00	35882.00	429.00	35454.00
2017	82329.00	43570.00	38758.98	434.55	38324.43
2018	88795.00	47213.99	41581.06	462.94	41118.12
2019	84041.00	44154.40	39887.00	477.50	39409.50
2020	81986.00	42697.30	39288.70	缺	
2000～2010 年年均增速	7.07	7.33	6.78	-9.12	7.84
2010～2020 年年均增速	2.51	2.47	2.63		

数据来源：根据香港特别行政区政府统计处公布的数据、《中国统计年鉴》（历年）数据整理而成。

① 澳门外贸规模比较小，以下以香港数据说明港澳外贸发展情况。

从贸易方式看，香港的转口贸易占据绝对重要地位，通过香港"超级联系人"地位把中国内地、美国和日本三大贸易伙伴连在一起。进入21世纪，贸易方式实现了转型，离岸贸易得到发展。2000年离岸贸易总额达到14250亿港元，首次超过转口贸易总额，离岸贸易成为香港最主要的贸易方式。2018年香港的离岸贸易总额达48270亿港元，较2017年上升8.33%，在香港地区生产总值中的比重超过了10%，为香港经济发展注入了新活力。

三 珠三角九市与港澳之间的贸易发展状况

粤港澳大湾区内部贸易是其中特色的重要部分。由于香港和澳门与内地属于不同的独立关税区，因此，广东与香港、澳门存在跨境贸易。长期以来，珠三角九市与港澳贸易是广东贸易乃至全国贸易的重要部分。

珠三角九市与香港贸易总额在珠三角九市外贸中的占比曾经达到40%。近几年，珠三角九市与香港贸易的地位不断下降。珠三角九市对香港的出口额从2015年的12185.52亿元，下降到2020年的9643.85亿元，年均增长-4.57%（见表5）。2015年，珠三角九市与香港的进出口（见表5和表6）占珠三角九市进出口的比重为19.85%，其中，出口额占比为31.23%，自香港进口额占比为0.95%。2020年，这三个份额指标值分别为14.50%、23.32%和0.64%。

从区域构成看，2020年，在珠三角九市对香港的贸易中，深圳对香港的出口规模排在首位，占比达到62.54%，其次是东莞，占比为16.16%，再次是广州，占比为6.06%，这三个地区占比合计达到84.76%，集中度非常高。从珠三角九市从香港的进口来看，占比最大的是深圳，占比为36.18%，其次是广州，占比为19.57%，再次是佛山（14.25%）和东莞（10.63%），这四个地区合计占比达到80.63%，与出口地区构成相比，还是比较分散。

从各个城市来看，深圳与香港的贸易往来密切，但贸易规模缩小。2020年进出口总额为6091.91亿元，其中出口额为6031.17亿元，进口额为60.74亿元；

表 5 2015～2020 年珠三角九市对香港的出口贸易变化情况

单位：亿元，%

年份	广州	深圳	珠海	佛山	中山	东莞	惠州	肇庆	江门	合计
2015	901.95	7650.25	322.24	542.05	249.51	1614.93	669.95	35.74	198.90	12185.52
2016	961.64	7000.24	310.50	436.25	237.66	1713.57	639.87	37.82	239.28	11576.84
2017	837.78	6486.93	284.59	410.22	269.72	1732.27	663.04	27.80	246.29	10958.63
2018	808.71	6561.63	265.20	449.40	243.40	1728.55	610.41	28.33	219.09	10914.72
2019	727.91	6399.08	289.67	428.84	228.80	1624.34	508.82	34.71	217.26	10459.43
2020	584.36	6031.17	298.86	235.37	248.76	1558.97	471.49	24.15	190.73	9643.85
2020 年构成	6.06	62.54	3.10	2.44	2.58	16.16	4.89	0.25	1.98	100.00
2015～2020 年年均增速	-8.31	-4.64	-1.50	-15.37	-0.06	-0.70	-6.78	-7.55	-0.84	-4.57

数据来源：根据珠三角各市统计年鉴数据整理而成。

表 6 2015～2020 年珠三角九市从香港的进口贸易变化情况

单位：亿元，%

年份	广州	深圳	珠海	佛山	中山	东莞	惠州	肇庆	江门	合计
2015	37.08	88.33	7.68	36.96	3.43	18.16	5.48	18.21	8.00	223.34
2016	35.19	70.74	7.27	75.00	3.25	17.92	5.34	12.76	9.63	237.10
2017	43.39	55.33	9.41	37.53	3.51	18.72	3.81	11.97	9.91	193.58
2018	32.56	48.27	6.77	34.76	3.70	20.85	1.82	12.81	8.81	170.36
2019	38.81	55.27	11.06	35.67	4.20	18.39	2.39	11.97	8.74	186.50
2020	32.86	60.74	10.47	23.93	2.74	17.85	2.16	9.49	7.67	167.90
2020 年构成	19.57	36.18	6.24	14.25	1.63	10.63	1.28	5.65	4.57	100.00
2015～2020 年年均增速	-2.39	-7.22	6.39	-8.32	-4.41	-0.34	-17.01	-12.22	-0.83	-5.55

数据来源：根据珠三角各市统计年鉴数据整理而成。

与 2015 年比较，年均增速分别为 - 4.67%、- 4.64% 和 - 7.22%。2020年，与香港的进出口总额在深圳外贸中的占比为 19.97%，其中出口占比为35.53%，进口占比为 0.45%。

东莞与香港的贸易比较平稳。2020 年，与香港的进出口总额为 1576.82亿元，其中出口额为 1558.97 亿元，进口额为 17.85 亿元；与 2015 年比较，变化较小；在东莞外贸中的占比为 11.85%，其中出口占比为 18.82%，进口占比为 0.36%。

广州与香港的贸易有所萎缩。2020 年，与香港的进出口总额为 617.22亿元，其中出口额为 584.36 亿元，进口额为 32.86 亿元；与 2015 年比较，年均下降 8.05%、8.31% 和 2.39%；在广州外贸中的占比为 6.48%，其中出口占比为 10.77%，进口占比为 0.80%。

惠州与香港的进出口总额 2020 年为 473.65 亿元，其中出口额为 471.49亿元，进口额为 2.16 亿元；与 2015 年比较，年均下降 6.85%、6.78% 和17.01%；在惠州外贸中的占比为 19.03%，其中出口占比为 27.93%，进口占比为 0.27%。

珠海与香港的进出口总额 2020 年为 309.33 亿元，其中出口额为 298.86亿元，进口额为 10.47 亿元；与 2015 年比较，珠海从香港的进口年均上升6.39%，与香港的进出口总额和对香港的出口额年均下降 1.28% 和 1.50%；在珠海外贸中的占比为 11.33%，其中出口占比为 18.58%，进口占比为 0.93%。

中山与香港的进出口总额 2020 年为 251.50 亿元，其中出口额为 248.76亿元，进口额为 2.74 亿元；与 2015 年比较，年均下降 0.11%、0.06% 和4.41%；在中山外贸中的占比为 11.38%，其中出口占比为 13.70%，进口占比为 0.70%。

佛山与香港的进出口总额 2020 年为 259.30 亿元，其中出口额为 235.37亿元，进口额为 23.93 亿元；与 2015 年比较，年均下降 14.84%、15.37%和 8.32%；在佛山外贸中的占比为 5.12%，其中出口占比为 5.70%，进口占比为 2.58%。

江门与香港的进出口总额 2020 年为 198.40 亿元，其中出口额为 190.73 亿元，进口额为 7.67 亿元；与 2015 年比较，年均下降幅度比较小；在江门外贸中的占比为 13.88%，其中出口占比为 16.94%，进口占比为 2.53%。

肇庆与香港的进出口总额 2020 年为 33.64 亿元，其中出口额为 24.15 亿元，进口额为 9.49 亿元；与 2015 年比较，年均下降 9.01%、7.55% 和 12.22%；在肇庆外贸中的占比为 8.15%，其中出口占比为 8.06%，进口占比为 8.39%。

四 粤港澳大湾区对外贸易进一步发展的基础和条件

（一）粤港澳大湾区的区位条件

粤港澳大湾区地理条件优越，适宜各类基础设施建设，水路交通便捷，而且形成了依托码头和港口、具有经济增长中心功能的城市。通过广东行政区域，把整个广东区域纳入湾区发展的范围。通过珠江水系，把腹地拓展到广大内陆，即"泛珠江区域"的广西、湖南、江西和福建等内陆。从海上看，通过海上运输把长三角地区、海南自由贸易港、东南亚各国纳入粤港澳大湾区腹地。这些条件支撑湾区具有中国对外开放的门户枢纽功能，是连接"一带"与"一路"的枢纽，引领全国陆海内外联动开放和发展、引领东西双向开放的全面开放新格局，提升全国整体开放水平。

（二）粤港澳大湾区发展积累的经济及产业基础

改革开放以来，珠三角地区（九市）经济获得了快速发展动力，创造了亚太地区经济增长奇迹，被认为是世界上增长最快的大型经济体中增长最快的部分。随着经济的发展，珠三角在广东甚至全国的地位发生了变化。2019 年，珠三角 GDP 达 86899.05 亿元，占全省的比重高达 80.72%；在全国的占比为 8.77%。外贸总额占全省的比例多年保持在 95% 左右，占全国的比例多年保持在 20% 左右；实际利用外资占全省的比例为 93.10%，占全国的比例多年保持在 15% 左右。显然，珠三角经济在全国经济发展中具有重要地位，珠三角城市群已经成为中国人口聚集最多、创新能力最强、综合实力最强的三大城市群之一，为粤港澳大湾区成为世界经济最发达的地区之一奠定了坚实的基础。

香港幅员 1106 平方千米，GDP 达到 28682 亿元，在经济总量上仍然排在广州和深圳的前面，即使是澳门，GDP 也达到 4346.7 亿元，超过珠海等多数珠三角城市。足见香港和澳门的经济实力，它们能够发挥对大湾区经济发展的带动作用。特别是香港，经历一百多年发展的历史积累，早已经是中西文化交汇的载体，其商业文化、商业惯例及规则、法律制度等得到了世界各国的认可。

在大湾区雄厚的经济实力背后，香港国际经济中心与珠三角腹地构成了完整的经济体系。以香港、澳门、深圳、广州四大中心城市作为大湾区发展的多核心，增强对周边区域发展的辐射带动作用，提升珠三角其他城市在国家经济发展和对外开放中的地位与功能。凭借这种基于多城市核心的区域发展模式，集聚世界范围的优势要素，形成了完整的现代化产业体系，并在电子信息、电器机械、石油化工、装备制造、纺织服装、生物技术及医药、建材及家具、食品饮料等方面形成了比较完整的产业链。在现代信息技术引领的新一轮产业革命背景下，产业融合成为重塑产业结构、跨界创新的重要手段。高新技术与传统产业的融合，特别是"互联网＋制造业""人工智能＋制造""制造＋服务"等融合模式，推动了全链条产业升级及跨产业创新，不断推动大湾区产业链迈向中高端。

（三）粤港澳大湾区外贸发展的政策支撑和制度环境

粤港澳大湾区经贸合作与发展得到了 2003 年《香港与内地关于建立更紧密的经贸关系的安排》（即 CEPA）的支持，之后每年签署补充协议，形成了 10 个补充协议。2014 年内地与香港签署 CEPA 的补充协议《关于内地在广东与香港基本实现服务贸易自由化的协议》，2015 年广东自由贸易试验区设立并把 CEPA 各项措施纳入，大大推动了香港与广东的经贸合作。

近几年，粤港澳大湾区外贸发展连续获得了各种规划和政策支撑。从"大湾区战略"的形成过程可以显示政策的持续支撑作用。早在 2009 年 10 月，香港、澳门及广东省三方政府完成《大珠江三角洲城镇群协调发展规划研究》，提出"湾区发展计划"，主要内容是进行跨界交通合作、地区合作、生态环境保护合作和协调机制建设。为了落实跨界地区合作，粤港澳三方政府联合制定《环珠江口宜居湾区建设重点行动计划》（2010 年）。2014 年，深圳市政府工作报告提出打造前海湾、深圳湾、大鹏湾、大亚湾等湾区产业集群，构建"湾区经济"。2015 年 3 月，国家发改委、外交部、商务部联合发布《推出共建丝绸之路经济带和 21 世纪海上丝绸之路的愿景与行动》，指出充分发挥深圳前海、广州南沙、珠海横琴、福建平潭等开放合作区的作用，"深化与港澳台合作，打造粤港澳大湾区"。2017 年 1 月，广东省政府工作报告提到广东要携手港澳推进珠三角世界级城市群和粤港澳大湾区建设；3 月，粤港澳大湾区城市群发展规划，被首次写入国务院政府工作报告中。国家发改委印发的《关于加快城市群规划编制工作的通知》（2016 年 12 月）决定于 2017 年启动珠三角湾区等跨省域城市群规划编制。至此，粤港澳大湾区概念正式进入国家战略部署层面。

粤港澳大湾区涉及三地政府、两种社会经济制度、三个关税区，"合作"显得尤其重要，其中经贸合作是大湾区发展的基础。经贸合作能够发挥港澳遵循国际规则、国际机制的国际化优势，发挥珠三角腹地优势和市场优势。2017 年 7 月，粤港澳三方签署了《深化粤港澳合作推进大湾区建设框架协议》，致力于完善创新合作机制，把大湾区建设成为更具活力的内地与港澳深度合作的示范区。特别是 2019 年 2 月中共中央与国务院发布《粤港澳大湾区发展规划纲要》，大湾区建设正式上升为国家战略，表明珠三角地区将与港澳深化合作，更积极主动地参与国际贸易和国际经济竞争。在这一系列政策和制度支撑下，大湾区经贸合作关系日益密切，合作规模和范围不断扩大，并参与全球资源配置。

五　粤港澳大湾区发展战略背景下的
外贸发展方向

随着粤港澳大湾区建设的推进，珠三角地区进一步改革开放，实行两种制度的三个关税区，在贸易自由化规则方面不断接近，相互贸易的制度环境逐步发生根本变化，大湾区一体化程度将不断提升，作为一个整体对外开放的程度将大幅度提升，制度成本将不断缩减。大湾区拥有"一国、两制、三关税"制度优势，通过粤港澳三地沟通协调，克服区域行政壁垒与跨境分隔、探索区域经济协同发展路径，其贸易领域、范围将进一步拓宽，结构将不断优化。

（一）粤港澳大湾区对外贸易增长潜力深厚，规模稳定增长

随着粤港澳三地基础设施互联互通，人员、资金、物流、技术以及信息高效流动，贸易更加便利化、新型合作平台增加、合作模式多元化，实现大湾区城市和产业协同发展、城市群深度融合。一是大湾区拥有较大的人口优势，会形成巨大的内需市场，从而能够拉动消费品进口规模的扩大。二是人口规模大，人力资源可为大湾区产业发展以及服务业升级提供保障。三是改革开放40多年积累的生产能力和产业基础，产业深度开放有助于外资进入，中间产品加工贸易仍然有一定空间，能够拉动中间品进口贸易的扩大。四是大湾区物流基础设施更加完善，港口集装箱吞吐量和机场旅客吞吐量会大幅度提升，区域内的机场群、港口群、轨道交通网为人流、物流的高效互融互通以及产业聚集发展提供了条件。

（二）粤港澳大湾区贸易结构将出现较大变化

一是产品结构将发生较大变化。随着科技进步，内陆资源禀赋和比较优势正在发生深刻变化，中间品贸易将会增加；内陆需求和国际需求都会发生较大变化，带动高科技产品、高档消费品进口增加。二是外部市场结构的多

元化趋势更加明显。中国逐步实施《区域全面经济伙伴关系协定》和完成《中欧全面投资协定》谈判,产业和市场同时大幅度对外开放,珠三角九市外贸市场将进一步分散。三是内部区域结构将不断优化。随着珠三角产业逐步从核心区向外转移,江门、肇庆、惠州等区域外贸将得到快速发展。内陆"双循环"战略将促使进口贸易的发展,而且内陆出口贸易将逐步发展起来,港澳作为进口物资中转站的地位将会得到强化。四是贸易方式多元化。转口贸易与加工贸易仍然有一定发展空间。广东自由贸易试验区、香港和澳门单独关税区的转口贸易和离岸贸易方式仍然有一定发展空间。除了广州、深圳、珠海可以直接利用港口开展对外出口贸易外,其他地区外贸仍依赖港澳的转口贸易功能。另外,随着通信技术的发展和交通运输的便捷化,跨境电商、市场采购、综合贸易平台、旅游购物等贸易方式会得到进一步发展。

(三)珠三角九市与港澳之间的贸易逐步发生重大变化

随着大湾区深度开放,港口条件改善,珠三角对港澳转口贸易的依赖程度降低了。中美贸易摩擦、香港"修例风波",以及美国取消对香港的差别(优惠)待遇,将影响美国对香港的贸易,影响到珠三角对香港转口贸易作用的依赖。贸易及物流业是香港的四大支柱产业之一,因此香港经济会受到较大影响。随着内陆全面深入开放,珠三角九市与港澳之间的制度差异逐步缩小,要素流动更加便捷,流动加快,直接导致服务贸易扩大。随着大湾区经济进一步发展和结构调整,以及信息技术进步,香港的金融中心地位更加稳固,融资服务贸易将得到发展。另外,运输服务、旅游服务、科技和教育服务、信息服务的贸易与合作将进一步加强。

(四)粤港澳大湾区对外服务贸易将得到快速发展

作为整体,粤港澳大湾区第三产业占比相对较低,仅占到总体产业的60%左右,还有较大发展空间。随着人口规模和产业规模的不断扩大,对服务的需求将增加,从而拉动服务贸易快速发展。商贸服务业将借助电子商务及跨境电子商务拓展服务范围,也推动业态和商务模式的创新。航运服务随着交通设施改善迎来大发展。随着新冠肺炎疫情逐步得到控制，人员流动服务、物资运输服务将得到快速发展；同时旅游服务贸易也会获得较快发展。另外，港澳金融服务面临转型发展。香港以低税费、货币自由兑换、资本自由流动，以及拥有大量律师、会计和其他中介服务人员等，支撑自身的国际金融中心地位。而内地的产业发展和庞大的融资需求是全球其他金融中心没有的，这些将会推动香港金融服务转型发展。

（五）澳门的娱乐及旅游业发展空间难以拓展，转型势在必行

与香港经济模式差异比较大，澳门多年来形成的产业以娱乐、休闲与旅游为主，"结构单一"，容易受到外部经贸环境影响；而且与内陆及珠三角的经贸合作比较薄弱。"澳门经济多元化发展"是各方共识，其基本思路和方向为：抓住广东全面开放的机遇，加强与珠三角九市的经贸合作，依托横琴自由贸易试验区、大湾区建设的战略谋划，推动澳门与珠三角产业跨境合作和服务贸易发展；凭借"一国两制"的制度优势，依托"一个中心、一个平台、一个基地"的发展定位，进一步扩大澳门与珠三角经贸合作规模，引导服务贸易向高新科技、健康医疗、金融等高附加值产业延伸；澳门可利用自身与葡语系乃至欧盟等市场紧密联系的优势，加强自身作为内地与"一带一路"沿线葡语国家合作的桥梁角色，推动澳门及葡语国家与珠三角地区商贸合作，加快产业结构调整，进而促进经济多元化发展。

（六）粤港澳大湾区技术贸易及知识产权交易将得到长足发展

大湾区区域内创新资源多样，高校、科研机构、企业研发部门共同构成了科技创新活力来源。大湾区科研服务、技术交易、创新成果转化等，将进一步强化香港作为国际科技交易中心的地位。香港的科创发展也将进一步依赖区域创新网络与内地市场。"广深科技创新走廊"将延长至香港和澳门，将充分发挥广州的人才储备优势和科研资源优势，深圳的企业应用创新能力、东莞的制造业基础，再加上港澳地区的国际化创新资源，有助于推动大

湾区科技进步，推动大湾区产业科技、金融科技、生物科技、健康产业的更快发展，从而推动大湾区技术贸易及知识产权交易的稳步发展。

参考文献

［1］曹崧：《粤港澳大湾区经济呼之欲出》，《深圳特区报》2015 年 4 月 22 日。

［2］梁庆寅、陈广汉主编《粤港澳区域合作与发展报告（2010～2011）》，社会科学文献出版社，2011。

［3］梁颖晴：《粤港澳大湾区下珠三角对外贸易前景及对策》，《中国市场》2019 年第 22 期，第 14～15、19 页。

B.6
广东利用外资的发展历程与趋势

刘 胜 陈华彤*

摘 要： 本报告将广东利用外资的发展历程细分为四个发展阶段，分析
了改革开放以来广东利用外资的政策环境、特征和不足之处，
以及产业结构变化对广东利用外资的影响。此外，还对疫情防
控常态化时期外资在广东的发展趋势进行了预测，并综合上述
分析得出几点结论和建议：第一，广东将进一步扩大和提高利
用外商直接投资的规模和质量；第二，非洲和欧洲将成为广东
外商直接投资的重要来源地；第三，广东应提升现代服务业利
用外商直接投资的能力，推动产业结构优化和转型升级；第
四，突破"独资化"的单一格局，鼓励形成多种吸引外商直接
投资的方式；第五，增强粤港澳大湾区的辐射引领作用，合理
进行空间布局，缩小各地区利用外商直接投资的差距。

关键词： 广东 外商直接投资 产业结构

一 广东利用外资的发展历程

改革开放以来，中国逐步放开外国资本进入境内进行投资的限制，国内

---

* 刘胜，博士，副教授，广东外语外贸大学国际经济贸易研究中心副主任，研究方向为国际投
资；陈华彤，广东外语外贸大学国民经济学专业硕士研究生。

产业不断向外资开放，以促进国民经济的快速增长。利用地处沿海地区的优势，广东率先对外资开放，并逐渐成长为利用外资的大省。按照经济背景和时代环境的不同，我们对广东利用外资进行阶段分析。

（一）实际利用外资迅速增加的起飞阶段

1978～1991 年是广东利用外资的起飞阶段。改革开放初期，广东就设立了深圳、珠海、汕头 3 个经济特区以鼓励外资的进入。1980～1991 年，广东实际利用外资金额的年均增长率达到 25.4%。1980 年，广东实际利用外资 21419 万美元；1985 年，广东实际利用外资实现翻倍增长，达到 91910 万美元，比 1980 年增长 3.29 倍；1991 年，实际利用外资达 258250 万美元，比 1985 年增长了 1.8 倍，比 1980 年增长了 11 倍。从投资目的地来看，外资高度集聚在以深圳和汕头为中心的东部沿海地区。从引进方式来看，外商直接投资、对外借款、外商其他投资（国际租赁、补偿贸易、加工装配）都是广东吸收外资的主要途径。由于长期以来处于资本薄弱的状况，1985 年以前，广东对外借款的增速要比通过其他方式吸收外资的增速更快。尽管 1979 年后中国开始以外债形式吸引外资，但是这一时期是中国对外债进行规范管理的初始阶段，直到 1987 年才形成真正意义上的外债管理制度。1984 年广东对外借款为 433 万美元，1985 年该数值快速增加至 26960 万美元。相比之下，外商直接投资从 1980 年的 12330 万美元增加至 1985 年的 53433 万美元[1]；外商其他投资增速则更加平缓，从 1980 年的 8527 万美元增加至 1985 年的 11698 万美元[2]。1985 年以后，尽管通过发行债券、股票等，广东增加了对外借款的方式，但对外借款的增速逐年放缓。1990 年广东的对外借款只比 1985 年增长了 52.4%。同期，外商直接投资增长了 1.83

---

[1] 《广东统计年鉴》（1986 年）显示，1985 年广东对外借款和外商直接投分别为 26960 万美元和 53433 万美元，但是在《广东统计年鉴》（1992 年）中，这两个数据则变为 28960 万美元和 51529 万美元。

[2] 1985 年外商其他投资的金额，我们采用《广东统计年鉴》（1986 年）里的数据；1985 年外商其他投资金额被归为商品信贷数据；1991 年，该数据明确为外商其他投资，但是数据则变为 11421 万美元，与《广东统计年鉴》（1986 年）里的数据不一样。

倍。外商其他投资仍然增长缓慢,这一期间只增长了 7.1%。由此可见,1985 年以后,外商直接投资正逐渐成长为广东吸引外资的最主要方式。

(二)外商直接投资占据主要地位的快速增长阶段

1992~2001 年是广东利用外资的快速增长阶段。1992 年,随着社会主义市场经济体制改革目标的确立,中国进一步扩大改革开放,这促使了国外资本大量的流入,也使得广东在利用外资方面进一步获得了巨大的收获。至 1995 年底,全国外资存量最多的广东、江苏、福建、上海、山东 5 个省(市)的外资存量合计占全国外资存量的 67.5%,其中仅广东一省就占 30.7%。1992 年,广东实际利用外资 486147 万美元,到 1995 年增长了 1.5 倍,达到 1210037 万美元,其中外商直接投资从 1992 年的 355150 万美元增长至 1995 年的 1018028 万美元,已经成为最重要的利用外资方式。1997~1998 年,金融危机席卷亚洲,广东经济也受到影响。尽管危机带来的冲击无法阻碍广东持续作为外商直接投资的主要目的地,但广东实际利用外资的增速在下降,呈缓慢增长态势。1999 年广东实际利用外资为 1447383 万美元,到 2001 年,该数值只增长到 1575526 万美元,年均增长率仅为 4.3%。相对于外商直接投资,利用对外借款的方式来吸收外资更是受到了亚洲金融危机的影响。在此期间,广东获得的外国政府贷款、国际金融组织贷款、外国商业银行贷款纷纷减少,对外借款大幅下降,从 1995 年的 184028 万美元下滑至 1999 年的 103595 万美元,再到 2000 年的 70231 万美元,5 年间减少了 61.8%。从吸引外资的目的地来看,外资仍然高度集聚在以深圳和汕头为中心的东部沿海地区,但是广州也开始逐渐成为外资集聚中心,并有向东莞、惠州扩散的迹象。

(三)顺应产业升级的质量提高阶段

2002~2012 年是广东利用外资的质量提高阶段。进入 21 世纪以来,特别是在加入 WTO 之后,全球化进程深刻地影响着中国的经济发展,这为广东对外经济的发展提供了良好的机遇,也使广东持续成为全国利用外资最多的省份。2007 年,广东签订项目数量、合同外资金额、实际利用外资分别为 11705 个、3646583 万美元、1961771 万美元，同比增长 3.8%、28.4%、10.2%。2008 年国际金融危机对世界经济产生重大冲击，这使得广东外商签订的项目数量与合同外资金额都出现了大幅下滑。2008 年两者同比下滑23.3% 与 15.8%，2009 年则同比下降 36.6% 与 40.6%（见表 1）。2010 年，随着经济回暖，中国超越日本，成为世界上仅次于美国的第二大经济体。此后，广东依托国家的经济发展又成为外商投资的主要目的地，实际利用外资持续增长。从行业来看，在此阶段，广东利用外资最主要集中在工业尤其是制造业，与此同时服务业利用外资也在不断增加。从投资目的地来看，珠三角地区仍然是外资高度集聚地，利用外资持续保持稳定发展，但粤北地区的清远和韶关也开始受到外资的关注，它们利用外资的增长趋势明显。

表 1   2003～2019 年广东利用外资情况

年份	签订项目数量		合同外资金额		实际利用外资	
	数量（个）	增长率（%）	金额（万美元）	增长率（%）	金额（万美元）	增长率（%）
2003	11472	—	2446711	—	1894081	—
2004	10530	-8.2	2217800	-9.4	1289900	—
2005	11786	11.9	2675695	20.6	1517358	17.6
2006	11276	-4.3	2838923	6.1	1780780	17.4
2007	11705	3.8	3646583	28.4	1961771	10.2
2008	8980	-23.3	3071447	-15.8	2126657	8.4
2009	5693	-36.6	1824109	-40.6	2028688	-4.6
2010	6022	5.8	2516987	38.0	2102646	3.6
2011	7289	21.0	3485492	38.5	2232847	6.2
2012	6263	-14.1	3544579	1.7	2410578	8.0
2013	5740	-8.4	3666273	3.4	2532719	5.1
2014	6175	7.6	4339446	18.4	2727751	7.7
2015	7033	13.9	5614566	29.4	2702512	-0.9
2016	8078	14.9	8673350	54.5	2340689	-13.4
2017	15599	93.1	7309658	-15.7	2294813	-2.0
2018	35774	—	5900.98	—	1450.88	—
2019	14350	-59.9	5523.84	-6.4	1522.00	4.9

注：2004 年起实际利用外资统计口径做了调整，与 2003 年以前的实际利用外资不可比；2018 年起，广东省商务厅未对外公布利用外资签订项目数量、合同外资金额和实际利用外资数据，只公布了相关的外商直接投资数据；2018 年起，外商直接投资使用商务部反馈的人民币数据，单位为亿元。

数据来源：《广东统计年鉴》；商务部。

（四）全球化环境下的全面发展新阶段

从 2013 年至今，国内和国外环境的新形势使得广东利用外资进入了全面发展的新阶段。不过，在这个发展的新进程中，广东对外经济的发展受到了西方贸易保护主义的冲击，例如自 2018 年开始美国挑起的贸易摩擦。对于这种贸易保护主义的抬头将会对广东吸引外资产生什么样的深远影响，目前还无法准确地测量与判断。但是，只要坚持对外开放的基本国策，加快融入"一带一路"和粤港澳大湾区的建设，及时把握自贸区的发展机遇，我们相信广东在对外开放、引进外资、扩大进出口贸易等方面将保持稳定的发展态势。此外，我们认为广东的利用外资发展还将会受到新冠肺炎疫情的影响。2020 年，新冠肺炎疫情猛烈冲击全球的经济。尽管中国走在世界的前头奋勇抗击疫情，严防严控，致使国内疫情在短时间内便得到了有效的控制，国内经济也逐步恢复，但是世界其他国家的疫情防控形势仍旧十分严峻，全球经济的恢复可能需要较长的时间，这将会使广东吸引外资受到很大的影响。

二　广东利用外资的政策调整及评价

广东利用外资呈现先快速而后趋于平缓增长和由数量型扩张逐渐向高质量发展的特点，这与中国不同时期的时代背景和政策环境有很大关联。

（一）"经济特区"的设立及港口城市的开放

1978 年，中共召开十一届三中全会，制定了对中国进行改革开放的重大决策部署。1979 年，国务院试点设立四个"出口特区"（即后来的"经济特区"），其中有三个位于广东的沿海地区，即深圳、珠海、汕头；同年 7月，《中华人民共和国中外合资企业经营法》正式施行，这意味着中国第一部关于吸收外资的法律诞生。1986 年国务院颁布《关于鼓励外商投资的规定》，反映了中国对利用外资的重视、规范和保护；同年 4 月，为进一步吸引外资，尤其是通过吸收外资来引进国外的知识和技术以提高本国企业的生产效率，国务院决定向外资开放广州、湛江等14座沿海港口城市。在这些开放的城市，外国投资者可以享受税收、外汇贷款等一系列的优惠政策，而且有关利用外资的建设项目还被放宽了审批权限。这些政策举措为广东吸引外资带来了发展机遇，不仅为广东融入国际市场、吸收发达国家的先进技术提供了便利条件，也为后续扩大开放和发展对外经济奠定了基础；同时，广东吸收外资促进经济发展的成功实践也为之后在全国全方位、深层次推行改革开放起到了良好的先行示范作用，吸收外资、扩大开放最终成为我国经济发展的基本国策。

（二）珠三角市场经济体制的建设

20世纪80年代末至90年代初，经济体制的重大变革为广东深化改革开放、利用外资推开了制度便利之门。为持续推进改革开放，邓小平于1992年赴深圳、珠海等进行视察，随后发布了具有重大意义的"南方谈话"。同年，党的十四大确立了社会主义市场经济体制改革的基本策略，明确要将开放和现代化建设推向新的发展阶段。1994年，广东省委在七届三次全会上提出建设珠江三角洲经济区，即"珠三角"，包括广州、深圳、佛山、东莞、中山、珠海、江门、肇庆和惠州9个城市，以促进人员和资本在珠三角地区内高效流动，并利用广州、珠海和深圳的早期开放优势带动其他城市的发展，增强外商来广东进行贸易投资的信心和决心。1995年，我国又颁布了《外商投资产业指导目录》，对外商投资项目进行详细的划分，明确了鼓励、允许、限制和禁止四类投资活动，并将外商投资领域从出口加工延伸到高新技术等产业，这意味着利用外资不仅关注数量上的增加，也开始注重质量。1998年又通过了《关于进一步扩大对外开放、提高利用外资水平的若干意见》，要求继续把外商直接投资作为利用外资的重点，要适度筹借和切实用好国外贷款。在国家政策和相关法律的大力支持维护下，外商来粤投资进入快速发展时期，致使20世纪90年代广东利用外资实现了翻倍增长。

（三）全球化进程的参与及涉外经贸法律的修改

进入 21 世纪，随着国内外环境的变化和国家对涉外经贸法做出的调整、修订和完善，广东顺应发展形势对外商管理条例进行了相应的调整，利用外资也开始了由数量扩张转向高质量发展。2001 年加入 WTO 后，为遵守和适应相关的国际规则，中国对涉外经贸的法律法规和部门规章进行了集中清理和修订，取消与相关国际规则不相适应的条款。同时，政府对《外商投资产业指导目录》进行了多轮修订，积极引导外资的产业流向。2008 年中国实行内外资统一税制，新税率确定为 25%。为了更好地执行国家的经济发展战略，广东调整了利用外资的方向，把鼓励外商直接投资的范围从之前的传统制造业转向服务业、高新技术产业领域。并且，明确将通过人力资本和技术水平的提高，而不是仅仅依靠劳动力优势来吸引外资。同时，政府将更加注重通过完善的外商投资法律体系和强化对外经贸活动与产业转型升级之间的联系，使利用外资逐渐朝着"质"的方向发展。

（四）国际合作的紧密加强及国内营商环境的优化

2010 年之后，随着"一带一路"和粤港澳大湾区建设以及全面开放新格局战略的提出，广东利用外资进入了全面发展的新阶段。2013 年，"一带一路"倡议一提出，广东就马上积极响应与部署，并逐步成长为与"一带一路"沿线国家互联互通的重要枢纽。截至目前，中国已与 136 个国家和30 个国际组织签署了 195 份政府间合作协议，广东与这些国家都有贸易、投资或基础设施建设方面的合作。2015 年，"粤港澳大湾区"概念在《推动共建丝绸之路经济带和 21 世纪海上丝绸之路的愿景与行动》中被提出。次年，国务院在《关于深化泛"珠三角"区域合作的指导意见》中明确指出，要携手港澳共同打造粤港澳大湾区，建设世界级城市群。2019 年，中共中央、国务院在《粤港澳大湾区发展规划纲要》中更是强调，要进一步提升粤港澳大湾区在国家经济发展和对外开放中的支撑引领作用。粤港澳大湾区的规划和发展不仅有助于省外企业"引进来"和广东企业"走出去"，也为广东利用外资提供了更多政策上的便利。为了更好地实施粤港澳大湾区建设战略，在加强涉外联系的同时，中国也加快优化国内的营商与投资环境，以打造全面开放的新格局。2013年，"负面清单"一词开始被提出，这意味着各类市场主体包括外国投资者可以依法平等进入"负面清单"以外的领域，拉开了我国开始大幅度优化和规范化市场营商环境的大幕。2019年《中华人民共和国外商投资法》的颁布，标志着外资方面的立法已经趋于成熟。该法律的实施，不仅有助于促进外商投资、保护外商投资合法权益和规范外商投资管理，也将为广东推动形成全面开放新格局奠定坚实的法律基础。

三　广东利用外资的特征与不足

高质量地利用外资，不仅能够为当地带来就业、经济增长、技术以及人力资本等方面的溢出效应，还能将引进来的先进技术手段、管理经验和创新模式等运用到生产实践中，发挥扩散效应，辐射周边地区，这对于我国其他省份的经济发展具有很好的借鉴意义。因此，总结广东在利用外资规模、行业、区域等方面的特点与不足，是十分必要的。

（一）广东利用外资的特征

1. 利用外资的规模不断扩大

改革开放以来，广东签订项目数量、合同外资金额及实际利用外资明显增加。2004～2017年，广东合同外资金额由2217800万美元增加至7309658万美元，广东实际利用外资由1289900万美元增加至2294813万美元，两者分别增长了约2.3倍和0.78倍。之后，国内外政治环境的变幻莫测致使广东在改革开放的进程中受到众多不确定性因素的影响，吸引外资在某些年份不甚理想，但利用外资规模的总体发展趋势是扩大的。

2. 利用外资集中于珠三角地区

经济特区的设立、沿海港口城市的开放以及之后珠三角经济区的建设都给珠三角地区的对外开放和利用外资提供了制度上的先行优势，但也使得广东利用的外资主要集中在该地区。从表2① 可以看到，深圳、广州、珠海在利用外资方面一直排在全省各市的前列，而且排名基本不曾变化。其中，深圳的实际利用外资长期排在全省第一，占全省的比例在1985年时为35.8%，而在2017年仍然占全省的32.3%。广州和珠海的实际利用外资也一直领跑在前。不同的是，广州实际利用外资占全省的比例从1985年的11.6%上升到2019年的30.2%，而珠海实际利用外资占全省的比例从1985年的11.4%略微下降到2019年的10.8%。在融入珠三角城市群的发展后，佛山、东莞和惠州实际利用外资也迅速赶上，到2019年分别占广东实际利用外资的3.4%、5.8%和4.2%；江门、肇庆、中山实际利用外资也超越其他非珠三角城市。概括来说，早期开放的制度优势和后续"一带一路"和粤港澳大湾区建设都给珠三角地区的发展带来了历史性的机遇，既使得该地区具有良好的工业基础与发展态势，也强化了区域内城市之间的产业联系，达到相互促进下经济共同发展的目的，这自然使得珠三角地区成为外商投资的主要目的地，2019年珠三角地区的实际利用外资就占了全省的96.0%。

表2　广东各地区实际利用外资（外商直接投资）情况

单位：万美元（万元）

地　区	1985 年	2000 年	2010 年	2015 年	2017 年	2018 年	2019 年
广　州	10655	311541	397858	541635	628868	3950005	4593649
深　圳	32922	296839	429734	649731	740129	5145641	5323646
珠　海	10478	101937	122350	217787	243305	1562972	1639012
汕　头	3314	35190	25553	21767	35535	64720	68337
佛　山	7637	96322	196754	237726	162347	457400	511300
惠　州	5311	105016	143761	110499	114351	634700	642549
东　莞	—	164712	273171	531982	171972	834847	880307
江　门	2730	78784	110810	87940	51097	474456	545425
肇　庆	1422	44276	93389	139447	18133	94469	94089

---

① 自2018年起，广东省商务厅开始不对外公布利用外资签订项目数量、合同外资金额和实际利用外资的数据，而只公布外商直接投资的相关数据，这致使无法全面探讨利用外资的情况。因此，从表2开始，我们将主要分析广东外商直接投资的发展。

地 区	1985 年	2000 年	2010 年	2015 年	2017 年	2018 年	2019 年
湛 江	3042	9371	3671	15717	8095	45900	159791
韶 关	1339	17557	21236	4807	5284	49864	54829
全 省	91910	1457466	2026098	2687546	2290668	14481403	15205665
珠三角	—	1263007	1834656	2562430	2181135	13507299	14599770
东 翼	—	83095	76934	37698	50763	177129	153332
西 翼	—	23264	27522	41404	20162	566276	198556
山 区	—	56808	86986	46014	38608	230699	254007

注：1985 年和 2000 年为利用外资数据，2010 年、2015 年、2017 年为外商直接投资数据，因为自 2004 年开始，只提供广东各市外商直接投资的数据；2018 年起，外商直接投资使用商务部反馈的人民币数据，单位为万元；2000 年四大区域加总数据与全省数据不一致系原始数据如此。

数据来源：《广东统计年鉴》；商务部。

3. 利用外资主要来源于亚洲各地

改革开放的先发优势使得广东自 20 世纪 80 年代开始就一直是外商来华投资的必选之地。尽管 2007 年江苏实际利用外资超过广东，但不久之后广东又夺回全国利用外资第一省份的地位。从表 3 可以看到，广东利用外资主要来源于亚洲各地。2000 年广东利用亚洲的外商直接投资占总利用外商直接投资的 75.8%，2019 年该比例进一步上升至 89.2%。其中，香港和澳门对广东的投资占据最主要地位，其次是新加坡、日本、韩国、印度尼西亚等。长期以来，广东利用港澳的外商直接投资占利用亚洲外商直接投资的 70% 以上，其中一个重要的原因就是广东在地理上具有毗邻港澳的独特优势，又有着国内领先的经济基础和技术水平。拉丁美洲和欧洲对广东的外商直接投资占广东利用外商直接投资总额的比重均小。随着 "一带一路" 倡议的提出，近年来非洲对广东的外商直接投资在大幅增长。2000 年广东实际利用非洲外商直接投资 4272 万美元，2017 年该数值达到 47234 万美元，而同年广东利用大洋洲外商直接投资只有 15606 万美元。

表3　广东外商直接投资来源情况

单位：万美元（万元）

地　区	2000年	2010年	2015年	2016年	2017年	2018年	2019年
合　计	1223720	2026098	2687546	2334921	2290668	14508782	15219976
亚洲	927071	1486723	2268764	1899631	1883742	12162724	13580593
中国香港	744826	1291738	2047856	1741924	1692741	9951620	10511307
中国澳门	26137	30189	73718	64434	55994	785843	1012012
中国台湾	49746	24543	10525	6882	6854	68185	72975
日本	30852	51044	45514	42953	42817	426331	499154
新加坡	49115	46482	47343	33506	43159	347278	765966
欧洲	38643	78713	83864	94148	83798	1257495	427524
拉丁美洲	161983	303059	142932	151629	84200	604912	1043377
非洲	4272	16972	12060	18891	47234	48412	63960
北美洲	74453	40816	35221	24128	30888	288349	36685
美国	66972	25388	19049	23298	30419	53385	22812
大洋洲	14510	53171	57284	20628	15606	129591	67837

注：数据为外商直接投资的实际利用金额；2018年起，外商直接投资使用商务部反馈的人民币数据，单位为万元。

数据来源：《广东统计年鉴》；商务部。

4. 利用外资结构不断优化

除少数限制和禁止外商投资的领域外，外资覆盖广东国民经济的大部分行业。从发展的特点来看，改革开放至2010年，外资主要集中在制造业，但服务业的外商投资也在逐年增加。相比之下，农业吸收外资较少，而且随着广东产业结构的调整，农业吸收外资占全行业吸收外资的比重还在不断下降。2010年以后，根据国内外发展环境的变化，广东调整了经济发展战略，放缓经济增速，把对经济发展的追求由"速度"转向"质量"，而且随着国家放宽对外资进入服务业的限制，服务业利用外资迅猛增长，也导致制造业吸引外资的能力相对地减弱。从表4可以看到，2000～2014年工业利用外商直接投资占广东全行业利用外商直接投资的比重明显下降，从71.0%下降到51.7%。2015年，外商对服务业的直接投资首次超过了对工业的直接投资。此后，服务业利用外商直接投资金额与工业利用外商直接投资金额的差距逐年拉开。

表4　广东分行业外商直接投资情况

单位：万美元（万元）

行　业	2000年	2005年	2010年	2014年	2015年	2017年	2018年	2019年
总值	1223720	1236391	2026098	2687144	2687546	2290668	14508780	15219976
初级产业	16724	16412	16288	17236	10615	7978	49830	47326
工业	868478	962801	1212744	1389756	1147235	786670	5905739	4031342
制造业	793799	939406	1136217	1295374	1027615	621118	5204534	3830865
电力、热力、燃气及水生产和供应业	39988	19382	65804	85713	51054	75127	568769	179679
建筑业	34691	4013	10723	8669	68566	90425	132436	20798
服务业	338518	257178	797066	1280152	1529696	1496020	8553211	11141308
批发和零售业	24088	19522	198940	319439	184168	196552	1031922	1300033
交通、运输、仓储和邮政业	26775	37439	56318	42954	47364	46829	804655	860577
信息技术服务业	—	21078	42206	37072	67876	228859	547010	905166
房地产业	202946	84437	329023	434438	704087	344634	2349658	2654649
租赁和商业服务业	—	52633	91077	176532	286303	342871	2417392	4202441
科学研究和技术服务业	1325	11942	42574	48871	57466	86533	388324	848302
金融业	1552	3533	6863	180426	140102	155061	607864	265039

注：数据为外商直接投资的实际利用金额；2003年和2012年中国进行了产业分类调整，本表遵循的是2017年的产业划分规定，故会给不同年份的数据对比带来一定误差；2018年起，外商直接投资使用商务部反馈的人民币数据，单位为万元；初级产业包括农、林、牧、渔业和采矿业。

数据来源：《广东统计年鉴》；商务部。

5. 利用外资方式多样化

广东利用外资的方式是多样化的，其中吸收外商直接投资就包括"三资"企业（合资经营、合作经营及外商独资企业）、外商投资股份制、合作开发等多种途径。改革开放初期，合作经营企业是广东利用外商直接投资的主要方式。通过这种模式签订的投资项目数量和实际利用外资金额占全部三资企业签订的项目数量和实际利用外资金额的95％和75％以上。80年代中后期，合资经营企业逐渐超过合作经营企业，成为广东吸收外商直接投资的主要方式。合资经营企业的签订项目数量和实际利用外资金额迅速增长。90年代中期以后，合资、合作经营企业实际利用外商直接投资所占比重开始呈下降趋势（见表5），相反，外商独资企业的签订项目数量和实际利用外资金额增长迅速，逐渐成为广东吸收外商直接投资的主要方式。2002~2019年，通过外商独资企业利用的外商直接投资占广东吸收外商直接投资的比例基本都在60%以上。

表5　广东"三资"企业实际利用外商直接投资情况

单位：万美元

年份	合资经营企业	合作经营企业	外资独资企业
1995	357336	406461	254231
1998	346565	454796	392427
2000	313785	376371	528016
2004	225200	83700	679200
2008	293674	78741	1517883
2012	470222	69343	1780836
2016	447232	15901	1575495

注：2017年开始，《广东统计年鉴》就不再公布"三资"企业实际利用外商直接投资的情况。
数据来源：《广东统计年鉴》。

（二）广东利用外资的不足

1. 外资利用质量还需进一步提升

广东利用外资的主要来源地是亚洲各地，尤其是香港和澳门，而港澳企业来粤投资一个关键的原因就是利用内地充裕且价廉的劳动力资源以节省生产成本。这些港澳企业很多是来内地进行基础产品生产，然后把商品卖到海外，其优势在于与国际市场的商贸联系，技术水平和研发程度都不高，因此这一类外企难以带来先进的知识，培训过的工人也较难传播先进的技术以推动本土企业的技术升级。20世纪90年代后期，一些发达国家的拥有较高生产水平的外资企业开始进入广东，但也是利用我国劳动力的成本优势，把材料、产品、装备等加工与制造的低技术生产环节放在广东，进口技术含量高的设施、元件等。某些技术先进的外资企业进入广东，基本都是采取独资的模式防止技术外溢，其目的主要是通过技术领先优势来打击竞争对手，垄断市场，这些企业对广东产业升级的促进作用也是有限的。概括来说，目前广东利用外资更多的还是停留在引资规模的层面，以解决就业为主要目的，外资技术溢出效应比较有限，而且随着珠三角地区用地、用工成本的快速增长，这些劳动密集型外企正在悄然撤离广东，外资带来的就业效应也会逐渐下降。

2. 利用外资的地区分布不均衡

广东利用外资主要集中在珠三角地区，东西两翼以及北部山区的城市吸收外资较少，而且所占比重还有下降的趋势。以汕头为例，汕头本来是广东最早对外开放的经济特区和沿海港口城市之一，并在 20 世纪 80 年代成为外商投资的重要目的地，但是 90 年代之后汕头利用外资几乎陷入停滞状态。1985 年，汕头利用外资的合同金额与实际利用金额分别占全省的 4.0% 和 3.6%，但到 2019 年这两个数据都跌到了 0.4% 下，其中一个主要原因就是在人口红利逐渐退化的同时，汕头的人力资本和技术水平却没有随着时间的推移而得到很好的提升，导致资本与技术密集型的企业难以进入，而劳动密集型企业逐渐退出汕头。东西两翼和粤北山区占广东省土地面积的 70% 和总人口的 50%，但实际利用外资仅占全省的 5% 左右。近年来，虽然粤北山区城市利用外资有一定程度的增长，但增长的态势还不够明显。归纳来说，珠三角地区一直是外资主要集聚地；作为传统外资集聚地的以汕头为中心的东部沿海地区已逐渐消失在竞争的舞台上；粤西的茂名、湛江、阳江和云浮始终都是利用外资较低的地区；粤北的韶关和清远利用外资虽然在增长，但趋势还不明显。

3. 来自发达经济体的外资占比不高

广东利用外资大部分来自亚洲，尤其是港澳地区，其次是来自欧洲和拉丁美洲，来自北美洲的外资很少。2018 年，美国的贸易保护主义重新抬头，加大了对中国的贸易限制力度，这使得本来就很少的来自北美的投资变得更少。2019 年广东利用北美洲外资大幅下滑，同比下降 87.3%。港澳等亚洲地区的企业来粤投资主要是进入劳动密集型行业，它们利用来料、来件加工等方式在广东进行产品组装，而中间资本品和关键零部件主要依赖进口，而非本土化生产。这种生产模式自然很难带动国内企业的技术水平提升和相关产业的升级，反而会抑制产业链上中小企业的技术进步。从理论上来说，技术越先进的外企带来的技术溢出空间越大，因此广东要想提升利用外资的技术溢出效应，加快促进产业升级换代，就需要增大对欧、美、日等发达经济体企业的吸引力度。

4. 技术密集型行业吸引外资的水平不高

尽管服务业是吸引外资的主要行业，但主要集中在房地产、租赁与商业服务等资本密集型行业，而技术密集型服务业利用外资的能力还有待提升。2017 年，房地产以及租赁与商业服务这两个行业就分别占整个服务业利用外商直接投资的 23.0% 和 22.9%，这主要是由于近十年来我国的房价快速上涨和商贸市场的繁荣发展。此外，为了强化省际、城际交通，加快跨地区的人员和物质流动，21 世纪初广东开始大力发展交通运输业，大力对高铁、城际轨道等进行投资，这使得交通、运输、仓储和邮政等成为外商投资的重点，但是近年来随着政府对这些方面投资的减少，外商也减少了对相关行业的投资，以致这些服务业利用外资出现负增长。对比之下，信息技术服务、科学研究和技术服务等技术密集型行业过去一直很少受到外资的关注，只是最近两年由于我国的科技发展和相关优惠政策的驱动，外商才开始大举进入广东的技术密集型服务业。2019 年信息技术服务以及科学研究与技术服务两个行业利用外商直接投资分别同比增长 65.5% 和 118.5%。这一方面说明，这两个技术密集型服务业利用外资的基数较低，上升空间大；另一方面也说明，随着广东在知识、信息、技术等方面的大力投资和政策支持，未来外资将会加快流入相关的技术密集型服务业。

5. 外资"独资化"趋势明显

2000 年之前，由于对外商投资模式的限制，合作经营与合资经营方式利用外资与外商独资方式利用外资的规模差不多，后者比前者还略低一些。

但是，在加入 WTO 之后，中国兑现承诺，放宽对外资的限制，为外商提供了公平、自由的市场和政策空间，而广东外资"独资化"现象就越发明显。从表 5 可以看到，2000 年只有 43.3% 的外商直接投资是通过外商独资企业这种模式进入广东的，但是 2004 年，该数值上升到 68.7%，2016 年更是上升到 77.3%。尽管外商独资企业的壮大为广东利用外资和经济发展注入了动力，但是也要注意防范过度"独资化"带来的风险，尤其是可能导致"洞穴效果"（Cave Effect），即生产各环节之间的联系会发生在外资企业与外资企业之间，甚至是发生在一个集团公司的内部企业之间，而不会发生在外资企业和当地内资企业之间。"洞穴效果"的出现是外商愿意看到，尤其是技术密集型企业，因为这更加容易达到独资企业防止技术泄露和利用技术垄断当地市场的目的。但是，这是当地政府和企业最不愿意看到的，一是对本土企业的外资技术溢出效应将非常少，二是跨国公司凭借资本与技术优势在当地市场挤压、打垮竞争对手，形成垄断之后，将极大地增加政府对它的监管难度。

四 产业结构变化对广东利用外资的影响

利用外资、促进国内产业发展是我国的主要经济发展策略之一，因此对于广东这样一个对外经济发展强省和外商主要投资目的地，如何吸引外资一直是政策考虑的重点之一。影响外商投资的因素有很多，其中一个关键因素是国内产业结构的变化。从理论上来说，产业结构变化体现了政策调整、市场优势改变、生产环境变化等众多因素，而这些又是外商投资需要考虑的关键因素，所以分析产业结构变化对广东吸收外资有什么样的影响是十分具有政策意义的。实证分析的数据来源于《广东统计年鉴》，以 2004 年实际利用外资统计口径为标准，从中选取 2004~2019 年广东的实际利用外商直接投资金额（*FDI*）、广东第一产业产值（*Agr*）、第二产业产值（*Ind*）和第三产业产值（*Ser*）作为变量。为了消除异方差的影响，我们把变量取对数进行处理，这样变量前的系数就表示弹性。从而，把 ln*FDI* 作为被解释变量，

将 ln*Agr*、ln*Ind* 和 ln*Ser* 作为解释变量,建立实证模型:

$$\ln FDI = \alpha + \beta \ln Agr + \gamma \ln Ind + \delta \ln Ser + \mu$$

此外,在进行时间序列的分析时,我们一般会进行单位根检验,来分析数据的平稳性,以防止出现"伪回归"。表 6 的检验结果显示,各变量为二阶差分平稳时间序列。因此,我们接着进行协整关系分析。在提取残差做 ADF 检验后,得出 P 值为 0.0220 < 0.5,说明残差平稳,各变量之间存在整体的协整关系,这说明外商直接投资与广东产业结构变化之间存在共同发展的趋势,也表明我们可以利用水平数据进行回归检验。

表 6 单位根检验结果

变量对数形式	ADF 值	P 值	结论
ln*FDI*	− 4.057	0.0100	二阶平稳
ln*Agr*	− 4.873	0.0030	二阶平稳
ln*Ind*	− 4.735	0.0038	二阶平稳
ln*Ser*	− 4.712	0.0033	二阶平稳

最后,我们对模型进行计量回归,得到如下系数:

$$\ln FDI = 10.233 + 0.097 \ln Agr + 0.710 \ln Ind - 0.465 \ln Ser$$

从回归的结果中可以看到,F 统计量为 10.28,大于临界值,说明方程总体显著性水平高,这样我们对模型的显著性是放心的,可以接下来分析各系数的含义。通过分析得出,三大产业结构变化对广东利用外资是有影响的,第一和第二产业利用外资的长期弹性分别是 0.097 和 0.710,后者明显大于前者,说明随着产业结构优化,农业对广东吸引外资的影响不大,而工业对利用外资的影响较大。第三产业利用外资的长期弹性为负,说明第三产业产值的增长并没有促进实际利用外资的增加,反而使得外资撤离。其中一个主要原因是房地产业、批发和零售业长期以来一直是广东吸引外资的主要服务业,但近年来随着房价、地价高企带来的用工、用地成本的急剧飙升和生产利润的大幅下降,相关支持政策取消,以及国内资本密集型和劳动密集型企业的竞争力不断增强，外商投资这些服务业的风险越来越高，这促使它们开始从相关领域撤资。而与此同时，广东大力发展技术密集型服务业，但是不管是在人力资本等生产要素方面，还是在科研与产业融合方面，广东都无法与西方发达国家的地区相比，这致使这些服务业暂时还无法成为吸引外资的主力。

五　疫情防控常态化时期广东利用外资的发展趋势

2020 年开始，影响世界经济发展和全球资本流动最严重的事件，毫无疑问，是新冠肺炎疫情的突袭而至。在党中央的正确领导和全国人民的共同奋斗下，中国及时有效地控制了疫情蔓延，并逐步有序地恢复了经济活动，但是世界其他国家尤其是众多发展中国家还没有摆脱疫情造成的困境，全球经济和投资的恢复还有待时日，这无疑会影响今后广东吸引外资。从表 7 可以看到，受疫情影响，2020 年第一和第二季度广东累计签订的外商直接投资项目数量与合同金额的同比增速已出现了较大幅度的下降，不过之后同比增速下降的程度有所收敛。从累计实际利用金额来看，情况稍微好些。但是直到 8 月实际利用外商直接投资金额的同比增速才开始由负变正，并逐渐恢复增长的趋势，12 月同比增长率上升至 6.5%。

表 7　2020 年广东吸引外商直接投资的情况

时　间	累计签订项目数量		累计合同金额		累计实际利用金额	
	合同数量（个）	同比增长率（%）	金额（亿元）	同比增长率（%）	金额（亿元）	同比增长率（%）
2020 年 1 月	1430	-39.89	206.53	-63.05	98.7	0.87
2020 年 2 月	1698	-44.58	348.76	-62.69	171.5	-8.26
2020 年 4 月	3498	-34.2	1128.10	-37.1	441.74	-7.21
2020 年 5 月	4431	-32.14	1563.96	-28.29	553.01	-4.45
2020 年 6 月	5584	-28.59	1902.57	-21.62	821.85	-1.89
2020 年 7 月	6581	-27.0	2405.59	-11.8	898.82	-0.8
2020 年 8 月	7923	-24.0	2917.30	-16.4	1032.88	0.3

时　间	累计签订项目数量		累计合同金额		累计实际利用金额	
	合同数量（个）	同比增长率（％）	金额（亿元）	同比增长率（％）	金额（亿元）	同比增长率（％）
2020 年 9 月	9172	−20.5	3309.86	−12.1	1194.62	1.9
2020 年 10 月	10232	−16.2	3595.51	−13.6	1316.98	1.1
2020 年 11 月	11388	−13.4	3873.33	−25.8	1470.44	3.3
2020 年 12 月	12864	−10.4	5032.99	−8.9	1620.29	6.5

注：缺少 2020 年 3 月的数据。

数据来源：广东统计信息网。

（一）疫情对广东利用外资的长期增长趋势影响较小

从目前的发展态势来看，世界经济要摆脱疫情造成的影响还需要时间，这将使得在今后一段时间里广东利用外资的增速会放缓，但是长期增长的趋势不会变。从历史来看，虽然广东在经济发展过程中遇到了一些没能提前预料的重大突发事件，如 1997 年的亚洲金融危机、2003 年的"非典"疫情、2008 年的国际金融危机，但是这些事件都没妨碍广东引进外资的长期增长态势。2003 年发生的"非典"事件使得广东的对外经济在短期内受到了剧烈的冲击。2004 年广东外商直接投资的签订项目数量与合同金额都下降得比较厉害，但是在及时有效控制疫情和恢复生产后，2005 年广东利用外资又开始平稳增长。2008 年国际金融危机爆发带来的冲击也使得 2008～2009 年广东利用外资出现较大幅度的下降，但 2010 年以后广东利用外资又开始呈现上升趋势。

（二）非洲和欧洲将成为外资的重要来源地

随着全面开放新格局的构建以及"一带一路"建设的成功，中国加深了与非洲和欧洲国家的经贸合作关系，这使得非洲和欧洲企业近年来对广东的投资明显增加。此外，2018 年之后，美国霸权主义的抬头和奉行的"美国优先"政策不仅损害了中美之间的关系，也影响了欧美之间的经贸往来。

随着中国日益成长为欧洲的重要贸易合作伙伴，欧洲也正在考虑把我国作为重要的投资目的地。从目前发展的态势来看，美国的霸权主义在短期内不会偃旗息鼓，加上我国对疫情的有效控制和经济的有序恢复，以及广东良好的产业基础、对外关系和营商环境，今后将会有越来越多的欧洲企业把生产转移来粤，欧洲成为广东利用外资的重要来源地。

（三）外资将更多地投向生物医药、信息通信等领域

目前，新冠肺炎疫情还在全球蔓延，各国的经济生产还有待恢复，这一方面需要大量的抗疫物资和医疗设备，另一方面又无法自己生产这些必需的物资设备。因此，经济生产的恢复、完整的产业体系和巨大的生产能力，自然而然使得我国成为全球最大的抗疫物资和医疗设备的出口国和捐赠国，这也使得我国的生物、医药等领域成为外商投资的首要目标。此外，疫情防控推动的远程办公等需求还带动视频会议、云桌面等产品的发展，进而带动了对交换机、数据服务器等产品需求的提升，而中国抗疫的高科技模式为世界各国提供了学习模板。这些都为扩大信息通信产品的出口提供了难得的机会，也使得信息通信将成为外商投资的主要领域。广东在生物医药、电子信息产业领域处于国内领先的地位，有较明显的比较优势，因此，外商在来华对这些领域进行投资时，广东将会是优先之选。

六　促进广东利用外资发展的政策建议

改革开放以来，广东利用外资规模不断扩大，质量不断提高，不仅刺激了本省经济的快速发展，也对全国其他地区引进和利用外资起到了良好的示范作用。但是，广东在利用外资过程中也体现出一些不足之处，例如外资利用质量和外资技术溢出效应还需进一步提升、"珠三角"与"非珠三角"地区之间利用外资的差距需缩小、产业结构优化升级需与利用外资紧密联系，等等。因此，我们综合上述的分析，特提出几点建议，以助广东优化利用外资的结构，合理进行空间布局，提高利用外资的综合效益。

（一）提升现代服务业利用外商直接投资的能力

以高附加值、高层次、知识型为主要特征的生产和生活性现代服务业，已成为我国产业发展的方向，也是我国鼓励外商投资的领域。广东应坚决执行国家的经济发展政策，紧紧抓住机遇，在提升服务业增加值和经济效益的同时，积极引导外资更多地流向现代服务业，特别是高新技术产业，包括：重点推进金融、教育、文化服务等领域的有序开放，放宽商贸物流、电子商务等领域的外资准入限制，推动服务领域的贸易投资自由化。此外，还应充分利用广东良好的制造业发展基础与支撑力，围绕先进制造业打造生物医疗、数字领域等现代服务业，在促进两者深度融合的同时，积极引导外商投资进入相关领域，提高外商把先进技术和知识转移到中国的积极性，加快促进产业转型升级。

（二）突破"独资化"的发展趋势

广东利用外资的最主要方式是通过外商独资企业，而且此方式的占比也越来越大。广东应加快培育本土企业，增强其竞争力和与外商之间的互补性，支持建立中外合资、合作企业，推动形成更多的吸引外资的途径。同时，政府部门应继续优化营商环境，健全外商投资与知识产权保护制度，增强外商与本土企业合作的信心与信任感，鼓励外国投资者带来先进的技术，提高外资技术溢出效应和经济效应，推动产业的核心技术链条式更新，带动产业链上的企业整体发展。此外，相关管理部门还应做好防范垄断的措施，完善规章制度，防止外资企业"独资化"发展引起的技术与市场垄断。

（三）增强粤港澳大湾区的辐射引领作用

广东应及时抓住粤港澳大湾区建设的机遇，最大限度地发挥湾区的辐射作用，积极引导外商投资向合理的空间布局发展，助力全省早日形成全面开放的新格局。从空间布局来看，广州和深圳应继续充当吸引外资的领头羊，强化与港澳的联系，在加快对外发展的同时，积极引进拥有高新技术的外资企业。同时，应充分发挥高速与城际铁路、港口与机场群、港珠澳大桥等交通网络的经济纽带作用，把广、深、港、澳的中心城市发展优势辐射到其他地区：一是强化珠海、佛山等其他珠三角城市与中心城市的产业融合，利用当地的优势产业吸引外商投资，融入全球供应链；二是支持东西两翼与粤北山区城市挖掘自身优势，培育特色产业，承接中心城市的产业转移；三是成立专门研究部门，清晰判断国内外经济环境的发展趋势，前瞻性地调整吸引外资的重点方向，准确把握粤港澳大湾区建设各个环节的重点，构建各地区之间合理分工、有重点、有层次、协调联动的利用外资体系。

参考文献

［1］陈少存、吕拉昌：《广东省利用外资的空间差异研究》，《地域研究与开发》2011 年第 5 期，第 41～44、54 页。

［2］姜巍：《"互利共赢"新开放观与广东开放型经济体制创新研究》，《经济体制改革》2018 年第 2 期，第 5～12 页。

［3］李若曦、刘钧霆：《营商环境对粤港澳大湾区利用外资的影响》，《企业经济》2019 年第 12 期，第 154～160 页。

［4］李志翠、马雪梅、陈颖：《改革开放以来中国利用外资的实践、成效、经验及对策》，《国际贸易》2019 年第 12 期，第 58～67 页。

［5］林欣、李春顶：《中国利用外资 70 年：回顾、现状及展望》，《国际贸易》2019 年第 10 期，第 4～10、18 页。

［6］鲁明泓：《外国直接投资区域分布与中国投资环境评估》，《经济研究》1997 年第 12 期，第 38～45 页。

［7］裴长洪：《我国利用外资 30 年经验总结与前瞻》，《财贸经济》2008 第 11 期，第 26～37、125 页。

［8］田云华、王凌峰、张建武：《中国利用外资形式对区域经济增长的影响》，《经济社会体制比较》2020 年第 3 期，第 28～39 页。

［9］王展祥、叶勇：《广东制造行业外资利用质量的评估与比较》，《统计与决策》2012 年第 4 期，第 111～114 页。

［10］王凌峰、周燕萍、黄潇豪：《外商直接投资与区域经济增长——以广东省为例》，载《开放经济研究》，中国社会科学出版社，2019，第 186～203 页。

［11］吴昊、林伟：《外商直接投资对"珠三角"地区产业技术升级的影响及对

策》,《经济纵横》2016 年第 11 期, 第 87～91 页。

[12] 叶勇:《广东利用外资质量的评估及对策研究》, 博士学位论文, 华中科技大学, 2011 年。

[13] 张琴:《国际产业转移对我国产业结构的影响研究——基于 1983～2007 年外商直接投资的实证分析》,《国际贸易问题》2012 年第 4 期, 第 137～144 页。

[14] 祖强、梁曙霞:《中国东部地区的利用外资与经济转型》,《新金融》2013 年第 10 期, 第 6～50 页。

[15] Fosfuri, A., M. Motta, T. Rønde, "Foreign Direct Investment and Spillovers through Workers'Mobility," *Journal of International Economics*, 2001, 53 (1): 205–222.

B.7
对外直接投资与广东经济高质量发展

谭娜 高峰 常亮*

摘　要： 本报告考察了对外直接投资(OFDI)对广东经济增长质量的影响及其渠道。基于2008~2019年省级面板数据，使用主成分分析法构造经济增长质量评价指标体系，研究发现：第一，OFDI对中国各省份的经济增长质量具有显著的正向作用，平均而言，OFDI每增加1%，地方经济增长质量将提高0.1%，这一影响在广东与其他省份中并无显著差异；第二，从影响渠道来看，OFDI主要是通过促进经济增长效率来提升经济增长质量，对经济增长稳定性和可持续性的影响则并不明显；第三，相比西部省份，中国东部与中部省份的OFDI对经济增长质量，以及对经济增长效率和增长可持续性的影响更大，但对增长稳定性的影响则并无显著差异；第四，在经济增长效率和增长可持续性方面，广东均优于全国平均水平，在经济增长稳定性方面广东则弱于全国平均水平。本报告的研究表明，OFDI对广东经济的高质量发展具有积极作用，应继续推进"走出去"政策，充分利用全球市场和技术，以提高广东经济增长质量。

关键词： 对外直接投资　经济增长质量　主成分分析　广东

---

* 谭娜，广东外语外贸大学国际经济贸易研究中心讲师，研究方向为资本市场与中国经济；高峰，广东外语外贸大学经济贸易学院博士研究生；常亮，广东外语外贸大学会计学院副教授，研究方向为公司金融与资本市场。

对外直接投资（Outward Foreign Direct Investment，OFDI）对母国经济的影响一直是学界关心的重要问题，大量研究发现，对外直接投资促进了母国的长期经济增长。[①] 中国经济在经历了多年的高速增长之后，目前经济结构失衡、经济发展不平衡以及环境污染等问题较为严重，经济增长的速度较快但质量较低。因此，学者们普遍认为，中国经济今后发展的关键是提高经济增长质量，而非仅仅维持高速度的增长，亟须转换长期以来形成的高能耗、高排放、高污染和低附加值的粗放型增长模式。[②]

与此同时，中国的对外直接投资多年保持高速增长。根据商务部统计，2020 年中国全年对外直接投资 1329.4 亿美元，即使受新冠肺炎疫情的影响，仍同比增长 3.3%。其中，地方企业对外投资十分活跃，地方企业非金融类对外直接投资同比增长 16.4%，达到 807.5 亿美元。尤为值得关注的是，作为开放型经济大省，广东位列第一。据广东省商务厅的统计，2020 年 1 月至 11 月广东非金融类对外直接投资达到 122.59 亿美元，同比增长 29.53%。

那么，中国地方企业进行较大规模的对外投资能够改善地方经济增长质量吗？尤其是对外直接投资对广东经济增长质量的影响如何？在目前中国夯实经济稳定增长基础、转换经济增长动力、推动经济高质量发展的背景下，对这一问题的研究具有重要意义。

一 经济增长质量评价指标体系及其统计分析

（一）经济增长质量的评价指标体系构建

参考已有相关的研究[③]，高质量的经济增长主要是指高效率的、稳定

① Dunning, J. H., "The eclectic paradigm of international production: A restatement and some possible extensions," *Journal of International Business Studies*, 1988, 9 (1): 1–31.
② 胡鞍钢：《经济增长要靠全要素生产率提高》，《领导决策信息》2002 年第 3 期；吴敬琏：《中国应当走一条什么样的工业化道路?》，《管理世界》2006 年第 8 期。
③ 随洪光：《外商直接投资与中国经济增长质量提升——基于省际动态面板模型的经验分析》，《世界经济研究》2013 年第 7 期；王薇、任保平：《我国经济增长数量与（转下页注）

的、持续的增长，所以本报告评价指标体系的构造主要包括效率性、稳定性和持续性三个维度，并包含正向指标、负向指标、适度指标三个方面（见表1）。其中，为了与正向指标保持一致，针对逆向指标我们采用了倒数形式，适度指标采用了离差绝对值的倒数形式。在此基础上，我们使用主成分分析法对基础指标进行逐步的降维处理，最后得到各个省份经济增长质量的综合指数。

表1　经济增长质量评价指标体系

一级指标	二级指标	基础指标	代理变量	指标属性		
				正指标	逆指标	适度指标
增长效率	要素生产率	资本生产率	GDP/房地产开发投资	√		
		劳动生产率	企业劳动生产率	√		
		能源生产率	GDP/电力消费量	√		
	市场效率	产品市场效率	社会消费品零售总额占工农业增加值的比重	√		
		要素市场效率	金融业增加值占GDP的比重	√		
			参加失业保险人数/年末常住人口	√		
			技术市场成交额占工业增加值的比重	√		
增长稳定性	要素供给稳定性	资本供给波动	实际利息率（规模以上工业企业财务费用/负债合计）		√	
		劳动供给波动	实际工资率（城镇单位在岗职工平均实际工资增长率）		√	
	产出稳定性	产出波动	产出增长率			√
		价格波动	通货膨胀增长率			√
	结构稳定性	国民经济结构	非国有控股工业企业产成品/GDP	√		
		产业结构	第二产业增加值/GDP	√		
			第三产业增加值/GDP	√		
		收支结构	净出口总额/GDP	√		

（接上页注③）质量阶段性特征：1978～2014年》，《改革》2015年第8期；魏敏、李书昊：《新常态下中国经济增长质量的评价体系构建与测度》，《经济学家》2018年第4期；汪丽娟：《中国对外直接投资对国内经济高质量发展的影响研究》，《国际商务（对外经济贸易大学学报）》2019年第5期。

续表

一级指标	二级指标	基础指标	代理变量	指标属性		
				正指标	逆指标	适度指标
增长可持续性	远期增长动力	研发投入	规模以上工业企业 R&D 经费/GDP	√		
		人力资本水平	普通高中毕业生数/年末常住人口	√		
	生态环境治理	大气污染治理	治理废气项目完成投资/GDP	√		
		污水治理	治理废水项目完成投资/GDP	√		

（二）数据来源与描述性统计

本报告的样本主要包括 30 个省、自治区、直辖市① 2008～2019 年的各项经济指标，数据来源于历年《中国统计年鉴》和各地方统计年鉴。变量的描述性统计结果如表 2 所示，其中构造各省份经济增长质量评价指标的基础变量有 24 个，其他变量为分析对外直接投资对经济高质量发展的影响所需的变量。针对个别变量存在的数据缺失情况，我们使用上一年和下一年观测值的均值进行了填补②，最终包括 360 个样本。

（三）广东经济增长质量分析

在此主要选取与广东经济规模较为相近的江苏、浙江和山东三个省份，以及全国作为对照组，来比较分析广东的经济增长质量。

从经济增长质量总体水平来看，2008～2019 年，广东、江苏、浙江、山东经济增长质量与全国经济增长质量变化趋势一致（见图 1），都呈现整体上升的趋势，并伴随小幅度的波动。另外，广东经济增长质量整体略优于其他三省和全国平均水平。

---

① 因西藏自治区的数据缺失较多，因此剔除了这部分样本。
② 2010 年缺失规模以上工业企业 R&D 经费数据，使用 2009 年和 2011 年的均值填补；2018 年缺失治理废气项目完成投资数据和治理废水项目完成投资数据，使用 2017 年和 2019 年的均值填补。

表2 变量描述性统计结果

变量类型	变量	单位	均值	标准差	最小值	中位数	最大值
	GDP	亿元	21640.71	18438.46	1018.62	16118.49	107671.07
	房地产开发投资	亿元	2751.93	2424.88	51.19	2080.66	15852.16
	企业劳动生产率(按总产值计算,建筑业)	万元/人	29.95	11.05	10.38	29.47	84.25
	电力消费量	亿千瓦时	1777.82	1319.14	121.72	1358.36	6695.85
	社会消费品零售总额	亿元	8608.19	7751.62	259.70	6263.70	42951.80
	工业增加值	亿元	8329.50	7476.54	300.63	6091.06	39398.46
	农林牧渔业增加值	亿元	1832.51	1302.27	105.57	1659.21	5476.47
	金融业增加值	亿元	1423.59	1497.57	36.54	914.65	8881.41
	参加失业保险人数	万人	543.67	515.25	35.43	398.61	3498.79
构造指标相关变量	年末常住人口	万人	4522.18	2710.90	554.00	3833.00	11521.00
	技术市场成交额	亿元	296.15	653.21	0.56	77.12	5695.28
	规模以上工业企业财务费用	亿元	352.38	305.98	16.31	237.72	1667.65
	规模以上工业企业负债合计	亿元	16382.38	13960.90	694.33	12353.03	77970.04
	城镇单位在岗职工平均实际工资指数	上年=100	108.70	3.25	99.60	108.40	120.20
	居民消费价格指数	上年=100	102.67	1.82	97.70	102.40	110.10
	规模以上工业产成品	亿元	1129.55	1173.67	34.52	757.69	6417.63
	国有控股工业产成品	亿元	266.30	159.38	5.80	239.33	865.17
	第二产业增加值	亿元	9565.17	8521.35	1.21	7188.58	44270.51
	第三产业增加值	亿元	10145.25	9601.88	355.93	7168.64	59773.38
	净出口总额	亿元	725.42	4447.68	-18753.05	216.62	16433.54
	规模以上工业企业R&D经费	亿元	284.42	394.97	0.88	130.51	2314.86

续表

变量类型	变量	单位	均值	标准差	最小值	中位数	最大值
构造指标相关变量	普通高中毕业生数	万人	26.52	17.07	3.24	23.82	74.98
	治理废气项目完成投资	亿元	13.58	15.54	0.01	8.33	128.14
	治理废水项目完成投资	亿元	4.04	4.30	0.01	2.69	29.55
	经济增长质量 (quality)	/	0.00	1.00	-3.76	-0.17	4.37
回归分析相关变量	非金融类对外直接投资存量 (ofdi)	亿元	708.74	1656.56	0.34	211.39	13271.15
	地区生产总值增长率 (GDPgrowth)	/	0.10	0.08	-0.28	0.09	0.28
	经营单位所在地进出口总额 (open)	亿元	8111.80	13504.25	37.58	2348.58	71763.36

注：按照国家统计局的规定，"规模以上工业"在1998~2006年是指全部国有及年主营业务收入达到500万元及以上的非国有工业法人企业，在2007~2010年是指年主营业务收入达到500万元及以上的工业法人企业，在2011年之后是指年主营业务收入达到2000万元及以上的工业法人企业；净出口总额的原始数据单位为千美元，已根据各年份汇率折算；非金融类对外直接投资存量的原始数据单位为万美元，已根据各年份汇率折算，原始数据来源于商务部历年《对外直接投资统计公报》；经营单位所在地进出口总额的原始数据单位为千美元，已根据各年份汇率折算。

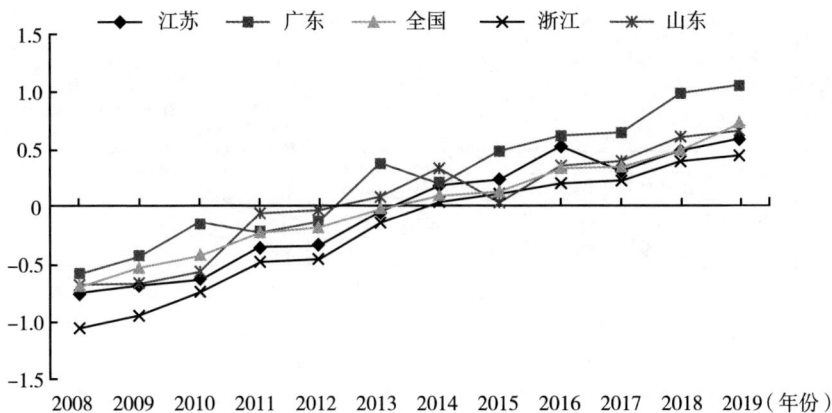

图1 广东与其他省份经济增长质量变化趋势

从经济增长效率来看（见图2），一是广东、江苏、浙江、山东经济增长效率及全国经济增长效率呈稳定上升趋势；二是与其他省份相比，广东经济增长效率的上升速度较快。

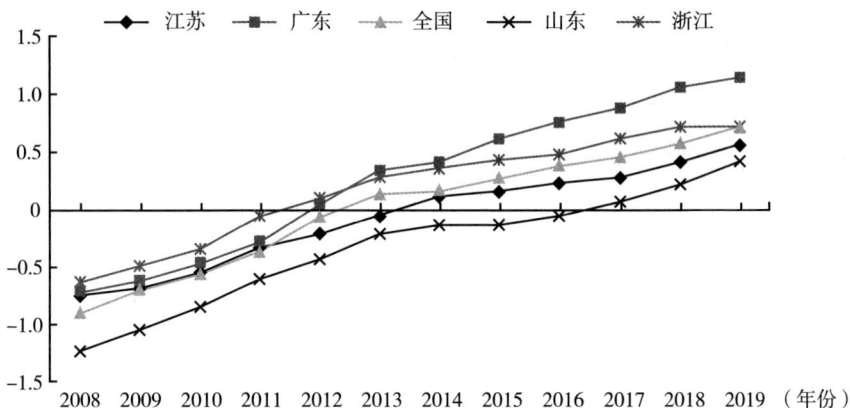

图2 广东与其他省份经济增长效率变化趋势

从经济增长稳定性来看（见图3），广东、江苏、浙江、山东均弱于全国平均水平，这可能与这些省份的外向型经济特征相关，更容易受到要素供给价格的影响，且近年来的经济结构调整和产业升级也影响了这些省份的产业结构和收支结构稳定性。

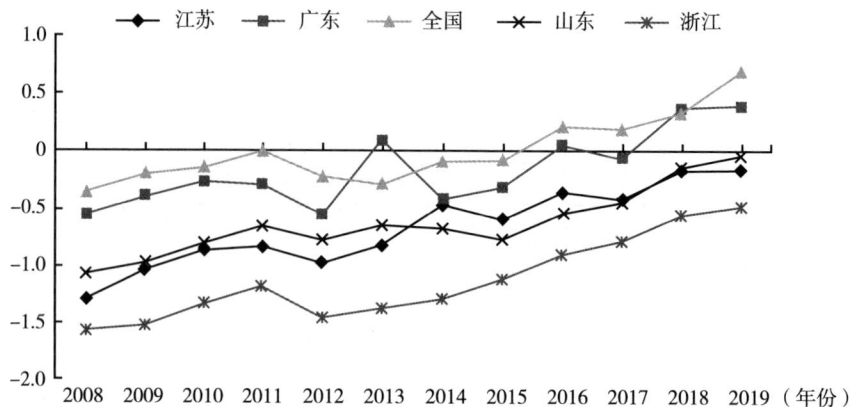

图3　广东与其他省份经济增长稳定性变化趋势

从经济增长可持续性来看（见图4），首先，广东经济增长可持续性优于全国平均水平，但较弱于山东、江苏、浙江三省，并呈现缓慢上升的趋势。其次，值得关注的是，广东、江苏、浙江、山东经济增长可持续性大幅度领先于全国平均水平。可能的原因是这四个省份均属于中国东部沿海地区，产业结构更为合理，人力资本水平更高，生态环境治理能力更强，因而经济发展更具有可持续性；而中国中西部地区产业大多属于劳动密集型产业，粗放式的发展模式使得其经济发展可持续性较差。

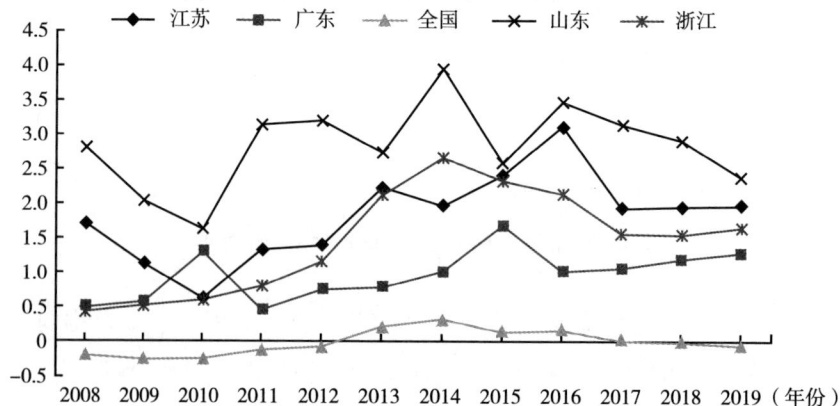

图4　广东与其他省份经济增长可持续性变化趋势

综上可见，根据我们构造的经济增长质量各项指标，我们得到以下主要结论：一是四省份及全国的经济增长质量、经济增长效率和经济增长稳定性均呈现明显的上升趋势，但经济增长可持续性的波动性较大；二是广东经济质量和经济增长效率均优于其他三省和全国平均水平；三是在经济增长可持续性方面，广东虽然优于全国平均水平，但落后于其他三个省份。

二 对外直接投资影响广东经济高质量发展的经验分析

基于前文的分析，我们使用面板固定效应模型检验对外直接投资对广东经济增长质量的影响：

$$quality_{it} = \alpha_0 + \alpha_1 \ln ofdi_{it} + \alpha_2 GDPgrowth_{it} + \alpha_3 \ln open_{it} + \mu_i + \lambda_t + \varepsilon_{it} \tag{1}$$

其中，μ_i 为个体固定效应，λ_t 为年度固定效应。被解释变量为 $quality$，即各省份的经济增长质量；关键解释变量 $\ln ofdi$ 为取对数后的各省份非金融类对外直接投资存量。控制变量包括：经济发展水平（$GDPgrowth$），用各省份的地区生产总值增长率表示；对外经济往来情况（$\ln open$），用各省份的经营单位所在地进出口总额的对数来表示。经济发展水平和对外经济往来情况与对外直接投资相关，并且是影响经济增长质量的重要因素，因此作为控制变量放入模型中。

为了比较广东与其他省份的差异，我们在回归模型（1）中增加了虚拟变量 $Guangdong$，表示是否为广东，若样本为广东则取 1，否则取 0，从而得到模型（2）。我们关心的系数为交乘项 $\ln ofdi \times Guangdong$ 的系数，若该系数大于 0 且显著，则说明相比其他省份，广东的对外直接投资对经济增长质量的影响更大。

$$quality_{it} = \beta_0 + \beta_1 \ln ofdi_{it} + \beta_2 \ln ofdi_{it} \times Guangdong_i + \beta_4 GDPgrowth_{it}$$
$$+ \beta_5 \ln open_{it} + \mu_i + \lambda_t + \varepsilon_{it} \tag{2}$$

模型（1）和模型（2）的估计结果如表 3 所示。

表3 对外直接投资对经济增长质量的影响

变量	（1）	（2）	（3）	（4）	（5）
ln*ofdi*	0.357 ***	0.094 **	0.105 **	0.092 **	0.104 **
	(0.024)	(0.043)	(0.043)	(0.043)	(0.043)
ln*ofdi* × *Guangdong*				0.083	0.060
				(0.073)	(0.074)
GDPgrowth			0.393		0.361
			(0.336)		(0.339)
ln*open*			− 0.150 **		− 0.144 **
			(0.064)		(0.065)
Constant	− 1.865 ***	− 1.012 ***	0.064	− 1.025 ***	0.011
	(0.132)	(0.149)	(0.481)	(0.149)	(0.485)
个体固定效应	否	是	是	是	是
年度固定效应	否	是	是	是	是
N(个)	360	360	360	360	360
R^2	0.381	0.706	0.712	0.707	0.712

注：***、**、* 分别表示在1%、5%、10%的水平上显著；括号内数值为估计的标准误；余同。

由表3可知以下两点。一是对外直接投资对经济增长质量有显著的正向影响，从第（1）~（5）列中均可以看到 ln*ofdi* 的系数显著为正。在第（3）列中，我们控制了个体和年度固定效应，并控制了各省份的经济发展水平和对外经济往来情况，ln*ofdi* 的系数为0.105且在5%的水平上显著，这意味着平均而言，对外直接投资每增加1%，经济增长质量将提高0.1%。二是从第（5）列中我们发现，交乘项 ln*ofdi* × *Guangdong* 的系数并不显著，这意味着与其他省份相比，广东对外直接投资对经济增长质量的影响并无显著差异。

总体而言，我们发现对外直接投资显著促进了中国各省份的经济增长质量，这一实证结果与中国倡导的企业"走出去"的政策目标较为一致。究其原因，其一可能是对外直接投资带来的技术溢出效应提高了经济增长的效率；其二可能是企业海外投资虽然在一定程度上挤出了国内就业和出口，但同时也可能提高了企业的要素配置效率和优化了产业结构，进而提升了经济增长稳定性;其三可能是对外直接投资导致的产业转移在一定程度上使得母国环境得到改善,并且技术溢出效应使得人力资本水平提升,促进了经济增长的可持续性。

因此接下来,我们将继续分指标检验对外直接投资对经济增长质量各个维度的影响,以探索对外直接投资促进经济增长质量的可能渠道。

从表4的第(1)列、第(3)列和第(5)列可以看到,对外直接投资主要是通过促进增长效率来提升增长质量,仅第(1)列中 lnofdi 的系数在1%的水平上显著;而对经济增长稳定性和可持续性的影响则并不明显,lnofdi 的系数在第(3)列中不显著,在第(5)列中在10%的水平上显著。此外,我们也从第(2)列、第(4)列和第(6)列中发现,交乘项 lnofdi × Guangdong 的系数基本不显著,仅在第(2)列中在10%的水平上显著,这意味着与其他省份相比,广东对外直接投资对经济增长质量的影响并不存在明显差异。

表4 对外直接投资对经济增长效率、增长稳定性、增长可持续性的影响

变量	(1)增长效率	(2)增长效率	(3)增长稳定性	(4)增长稳定性	(5)增长可持续性	(6)增长可持续性
lnofdi	0.100***	0.098***	0.062	0.062	0.107*	0.105*
	(0.032)	(0.032)	(0.071)	(0.071)	(0.057)	(0.057)
lnofdi × Guangdong		0.095*		-0.010		0.071
		(0.054)		(0.122)		(0.097)
GDPgrowth	1.060***	1.010***	-0.515	-0.510	0.441	0.403
	(0.249)	(0.250)	(0.557)	(0.561)	(0.442)	(0.445)
lnopen	-0.026	-0.017	-0.199*	-0.200*	-0.187**	-0.180**
	(0.048)	(0.048)	(0.106)	(0.107)	(0.084)	(0.085)
Constant	-1.045***	-1.130***	0.923	0.932	0.850	0.786
	(0.356)	(0.359)	(0.796)	(0.804)	(0.632)	(0.638)
个体固定效应	是	是	是	是	是	是
年度固定效应	是	是	是	是	是	是
N(个)	360	360	360	360	360	360
R²	0.871	0.872	0.313	0.313	0.226	0.228

表5检验了分区域对外直接投资对经济增长质量及各子指标的影响。为了进一步比较各省份对外直接投资和经济增长质量的联系，引入两个交乘项 $\ln ofdi \times East$ 和 $\ln ofdi \times Middle$，将样本分为东、中、西部进行分析。其中，$East$ 表示东部地区，若为北京、天津、河北、辽宁、上海、江苏、浙江、福建、山东、广东和海南，则取1，否则为0；$Middle$ 表示中部地区，若为山西、吉林、黑龙江、安徽、江西、河南、湖北和湖南，则取1，否则为0；其余西部各省份作为对照组。

表5　分区域对外直接投资对经济增长质量及各子指标的影响

变量	(1)增长质量	(2)增长效率	(3)增长稳定性	(4)增长可持续性
$\ln ofdi$	0.004	0.024	0.006	− 0.063
	(0.048)	(0.035)	(0.081)	(0.061)
$\ln ofdi \times East$	0.129 ***	0.098 ***	0.071	0.211 ***
	(0.030)	(0.023)	(0.052)	(0.039)
$\ln ofdi \times Middle$	0.107 ***	0.067 ***	0.060	0.215 ***
	(0.033)	(0.025)	(0.057)	(0.043)
$GDPgrowth$	0.291	0.980 ***	− 0.572	0.280
	(0.328)	(0.243)	(0.558)	(0.420)
$\ln open$	− 0.075	0.036	− 0.158	− 0.078
	(0.067)	(0.050)	(0.114)	(0.086)
$Constant$	− 0.451	− 1.469 ***	0.639	0.088
	(0.493)	(0.366)	(0.840)	(0.632)
个体固定效应	是	是	是	是
年度固定效应	是	是	是	是
N(个)	360	360	360	360
R^2	0.729	0.879	0.318	0.310

从表5中可以看出：其一，第（1）列的交乘项系数均显著为正，这说明从经济增长质量来看，相比西部地区，东部与中部地区的对外直接投资对经济增长质量的影响更大；其二，第（2）列和第（4）列的交乘项系数均显著为正，这意味着相比西部地区，东部与中部地区的对外直接投资对经济

增长效率和增长可持续性的影响更大；其三，第（3）列的交乘项系数并不显著，表明东部与中部地区的对外直接投资对经济增长稳定性的影响与西部地区并无明显差异。由此可见，中国的东、中、西部在经济增长质量方面，仍然存在一定程度的差异和不平衡发展。

三　广东经济高质量发展的政策建议

本报告从经济增长效率、增长稳定性和增长可持续性的角度对广东经济增长质量展开分析，对标重点省份，探索对外直接投资影响经济增长质量的作用机制。基于分析，我们提出以下几点政策建议。

首先，广东应当继续发挥作为中国对外投资主力军作用，坚持"走出去"的开放政策。以去产能、去库存、去杠杆为导向，加强与东道国的绿色产能合作，降低省内低效产业占比。强化现代流通体系建设，提高商品和要素的流通效率。加强企业投融资风险体系建设，降低企业负债率，降低金融杠杆风险。

其次，优化对外投资质量，充分利用全球市场和技术，提高省内企业科技创新能力，提高投资产出效率。发挥电子、电器、机械、纺织、互联网等优势产业的辐射作用，保持对外投资实力，同时通过对外投资引入先进技术、装备、管理经验、人才等，促进省内企业关键技术短板的补强。

最后，应积极引导企业对外投资，考虑不同行业、不同国家和地区的投资策略差异。发挥对外直接投资对母国经济的传导机制，优化产业结构、提高产出效能、强化科技创新能力，降低经济波动风险，助力本省经济高质量发展。

专题报告
Special Reports

B.8
广东医药工业对外经贸发展研究

李未无*

摘　要：　医药工业及其对外经贸是广东经济重要的组成部分，包括医
药制造业和医疗器械制造两大部分。通过深入研究，发现广
东医药工业有以下特点。一是2000~2019年，广东医药品进出
口贸易除了在2010年是顺差外，其余各年皆为逆差，且逆差有
扩大趋势。二是广东医疗器械制造比广东医药制造业有更强的
出口竞争优势。三是与化学药品原料药制造和化学药品制剂制
造的出口相比，广东中药材及中成药出口下降特别严重。四是
外资企业对广东医药制造业投资的贡献度自2006年以来不断下
降，2010年以后外资企业在广东医药制造业产值和出口中的占
比不断下降，竞争力和地位呈弱化趋势。五是受中美贸易摩擦
的影响，广东医药品生产企业主要通过降价维持对美出口。六
是广东医药工业对外经贸逐步落后于其他的医药制造强省，且

---

　*　李未无，博士，广东外语外贸大学经济贸易学院教授，研究方向为国际经济。

差距越来越大。七是广东医药制造业新产品收入中的出口收入占比长期低于全国平均值，也明显低于其他医药制造强省，表明广东医药制造业新产品出口竞争力较弱。最后，本报告依据广东医药工业对外经贸发展过程中表现出的特征事实和薄弱之处，给出了针对性较强的政策建议。

关键词： 医药外贸 医药工业 广东

一 引言

2020 年新冠肺炎疫情席卷全球，在经济全球化和交通现代化背景下，人员的跨国流动更加频繁，疫情很快传播到世界各地。许多国家从此次疫情中汲取的宝贵经验就是必须建立本国完整的医药工业体系，这是一种基于战略性视角看待医药行业的思路。中国之所以经受住此次疫情的严峻考验，在一定程度上取决于较为完整的医药工业供应链体系。但是，此次疫情也暴露出我国医药卫生行业的不足之处，其中之一是我国在高端医药产品（如生物医药）方面仍然存在短板。

医药工业包括医药制造业和医疗仪器设备及器械制造（以下简称"医疗器械制造"）。根据国民经济行业分类标准（2017 年），医药制造业涵盖化学药品原料药制造、化学药品制剂制造、中药饮片加工、中成药生产、兽用药品制造、生物药品制品制造、卫生材料及医药用品制造和药用辅料及包装材料八个子行业；医疗器械制造属于专用设备制造业的一个子行业。医药工业属于典型的技术资金密集型产业，也是无可争议的高技术产业，具有高投入、高风险和高回报等特征，而且因为事关广大人民群众的生命安全，被政府纳为特殊管制行业，具有较高的进入壁垒和技术标准门槛。医药工业产品往往是化学原料、化学制品、种植业、轻工业、机械和电子等行业的下游产品，不少医药技术还有较强的外溢性，完全可以移植到食品、饲料、饮料、化妆品和添加剂等行业，医药工业的快速发展对于这些产业或产品具有较强的拉动效应。

随着经济的快速发展、民众医疗保健意识的增强，加之越发明显的人口老龄化趋势，医药市场呈现不断发展的局面，必将成为拉动经济增长的重要动力。因此，广东应将医药工业打造成推动经济高质量发展、创造产业新优势的一个关键突破口。广东作为我国经济、科技和教育最发达的地区之一，理应承担大力发展医药工业之重任。遗憾的是，目前医药制造业在广东工业中的地位相对较低，2019 年其产值占全省工业总产值的比重仅为 1.16%，医药制造业算不上是广东的支柱产业，这也表明广东医药工业还有很大的发展空间和较强的成长性。因此，本报告将从多个视角回顾和分析改革开放以来，特别是 2000 年之后，广东医药工业对外经贸的发展状况、产业基础及国内外因素对广东医药工业对外经贸发展的影响，并指出其中一些关键特征和待解之谜。

二 广东医药工业对外经贸发展状况

（一）广东医药工业进出口发展历程

广东是中国改革开放的前沿地区，经济发展高度依赖对外经济贸易，外贸规模连续多年居全国首位，占据中国外贸的 1/4 左右。在广东医药工业进出口发展历程中，各个行业呈现不同的趋势和规律。

1. 进入21世纪以来广东医药制造业的出口规模明显弱于医疗器械制造

2000 年以前，广东医药制造业产值占全国医药制造业产值的比重一直保持在 10% 以上，长期位居全国第一，江苏和上海则分别排在第二位和第三位，占比低于广东两到三个百分点。2000 年以后，广东医药制造业产值占全国的比重逐年下降，特别是 2005 年以来，平均占比仅在 6% 左右。与此同时，广东医疗器械制造的主营收入占全国医疗器械制造主营收入的比重却在不断提升。从出口看，广东医药工业出口贸易呈现以下特征。

（1）除了 2000 年以外，其余年份广东医疗器械制造的出口额都大于广东医药制造业的出口额，且差额呈增大趋势，2018 年差额高达 218.35 亿元，该年医疗器械制造的出口额是医药制造业出口额的 3.6 倍（见图 1）。由此可知，广东医疗器械制造相比医药制造业具有更强的国际竞争优势。

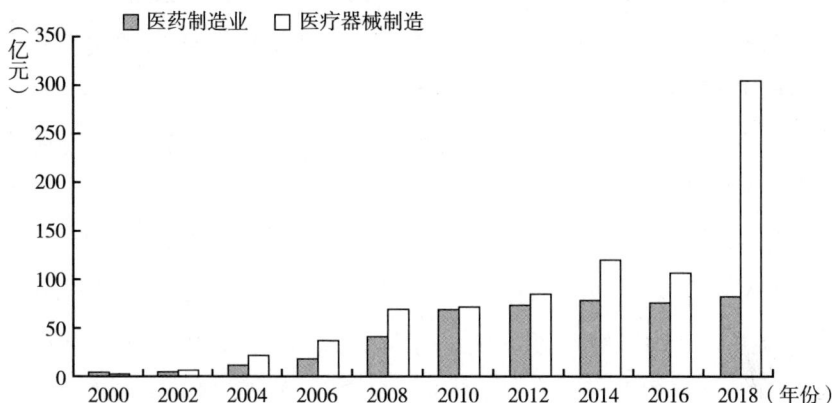

图 1　2000～2018 年广东医药工业出口额

数据来源：历年《广东工业统计年鉴》。

（2）2010 年之前，广东医药制造业出口增长较快，出口额从 2000 年的 6.48 亿元增至 2010 年的 70.86 亿元，十年间增长了 9.94 倍。2010 年之后，广东医药制造业出口增长乏力，2018 年出口额是 83.9 亿元。造成这一现象的原因较为复杂，可能来自国外诸多不利因素，如国际金融危机的延续影响，也可能来自广东自身一些不利因素的累积。当然，也可能是因为医药制造业出口额基数变大，增长速度不可能再像以往那么快。

（3）2000 年以来广东医疗器械制造出口总体保持较快增长，出口额从 2000 年的 3.52 亿元增至 2010 年的 73.11 亿元，十年间增长了 19.77 倍。2010 年之后广东医疗器械制造出口继续保持快速发展，2018 年出口额高达 302.25 亿元，是 2010 年的 4.13 倍。其背后的原因可能是医疗器械类产品实质上是电子、信息、机械和电气等产业的综合体，而广东拥有深厚的产业链基础和比较优势。

2. 广东医药制造业出口结构呈不稳定态势

广东医药制造业主要包括化学药品原料药制造、化学药品制剂制造、中药材及中成药加工①、兽用药品制造、生物药品制品制造和卫生材料及医药用品制造六个子行业。2000 年和 2002 年的出口结构中没有包含兽用药品制造和卫生材料及医药用品制造，2004 年则缺乏兽用药品制造，其余年份的出口结构较为完整，包含了全部六个子行业，但兽用药品制造在有些年份的出口结构中占比很小。

由图 2 可知，广东医药制造业出口结构具有几个突出的特征。一是化学药品原料药制造的出口占比呈明显的先降后升态势，从 2002 年高达 43% 的占比下降到 2012 年的 17%，然后逐步上升至 2018 年的 38%。二是 2014 年以前（2002 年除外），化学药品制剂制造的出口占比长期居高位，2006 年最高，达 45%。2014 年以后，该子行业的出口占比有所下降，2016 年和 2018 年分别为 14% 和 19%，远低于化学药品原料药制造的出口占比。三是生物药品制品制造的出口占比呈先升后降走势，2012 年以前（2008 年除外），该子行业出口占比从 2000 年的 8% 不断上升，2012 年最高达 24%。2012 年以后则呈下降态势，2018 年出口占比降为 13%。由于生物药品制品的科技含量较高，且出口结构优化主要依靠高技术产品，因此要警惕该子行业出口占比下降的情形。四是卫生材料及医药用品制造的出口占比长期保持在 20% 左右，今后需要继续稳定这类产品的出口。五是广东中药材及中成药加工行业的出口占比下降特别剧烈，从 2000 年 27% 的占比下跌为 2010 年的 9%，2018 年仅为 7%。相比化学药品原料药制造和化学药品制剂制造，中药材及中成药出口占比不断低迷是不争事实。鉴于目前广东中药材及中成药的生产规模很大，如何促进该行业的出口是一个值得研究的重大问题。

3. 广东医药品进口长期保持高速增长

由图 3 可知，广东医药品进口贸易具有以下特点。一是 2006 年以前的进口规模相对较小，2000 年是 22989 万美元，2006 年为 48242 万美元，增

---

① 2000～2002 年的《广东工业统计年鉴》将中药制造划分为中药材及中成药加工，2003～2016 年的《广东工业统计年鉴》将中药制造划分为中药饮片加工、中成药制造，2017 年以后的《广东工业统计年鉴》将中药制造划分为中药饮片加工、中成药生产。鉴于此，本报告后文统一采用"中药材及中成药加工"这一统计口径进行相关数据的整理与分析。

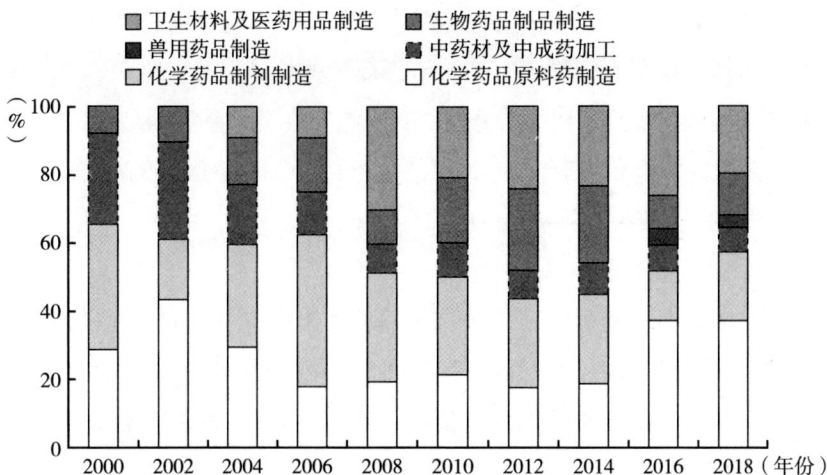

图2　2000~2018年广东医药制造业出口结构

数据来源：历年《广东工业统计年鉴》。

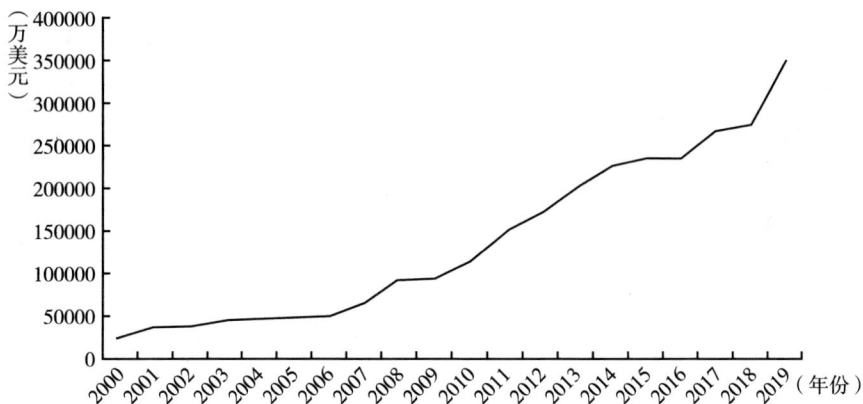

图3　2000~2019年广东医药品进口额

数据来源：历年《广东统计年鉴》。

长速度相对较慢，平均每年增长13.15%。二是2007年以后，进口规模快速扩大。2010年广东医药品进口额是111642万美元，医药品进口额首次突破10亿美元，2014年为223425万美元，2019年突破30亿美元达到345274万美元。2006~2019年广东医药品进口额平均每年进口增速高达16.35%。

近10年来广东医药品进口之所以快速增长，与广东医药市场开放度不断提高、医药品进口环节税费大幅减免、药械审评政策的持续优化、创新药和罕见药进口政策大幅调整等紧密相关。另外，这可能反映了随着广东居民收入水平不断提高，人们越来越重视身体健康，愿意也能够消费得起价格较高的进口药品；也反映了国家医保政策红利更多惠及广大患者。

4. 广东医药品进出口贸易长期呈逆差状态

受制于数据的可得性，广东医药工业的进出口贸易差额状况难以得到准确反映，但我们可以通过广东医药品进出口差额粗略了解广东医药工业（主要是医药制造业）的对外贸易情况（见表1）。广东医药品进出口差额有以下几个突出特征。

表1　2000~2019年广东医药品进口额、出口额及进出口差额

单位：万美元

年份	医药品出口额	医药品进口额	出口与进口差额
2000	13937	22989	-9052
2001	14210	34500	-20290
2002	16828	36234	-19406
2003	19881	42216	-22335
2004	21994	41738	-19744
2005	30986	44855	-13869
2006	36691	48242	-11551
2007	47074	63856	-16782
2008	65538	91014	-25476
2009	86851	94707	-7856
2010	120977	111642	9335
2011	105363	147068	-41705
2012	95031	168850	-73819
2013	95162	198624	-103462
2014	103235	223425	-120190
2015	108052	233586	-125534
2016	114269	232167	-117898

年份	医药品出口额	医药品进口额	出口与进口差额
2017	125031	264911	－139880
2018	147973	272788	－124815
2019	165644	345274	－179630

数据来源：历年《广东统计年鉴》。

（1）2000 年至 2019 年，广东医药品进出口贸易除了在 2010 年是贸易顺差外，其余各年皆为贸易逆差，且贸易逆差有扩大趋势，从 2000 年的9052 万美元提高到 2019 年的 179630 万美元，增长了 18.8 倍。

（2）2010 年以前，贸易差额变动较大，部分原因是 2008 年国际金融危机对国际贸易的冲击。2010 之后，特别是 2013 年以来，贸易逆差呈平稳增大态势，反映了广东医药品国际竞争力呈弱化趋势，其背后的诱因是一个值得深思的问题。

（二）外资企业对广东医药工业对外经贸发展的影响

改革开放政策之所以能促进我国经济快速增长，其中的一项关键措施是努力吸引外商直接投资（FDI）。广东作为我国最早实施改革开放政策的前沿热土，一直以来都是外商投资的重要目的地，那么作为技术资金密集型的广东医药工业是否也受益于此呢？此外，鉴于外商直接投资与对外贸易之间的天然联系，外资企业对于广东医药工业出口的贡献如何？

1. 外资企业对广东医药制造业产值的贡献具有前高后低之特征

2010 年以前，外资企业在广东医药制造业产值中的占比为 45% 左右，2008 年高达 47.2%，外资企业几乎创造了近一半的医药制造业产值。2010 年以后外资企业在广东医药制造业产值中的占比不断下降，2018 年仅为 31.8%（见表 2）。外资企业在广东医药制造业产值中的占比为何连续下跌又是一个待解之谜，只有搞清楚背后的原因，才能止跌回升。

表2　外资企业在广东医药制造业产值和出口中的占比

指标	2000年	2002年	2004年	2006年	2008年	2010年	2012年	2014年	2016年	2018年
产值占比	0.450	0.455	0.452	0.406	0.472	0.443	0.368	0.368	0.337	0.318
出口占比	0.560	0.516	0.667	0.841	0.785	0.884	0.650	0.624	0.561	0.360

数据来源：对历年《广东工业统计年鉴》进行整理计算得到。

2. 外资企业对广东医药制造业出口的贡献表现为先大后小

2010年以前，外资企业在广东医药制造业出口的占比很高，2002年的51.6%是最低值，2006年和2010年分别高达84.1%和88.4%，外资企业贡献了广东医药制造业的绝大部分出口。2010年以后外资企业在广东医药制造业出口中的占比不断下降，2018年为36%（见表2）。显然，外资企业在广东医药制造业产值和出口中的占比变动特征几乎一样。

3. 外资企业对广东医药制造业投资的贡献度在2006年以后不断下降

外资企业资本投入在全部实收资本中的占比变化可以作为其对广东医药制造业投资贡献度的测度指标。境外流入资本一般分为港澳台资本和外商资本。2006年以前，境外流入资本在广东医药制造业当年全部实收资本中的占比呈上升趋势（见图4），2000年占比为29.2%，2006年达到36.3%，随后占比不断下降，特别是在2008年国际金融危机以后快速下降，2018年的占比仅为21.4%，这就意味着2018年广东医药制造业近80%的投资来自国内。分开来看，外商资本在2006年以前占比不断上升，最高达21.4%，之后呈持续下降趋势，2018年仅为8.5%。港澳台资本在大多数年份的占比低于外商资本，总体来看也呈下跌态势，但变动幅度相对较小，2000年占比最高达18.4%，2018年为12.9%。以上数据表明，外资企业对广东医药制造业投资的贡献度自2006年以来不断下降。

4. 外资企业对广东医药制造业各行业投资具有显著的差异性

医药制造业涵盖了化学药品原料药制造、化学药品制剂制造、生物药品制品制造等子行业，由于每个子行业具有不同的特征，所以不同子行业可能对外资企业的吸引力存在差异性（见表3）。化学药品制剂制造一直以来都是港澳台资本投资最多的子行业，2018年尤为突出，港澳台资本高达31.22亿元，

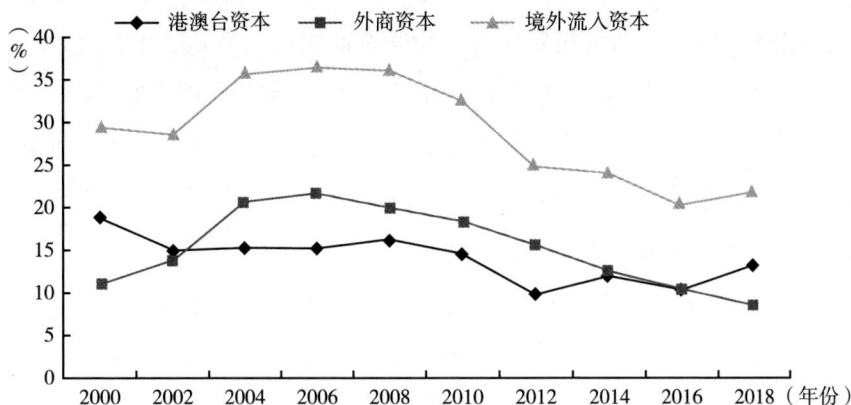

图4 2000～2018年广东医药制造业境外流入资本构成

数据来源：历年《广东工业统计年鉴》整理计算得到。

表3 广东医药制造业五个子行业的港澳台资本和外商资本

单位：千元

年份	化学药品原料药制造		化学药品制剂制造		中药材及中成药加工		生物药品制品制造		卫生材料及医药用品制造	
	港澳台资本	外商资本	港澳台资本	外商资本	港澳台资本	外商资本	港澳台资本	外商资本	港澳台资本	外商资本
2000	68698	96282	769753	570263	390908	113859	93820	965	未统计	未统计
2002	103351	137396	606507	779212	492609	149116	93896	141651	未统计	未统计
2004	167081	300280	695199	1106083	640972	486637	121520	380150	54118	5440
2006	179772	389833	902187	1053525	670300	484101	60182	514836	36062	213247
2008	197133	610489	1006322	842657	900995	642540	179026	458934	122884	426663
2010	371852	740523	1573124	1060458	635475	975107	92750	213740	119719	550906
2012	512930	1149447	911356	979793	772217	554455	54333	640108	86224	403243
2014	107783	1029247	1858449	945155	1265611	564223	150543	685524	80623	406079
2016	241520	1026829	2207737	875905	1228547	554124	99691	898778	113954	668996
2018	120395	1156064	3122110	830861	2165811	516221	177729	652976	53783	572638

数据来源：历年《广东工业统计年鉴》。

141

远超其他几个子行业。中药材及中成药加工也长期受到港澳台资本的青睐，港澳台资本对该子行业的投资仅次于化学药品制剂制造，2018 年投入资本为 21.66 亿元。外商资本早先主要投资于化学药品制剂制造，后来除了继续投资该子行业外，也加大了对化学药品原料药制造的投资，2018 年也加大了对生物药品制品制造和卫生材料及医药用品制造的投资力度。总体而言，外商资本比港澳台资本在医药制造业各子行业的投资更为均衡。

5. 外资企业对广东医疗器械制造资本形成的贡献度在2010年之后明显下降

如图 5 所示，2000～2010 年，境外流入资本在广东医疗器械制造当年全部实收资本的占比较高，平均是 42.93%，特别是 2002 年、2008 年和 2010 年，这三年的占比近 50%，也就是说广东医疗器械制造中近一半的投资来自境外资本。2010 年以后这一占比快速下降，2012 年至 2018 年平均占比为 28.67%。分开来看，外商资本在大多数年份的占比远高于港澳台资本，但其变动幅度更大，外商资本的占比在 2008 年达到最大值 33.8%，2016 年最低为 9.3%，相差 24.5 个百分点。港澳台资本的占比总体来看也呈下降态势，但变动幅度相对较小。以上数据表明，外资企业对广东医疗器械制造资本形成的贡献度自 2010 年以来不断下降。

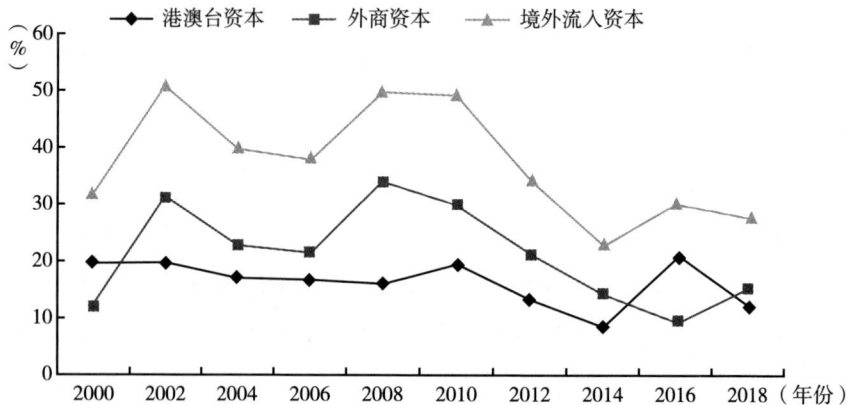

图 5　2000～2018 年广东医疗器械制造境外流入资本构成

数据来源：历年《广东工业统计年鉴》。

三　广东医药工业对外经贸发展的产业基础

（一）广东医药制造业生产规模之历史沿革

广东医药制造业的发展历程可以从两个层面进行说明，一是基于广东医药制造业产值在全国医药制造业产值中的占比，二是从广东医药制造业产值在广东工业总产值中的占比。另外还可以通过与其他省份的比较分析，更清晰地展示广东医药制造业的发展过程。

1. 2000年以后广东医药制造业生产在全国的地位明显下降

20世纪80年代末至2000年，广东医药制造业产值占全国医药制造业产值的比重一直保持在10%以上（见表4），长期位居国内第一。在此期间，江苏排在第二位，占比相对广东低一至三个百分点。2000年以后，广东医药制造业产值占全国的比重呈下降趋势，2005年以来，平均占比仅在6%左右。与此同时，江苏医药制造业产值却持续保持10%以上的增长率，且占比逐年显著提高，2018年占比高达14.3%，远超其他省区市。此外，2005年至2016年，山东医药制造业呈现爆发性增长态势，其产值增长率连续十二年排全国第一名，远远高于全国其他省区市。

2. 广东医药制造业在广东工业体系中长期处于弱势地位

2000年以来，广东医药制造业产值在其工业总产值中的占比较低，最高仅为1.48%，表明医药制造业在广东整个工业体系中处于弱势地位。特别值得注意的是，2000~2008年，广东医药制造业产值在全省工业总产值中的占比呈下降趋势，由2000年的1.47%下降为2008年的0.76%。2008年国际金融危机之后，广东医药制造业产值占比反向变化，表现出增长趋势，由2009年的0.91%提高到2016年的1.23%（见表5）。但2016年以后，广东医药制造业产值占比不断下降，2019年仅为1.16%，其背后的原因值得我们思考。

表4　中国主要省市医药制造业产值占全国医药制造业产值的比重

单位：%

省市	1985 年	1988 年	1990 年	1994 年	1997 年	2000 年	2001 年	2002 年	2005 年	2010 年	2013 年	2016 年	2018 年
北京	3.5	3.4	3.2	2.5	2.4	3.2	2.6	3.6	3.1	3.2	2.9	2.8	4.8
河北	5.5	5.3	5.0	5.4	6.5	6.2	8.3	6.9	5.1	4.0	3.3	2.9	3.8
辽宁	6.7	7.0	6.8	6.4	3.6	3.4	3.4	2.6	3.0	3.3	3.5	1.3	2.3
吉林	5.3	6.4	5.6	3.2	3.5	3.8	3.8	4.2	3.6	5.1	6.5	7.0	2.3
上海	10.8	7.6	7.8	7.6	7.7	7.1	9.0	6.2	5.1	3.5	2.8	2.4	3.7
江苏	9.0	9.6	9.6	10.5	8.8	8.9	6.6	10.0	10.9	12.1	13.3	13.5	14.3
浙江	4.3	4.5	4.6	5.7	5.5	8.5	11.7	9.0	10.0	6.6	5.0	4.6	6.0
江西	2.7	3.3	2.8	3.4	2.2	2.4	1.7	2.3	2.9	4.0	4.2	4.3	4.5
山东	4.6	4.7	5.3	6.7	8.4	5.7	6.8	6.9	12.9	13.8	15.6	16.4	11.2
河南	3.9	4.2	3.9	4.6	4.4	3.4	3.9	3.2	4.3	6.3	6.5	8.1	4.8
湖北	4.6	4.8	4.3	3.6	5.3	5.2	4.6	5.2	3.5	3.5	4.1	4.2	5.3
广东	9.3	10.2	11.7	14.4	10.8	10.3	9.8	9.0	6.7	6.8	5.7	5.4	6.6
四川	5.9	5.4	5.5	4.6	4.5	4.3	3.5	4.2	4.2	5.2	4.8	4.6	5.6

数据来源：根据相关年度的《中国工业经济统计年鉴》中的数据计算得到。

表5　广东医药制造业产值在全省工业总产值中的占比

年份	广东工业总产值 （亿元）	医药制造业产值 （亿元）	医药制造业 产值占工业 总产值比重(%)
2000	12480.93	183.88	1.47
2001	14035.35	207.75	1.48
2002	16378.6	214.70	1.31
2003	21513.46	246.56	1.15
2004	29554.92	258.84	0.88
2005	35942.74	286.75	0.80
2006	44674.75	372.09	0.83
2007	55252.86	432.12	0.78
2008	65424.61	498.65	0.76
2009	68275.77	618.00	0.91
2010	85824.64	800.49	0.93
2011	94871.68	920.62	0.97
2012	95602.09	1027.73	1.08
2013	109673.07	1222.46	1.12
2014	119713.04	1368.06	1.14
2015	124649.16	1484.49	1.19
2016	133768.04	1646.25	1.23
2017	135722.42	1646.31	1.21
2018	140398.93	1646.50	1.17
2019	146121.72	1695.66	1.16

数据来源：历年《广东工业统计年鉴》和《广东统计年鉴》。

（二）广东医药制造业产值结构之发展演变

2000年以来，广东医药制造业的产值结构出现了显著变化（见图6），主要表现在以下几个方面。一是化学药品制剂制造的产值占比从2000年的48%下降为2009的44%，2018年进一步降至33%。二是中药材及中成药加工的产值占比从2000年的36%下跌为2009年的28%，但在2018年又上升为45%，成为生产规模最大的产品类别。三是生物药品制品制造的产值占比从2000年的5.5%上升为2009年的13%，2018年又略微下降至11%。四是化学药品原料药制造的产值占比一直较为稳定，长期保持在9%～

10%。为什么化学药品制剂制造的产值占比下降如此之大？为何生物药品制品制造多年来一直没有取得显著进步？这些都是值得广东医药界深入思考的重大问题。

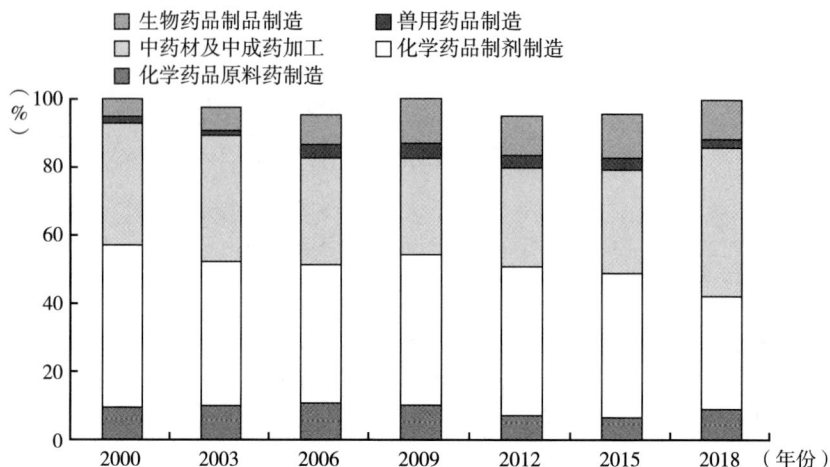

图6 广东医药制造业的产值结构

数据来源：历年《广东工业统计年鉴》。

（三）广东医疗仪器设备及器械制造生产经营规模之发展变化

医疗器械制造的主营收入自2000年以来实现了大幅增长（见表6）。一是2000~2018年，医疗器械制造的主营收入从6.36亿元提高到667.76亿元，增长了约104倍，远远高于全国医疗器械制造主营收入的增长率（1638%）；广东医药制造业的主营收入由158.33亿元提高到1566.31亿元，仅增长了8.89倍。二是广东医疗器械制造的主营收入占全国医疗器械制造的主营收入之比重不断提高，2000年占比仅为4.2%，2009年提高到14.87%，2018年则攀升至25.6%。三是广东医疗器械制造的主营收入占广东医药工业主营收入之比重也处于不断增长态势，2000年仅为3.86%，2009年为23.52%，2018年占比高达29.89%。显然，2009年以后广东医疗器械制造的发展速度快速降低，部分原因在于基数变大了。

表6　广东医疗器械制造的主营收入情况

单位：亿元

年份	广东医疗器械制造 主营收入	全国医疗器械制造 主营收入	广东医药制造业 主营收入
2000	6.36	150.16	158.33
2003	15.87	194.53	209.59
2006	71.89	454.01	325.76
2009	139.68	939.31	454.26
2012	222.67	1602.00	966.67
2015	317.08	2431.30	1407.88
2018	667.76	2610.00	1566.31
2000~2018年年均增长	29.51%	17.19%	13.58%

数据来源：历年《广东工业统计年鉴》和《中国高技术产业统计年鉴》。

（四）医药工业子行业产业链情况

1. 广东化学制药行业在其产业链中具有基础作用

化学制药行业主要包括化学药品原料药制造和化学药品制剂制造，化学药品原料药又细分为特色原料药与大宗原料药。特色原料药主要指那些专利过期，但可以合理仿制且获国际认证的药品；大宗原料药是指维生素和青霉素等不涉及专利问题且市场需求量大的传统化学原料药。相比大宗原料药，特色原料药附加值更高、规模相对较小、种类更丰富，对生产企业的研发能力、生产设施和生产经验的要求更高。2018年，在广东医药制造业的产值中，化学药品原料药制造和化学药品制剂制造占比分别是9%和33%，其利润率分别是15.39%和20.0%。这表明广东大多数原料药生产企业已经从生产低附加值的粗放性大宗原料药转向生产高附加值的精细性特色原料药，企业技术水平、生产工艺和药物质量得到明显提升。

化学药品原料药的上游行业包括基础化工和精细化工，化学药品原料药制造对上游化工原料的依赖性较强，上游产品的生产规模、产品质量和价格变动等会给下游的化学药品原料药企业带来显著影响。2014年以来，山东成为我国化学药品原料药生产规模最大的省份之一，同时也是我国化工生产最发达的省份之一。2018 年广东生产化学药品原料药 7.84 万吨，而山东高达 44.53 万吨；同时山东化工产业的生产规模远超广东，其产值约是广东的 2.85 倍。

2. 广东中药产业传统产业链不断优化升级

广东中药生产已有 1300 多年的历史，背后有着深厚的文化、地理和农业基础。广东是中国著名的中药材四大产区之一，广东全省中药药用植物超过 2500 种，是全国最大的商品药材集散地之一。广东省委、省政府于 2006 年做出建设中医药强省的决定，政府有关部门对中药产业进行了结构调整和优化升级，要求重点完善产业链和加强自主创新：一是重点扶持中药产业链的源头种植环节，从全省近百个规范化的中药材生产基地中挑选十个基地加以重点扶持；二是基于产业集聚之视角，着力打造五个核心区域集群，即佛山高新技术产业开发区中药产业园区、深圳国家生物技术与医药产业基地、珠海生物医药科技产业园、广州生物医药国家产业基地和中山国家健康科技产业基地。

为了获得高质量原材料，广东着力推广"公司 + 基地 + 农户"的中药材生产销售新模式，最终形成以中药材种植为起点，以中成药生产加工为中心，以中药配套产品生产为补充，将种植、加工和销售整合起来的较为完善的中药产业链。特别值得强调的是，该产业链延伸到了广东较为落后的粤北和粤西地区，既有助于当地农民摆脱贫穷，也优化了农村地区的生产结构。

经过多年的不懈努力，广东中药产业传统产业链已实现优化升级。与我国其他中药产业较为发达的地区相比，广东中药产业从上游的中药材种植、中游的生产加工到下游的市场销售都具有较大优势。2018 年广东中药材及中成药加工产值占全省医药制造业产值的比重高达 45%，成为生产规模最大的细分行业。

3. 广东医疗器械制造具有强大的产业链基础

医疗器械产品生产涉及生物化学、材料研制、电子信息和机电设备等多个高科技行业，其中电子信息和机电设备尤为重要。广东的电子信息和机电设备是该省规模最大、技术最强的两大产业，且形成了完整的价值链，因此广东大力发展医疗器械制造具有得天独厚的条件。2000～2018 年，广东医疗器械制造的主营收入增长了约 104 倍。

（五）研发活动对医药制造业高质量发展的影响

医药制造业和医疗器械制造都属于高技术产业，由于其研发、专利和新产品等数据不完整，因此本报告重点分析研发活动对医药制造业高质量发展的影响。本报告将研发投入分为人员投入和经费投入，研发产出分为专利申请数和新产品销售收入，把技术获取、技术改造和企业办研发机构看作连接研发投入和研发产出的中间环节。

根据主要省市医药制造业研发人员全时当量数据（见表 7），可以发现：（1）1996～2006 年，全国医药制造业研发人员增长较慢，2006 年相比 1996年增长了 1.32 倍。2006 年以来，全国医药制造业研发人员出现快速增长态势，2018 年比 2006 年增加了 3.96 倍；（2）1996～2006 年，各省市医药制造业研发人员的数量差距不大且增长较慢，广东研发人员数量也没有显著增加，1996～2006 年平均每年仅增加 1.47%；（3）2006 年以后，各省市医药制造业研发人员数量出现较大差距且增长加快，其中山东、江苏和浙江增长尤为明显，2018 年研发人员分别高达 17465 人年、15900 人年和 14136 人年，相比 2006 年增长了 7.2 倍、5.68 倍和 2.11 倍。2018 年，广东的医药制造业研发人员数排在第四位，达 9977 人年，与 2006 年相比增长 6.13 倍。由此可见，山东、江苏、浙江和广东是较重视培养医药制造业研发人员的四个省份。

2000 年前，广东医药制造业研发支出占全国医药制造业研发支出的比重较高（见表 8），与上海一起处于排头兵地位；2002 年以来占比呈下降趋势，从 2002 年的 11.1% 下降为 2018 年的 6.5%。1996～2018 年，江苏和山东的医药制造业研发支出占比却表现出增长态势，1996 年江苏占比仅为8.2%，2018 年占比高达 19%，远远超过其他省市。自 2010 年以来，山东医药制造业研发支出占比长期占据第一，2018 年为 16.2%，仅次于江苏。

表 7　医药制造业研发人员全时当量

单位：人年

年份	全国	北京	河北	上海	江苏	浙江	山东	河南	湖北	广东	四川
1996	10936	419	465	1176	850	890	450	363	948	1209	726
1998	10860	314	984	966	997	467	753	446	798	994	1104
2000	12136	576	1225	1022	1211	799	913	300	641	1052	266
2002	18220	602	1047	1059	1504	1273	892	261	973	1536	973
2004	13931	366	1478	562	1515	1438	766	409	585	993	775
2006	25391	612	2246	1596	2382	4542	2129	732	1186	1399	755
2008	40191	1366	2211	1228	3967	6001	5201	1760	2048	2392	1089
2010	55234	1812	4211	2337	7327	6761	7065	2567	2101	4660	558
2012	106684	4206	4792	3727	13941	11381	12819	4363	6817	9506	2829
2014	133902	5459	5778	5060	17684	13673	16970	6568	7845	11340	3922
2016	130570	5468	5563	4893	18588	14628	18305	6101	6373	9375	3444
2018	125920	4927	4590	4271	15900	14136	17465	5826	6530	9977	5525

数据来源：历年《中国高技术产业统计年鉴》。

广东医药制造业研发支出占比低且不断下降，主要与广东医药制造业在广东整个工业体系中长期处于弱势地位有关。

为了更好地判断主要省市对医药制造业的重视和支持力度，本报告还计算了医药制造业研发支出中政府资金的占比。2018年广东医药制造业研发资金中政府资金的占比为0.6%，与山东并列第一。从长期来看，山东政府对医药制造业研发支出的支持力度最大，其次是江苏政府，广东政府的支持力度不大突出，广东医药制造业更多是依靠市场筹集研发资金。

中国医药制造业最强的广东、江苏、浙江和山东四个省，长期以来都注重研发投入。如表9所示，自2004年以来，浙江的企业研发资金中营收的比重基本保持在2.4%以上，广东则长期维持在2%左右。2018年江苏、浙江和山东医药制造企业分别将3.1%、3.0%和3.4%的营业收入作为研发资金，而广东医药制造企业该项的占比是2.2%，比浙江低0.8个百分点，比山东低1.2个百分点，表明广东医药企业今后还需加大研发投入，否则与其他几个医药制造强省的差距将越来越大。

申请专利数是衡量一个行业或企业研发产出的指标之一。从专利申请情况看（见表10），自2010年以来，江苏是申请专利数最多的省份，2018年高达3515件，占该年全国医药制造业申请专利总数的16.2%，这反映了江苏医药制造业强大的科研实力。山东医药制造业的研发能力也不容小觑，2014年以来每年申请专利数超过2000件，表明山东医药制造业非常重视科技引导产业发展之路。广东和浙江的研发实力总体较为接近，2018年广东申请专利数为2180件，考虑到广东相对较小的医药制造规模，表明近年来广东更加注重质量内涵，完全契合国家高质量发展的思路。

新产品销售收入是衡量一个行业或企业研发产出的另一个重要指标。1996~2018年，上海医药制造业新产品销售收入占全国的比重不断下降，20世纪90年代末其占比排名第一，高达20%以上，2018年仅为4.3%。江苏和山东的占比自2002年以来一直排名靠前。广东医药制造业新产品销售收入在全国的占比长期较低，2018年为9%（见表11）。鉴于广东医药制造业产值偏低，该指标并不能很好地反映广东的真实研发产出情况，需要利用另

表 8 医药制造业研发支出占全国医药制造业研发支出的比重

年份	北京	河北	上海	江苏	浙江	山东	河南	湖北	广东
1996	0.013	0.061	0.175	0.082	0.056	0.129	0.020	0.026	0.112
1998	0.013	0.067	0.159	0.086	0.084	0.075	0.018	0.096	0.148
2000	0.031	0.051	0.127	0.099	0.066	0.069	0.015	0.075	0.139
2002	0.022	0.052	0.092	0.112	0.077	0.134	0.010	0.051	0.111
2004	0.017	0.051	0.095	0.178	0.125	0.081	0.024	0.033	0.070
2006	0.020	0.042	0.105	0.171	0.128	0.076	0.033	0.025	0.071
2008	0.030	0.040	0.033	0.189	0.127	0.122	0.041	0.022	0.070
2010	0.026	0.053	0.058	0.163	0.102	0.167	0.032	0.025	0.082
2012	0.035	0.039	0.055	0.163	0.090	0.176	0.025	0.044	0.087
2014	0.044	0.047	0.046	0.140	0.075	0.175	0.030	0.045	0.085
2016	0.042	0.044	0.046	0.156	0.076	0.186	0.037	0.042	0.073
2018	0.049	0.037	0.044	0.190	0.077	0.162	0.038	0.057	0.065

数据来源：根据历年《中国高技术产业统计年鉴》计算得到。

表 9 医药制造企业研发资金中营收的比重

省份	1996年	1998年	2000年	2002年	2004年	2006年	2008年	2010年	2012年	2014年	2016年	2018年
江苏	0.005	0.010	0.020	0.022	0.029	0.029	0.027	0.013	0.019	0.017	0.019	0.031
浙江	0.011	0.015	0.015	0.018	0.024	0.024	0.027	0.016	0.025	0.025	0.028	0.030
山东	0.010	0.018	0.022	0.041	0.015	0.011	0.014	0.012	0.018	0.017	0.019	0.034
广东	0.009	0.018	0.028	0.026	0.018	0.020	0.019	0.012	0.023	0.024	0.021	0.022

数据来源：根据历年《中国高技术产业统计年鉴》计算得到。

单位：件

表 10 医药制造业申请专利数

年份	全国	北京	河北	上海	江苏	浙江	山东	河南	湖北	广东
1996	168	—	—	9	11	30	14	2	2	13
1998	275	1	18	8	8	5	6	7	6	52
2000	547	1	22	35	25	15	25	14	50	78
2002	999	16	22	137	103	29	184	9	66	80
2004	1696	15	79	48	146	100	298	17	18	156
2006	2383	25	130	171	151	169	281	72	23	246
2008	3917	114	202	75	299	231	487	214	139	303
2010	5767	141	187	154	870	398	533	257	209	270
2012	14976	367	254	516	1580	966	1441	517	665	1082
2014	19354	479	354	739	2300	1106	2030	563	754	1664
2016	17785	369	329	599	2729	1482	2128	586	746	1473
2018	21698	559	420	592	3515	1440	2146	1154	912	2180

数据来源：历年《中国高技术产业统计年鉴》。

外的指标进行深入分析。

2010 年以前，广东医药制造业新产品销售收入占该行业总销售收入的比重一直低于其他三个医药强省，2010 年以后，广东医药制造业新产品销售收入占该行业总销售收入的比重上升较快，但比重仍远低于浙江，2018年浙江占比是 42.5%，而广东为 36.2%，落后 6.3 个百分点（见表 12）。

医药制造业新产品的出口状况可近似用作医药制造业新产品技术含量的衡量指标，因为国际市场上该行业的竞争非常激烈。广东医药制造业新产品收入中的出口收入占比长期低于全国平均值，也明显低于其他三个医药制造强省（见图 7）。2018 年全国医药制造业新产品出口收入占其销售总收入的比重是7.65%，而广东仅为 2.7%。浙江排名靠前，其医药制造业新产品技术含量高，在国际市场上竞争力强，2018 年占比高达 24.8%，意味着浙江近 1/4 的医药制造业新产品走出国门。由此可知，广东医药制造业新产品要么不是以国际市场为目标，要么就是技术不满足国际市场需求，这一现象值得广东医药界深思。

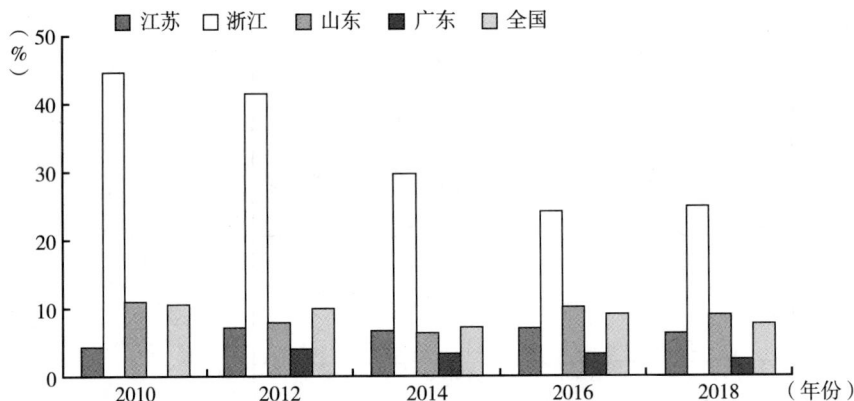

图 7　医药制造业新产品收入中的出口收入占比

数据来源：根据历年《中国高技术产业统计年鉴》整理计算所得。

（六）广东医药工业发展质量的演进历程

鉴于中国经济已经转变到更加重视提升发展质量之轨道，本部分将专注于剖析广东医药工业的发展质量。基于数据可得性，本报告主要用利润率和

表 11 医药制造业新产品销售收入占全国的比重

年份	北京	河北	上海	江苏	浙江	山东	河南	湖北	广东
1996	0.009	0.035	0.218	0.103	0.089	0.086	0.044	0.011	0.056
1998	0.006	0.086	0.203	0.149	0.073	0.079	0.017	0.075	0.068
2000	0.035	0.090	0.133	0.158	0.115	0.053	0.012	0.020	0.067
2002	0.078	0.054	0.119	0.157	0.107	0.101	0.010	0.013	0.060
2004	0.042	0.033	0.068	0.200	0.155	0.105	0.016	0.007	0.044
2006	0.028	0.042	0.093	0.202	0.166	0.100	0.028	0.020	0.031
2008	0.051	0.028	0.067	0.185	0.147	0.135	0.029	0.034	0.054
2010	0.038	0.030	0.051	0.203	0.106	0.162	0.043	0.054	0.066
2012	0.043	0.035	0.054	0.140	0.096	0.184	0.024	0.057	0.072
2014	0.038	0.036	0.037	0.149	0.097	0.181	0.024	0.060	0.074
2016	0.032	0.037	0.040	0.167	0.094	0.166	0.022	0.056	0.078
2018	0.041	0.043	0.043	0.164	0.096	0.132	0.029	0.052	0.090

数据来源：历年《中国高技术产业统计年鉴》整理计算。

表 12 医药制造业新产品销售收入在该行业总销售收入中的占比

省份	1996年	1998年	2000年	2002年	2004年	2006年	2008年	2010年	2012年	2014年	2016年	2018年
江苏	0.074	0.121	0.172	0.165	0.215	0.221	0.206	0.244	0.179	0.211	0.234	0.305
浙江	0.113	0.082	0.143	0.133	0.210	0.204	0.242	0.242	0.298	0.380	0.408	0.425
山东	0.056	0.100	0.085	0.151	0.130	0.094	0.122	0.174	0.207	0.209	0.198	0.314
广东	0.033	0.054	0.072	0.079	0.075	0.054	0.112	0.149	0.218	0.246	0.271	0.362

数据来源：历年《中国高技术产业统计年鉴》整理计算。

劳动生产率作为经济效率和要素投入效率的代理指标。利润率采用利润总额与工业销售产值之比来表示，劳动生产率选取工业销售产值与从业人员人数的比来表示。

从利润率来看，从 2000 年到 2018 年，广东医药工业发展质量大幅度提高。由表 13 可知，广东医药制造业利润率由 2000 年的 8% 增长到 2009 年的 12.6%，2018 年进一步上升为 17.4%，而医疗器械制造的利润率也从 2000 年的 1.6% 增长到 2009 年的 18.2%，2018 年则下降到 15.3%。深入分析医药制造业的五个子行业，可以发现不同子行业的质量提升具有较大差异性，其中化学药品制剂制造的发展质量提升尤为显著，2018 年利润率高达 20%，分别比 2000 年和 2009 年高 14 个百分点和 7.2 个百分点。化学药品原料药制造的发展质量也取得很大提升，2018 年利润率相比 2000 年提高了 10.4 个百分点，但相比 2009 年则下降了 2.3 个百分点。中药材及中成药加工的利润率长期较为稳定，2000 年是 10.2%，2009 年上升为 12.1%，2018 年则升至 16.1%。生物药品制品制造的发展质量变动最值得关注，2000 年的利润率高达 16.4%，但是 2009 年的利润率下降 6.1 个百分点，2018 年的利润率上升为 15.9%，但仍低于 2000 年。由此可见，在医药制造业的五个子行业中，生物药品制品制造的发展质量提升从利润率角度看最不明显。

表 13　广东医药工业的利润率和劳动生产率

单位：%，千元/人

行　业	2000 年		2009 年		2018 年	
	利润率	劳动生产率	利润率	劳动生产率	利润率	劳动生产率
医药制造业	8.0	274	12.6	576	17.4	1224
化学药品原料药制造	5.2	260	17.9	625	15.6	1168
化学药品制剂制造	6.0	322	12.8	693	20.0	1477
中药材及中成药加工	10.2	225	12.1	405	16.1	1238
兽用药品制造	5.7	185	9.5	753	16.2	1041
生物药品制品制造	16.4	404	10.3	985	15.9	1172
医疗器械制造	1.6	183	18.2	333	15.3	534

数据来源：《广东工业统计年鉴》。

从劳动生产率来看，2018 年广东医药工业的发展质量相比 2000 年和 2009 年显著提升，特别是医药制造业 2018 年整体劳动生产率高达 1224 千元/人，分别是 2000 年和 2009 年的 4.47 倍和 2.13 倍。深入分析医药制造业的五个子行业，可以发现不同子行业的发展质量提升具有较大差异性，其中化学药品制剂制造发展质量提升显著，2018 年劳动生产率高达 1477 千元/人，是 2000 年的 4.59 倍，中药材及中成药加工 2018 年的劳动生产率排在第二位，高达 1238 千元/人，是 2000 年的 5.5 倍。生物药品制品制造的劳动生产率 2018 年为 1172 千元/人，是 2000 年的 2.9 倍，其增长速度远低于医药制造业整体的增长速度。另外，2018 年医疗器械制造的劳动生产率是 534 千元/人，远低于医药制造业的整体劳动生产率 1224 千元/人。从增长倍数看，2018 年医疗器械制造的劳动生产率仅是 2000 年的 2.9 倍。由此可见，广东医药工业中医药制造业的发展质量远超医疗器械制造。

总体而言，利用利润率和劳动生产率这两个指标评估广东医药工业发展质量得到的结论基本上是一致的，这表明经济效率和要素投入效率具有紧密联系。

四 国际因素对广东医药工业对外经贸发展的影响

在经济全球化背景下，国际需求、全球产业链及分工、跨国资本流动、发达国家技术创新、各国政策调整、国际地缘政治变动和世界突发性巨灾等国际因素对产业对外经贸发展带来显著影响。本报告将主要运用产业层面的数据，结合医药工业的实际特点，从产业视角剖析国际因素对广东医药工业对外经贸发展的影响。

（一）保护主义及贸易壁垒对广东医药工业对外经贸发展的影响

医药工业直接关系人民身体健康和生命安全，属于战略性产业，各国往往力图构建和保护属于自己的产业链系统。因此医药工业类产品在国际贸易中常常面临各种贸易壁垒和贸易摩擦，给广东医药工业对外经贸发展带来明显冲击。广东医药产品出口除了遭受来自发达国家或地区的各种贸易壁垒和贸易摩擦以外，也遭遇大量来自发展中国家或地区的贸易壁垒与贸易摩擦。例如，2020年9月，印度工商部发布公告，决定对原产于或进口自中国的头孢曲松钠和原产自中国的维生素C产品发起反倾销调查。具体而言，贸易壁垒和贸易摩擦对广东医药工业出口带来的影响主要表现在以下几个方面。

1. 国际中药材技术性贸易壁垒给广东出口带来显著的不利冲击

广东是传统的中药材及中成药生产大省，2018年中药材及中成药加工行业在全省医药制造业中的产值占比高达45%，成为生产规模最大的医药产品。但是广东中药材及中成药的出口下降得特别明显，从2000年27%的占比下降为2010年的9%，2018年仅为7%。国际竞争力不断下降，国际中药材技术性贸易壁垒不断升级可能是背后的重要因素。

目前，世界各国针对中药材的技术性贸易壁垒主要包括种类繁杂的注册认证程序，农药残留、重金属和微生物限量标准等，成为广东中药类产品出口贸易的主要障碍。韩国、日本和东盟成员国等亚洲国家作为我国中药出口的传统地区，除了时常更新进口中药材的限量标准，对于进口中药材的重金属、农药残留和微生物等指标的设定越来越严苛。美国等发达国家虽然逐步成为我国中药材的重要出口目的地，但是由于历史文化原因，这些发达国家一直对中医和中药持怀疑态度，更是针对中药材的进口准入设置了复杂的认证及注册制度。

2004年欧盟制定《欧盟传统草药注册指令》，随后美国、日本和韩国等发达国家也制定各自版本的有效物质定量检测及重金属、微生物和农药残留等限量标准。美国要求出口企业必须严格控制有害重金属铅、汞、砷和镉等的含量，英国禁止销售任何未经政府许可的中药材产品，韩国于2010年发布了新版的《中药的残留、污染物标准及试验方法》，大幅提升了中药材中核心污染物的限量标准。

由于中药材及中成药生产中的一些关键环节达不到以上严苛的技术标

准，广东出现中药材及中成药生产快速扩张的同时出口却不断下降的局面。

2. 国际原料药贸易壁垒制约了广东出口的增长速度

我国是全球原料药最大的生产国和出口国，但近些年面临产能过剩、低附加值和贸易壁垒增加等一系列问题。广东化学药品原料药出口长期在广东医药制造业出口中占据一定地位，2018 年更是大幅领先于其他子行业，占比高达38%。因此，国际原料药市场的贸易壁垒可能对广东医药制造业整体出口造成较大冲击。

广东原料药要想进入各国医药市场，首先必须满足各种认证条件。例如，原料药想要出口到美国和欧盟市场，必须获得 DMF 文件和 COS 证书，而且产品质量同时要满足国际 GMP 标准。随着技术进步和健康理念的升级，各国的认证条件还在不断增多。欧盟于 2011 年 6 月发布了一项针对原料药的行政命令，规定所有进入欧盟的原料药必要具备出口国监管部门的书面材料。2014 年 3 月，欧盟又公布了 GMP 附录 15 的修订草案，对原料药的生产场所与制造工艺做出更加严格的规定。2014 年 9 月美国颁布了有关药物供应链安全的法案，其中包括极其严格的杂质检测程序。特别需要注意的是，各国不仅严格提高原料药的进口标准，而且不断增强监管力度、增加飞行检查次数。显然，这些不断变动的认证条件和突击性的现场检查制约了广东原料药出口的快速增长。

（二）中美贸易摩擦对广东医药工业对外经贸发展的消极影响

2018～2019 年，美国共对 2500 亿美元的中国商品正式加征 25% 的进口关税，对 3000 亿美元 A 清单（约 1120 亿美元）的中国商品正式加征 15% 的进口关税。此次美国对中国加征的税率如此之高，征收规模如此之大，覆盖范围如此之广，在世界贸易史上是极其罕见的，对中美正常的双边贸易带来显著不利影响。据海关总署统计，2019 年中国对美国出口金额同比下降12.5%，自美国进口金额同比下降 20.9%，加征关税对中美贸易的负面影响在 2019 年表现得更为明显。那么医药工业出口贸易受到的影响是否也如此明显呢？

由于药品未被列入美国对华加征关税的进口商品清单，理论上医药产品不应该受到中美贸易摩擦的显著影响。从贸易金额来看，2019年美国仍然是我国医药产品的第一大出口目的地和第二大进口来源地，我国对美国出口医药产品134.97亿美元，增长10.73%，从美国进口医药产品123.6亿美元，增长26.86%，对美国的医药产品进出口均保持较高增长。但是，如果观察贸易数量和贸易价格，可以发现中美贸易摩擦还是对医药产品出口造成了较大冲击。以我国医药产品出口中占比最大的原料药为例，2019年我国对美国出口原料药66.54万吨，同比减少10.99%，出口均价则同比上涨了10.96%，由于出口数量和出口价格的变动方向相反但变动幅度相差极小，最终原料药出口金额同比几乎没有变化。这表明虽然美国认识到中国原料药在美市场的可替代性较差，因此加征关税的进口商品清单中包含的原料药品种极少，但贸易摩擦仍对中美原料药贸易产生了显著负面影响，主要表现为中国出口原料药的价格上升、出口数量减少。2018年广东医药品出口额147973万美元，出口数量74137吨，2019年出口额165644万美元，出口数量95143吨，出口额和出口数量分别同比增长11.94%和28.33%，这就意味着2019年广东医药品平均出口价格明显下降，可能因受中美贸易摩擦影响，广东医药品生产企业通过降价促进出口。

（三）新冠肺炎疫情对广东医药工业对外经贸的积极影响

2020年突如其来的新冠肺炎疫情极大地冲击和改变了人类的生产和生活方式，对广东医药工业对外经贸发展也产生极大的影响，主要表现在以下两个方面。

（1）短期内催生了一大批医药类企业，为今后医药工业的对外经贸打下坚实基础。全国工商注册企业的数据显示，2020年1~4月广东医药制造业的注册企业数同比增长464%，达1291家。广东现有的大型医药类公司（主要是化学类）和小型生物制药公司相比江苏、山东、浙江和上海等省市要少得多，广东医药制造行业确实需要抓紧追赶，而此次疫情提供了补短板的良机。

2020 年前两个月，广东医药工业产值逆势增长，其中医药制造业产值总体增长 8.5%，生物药品制品制造和卫生材料及医药用品制造行业的产值分别增长 7.0%、7.9%。2020 年前三个月，广东共成立了四家外商投资医药制造企业，分别是广州赛佰澳生物医药科技有限公司、广奥生物医药科技（珠海）有限公司、中食实业发展（广州）有限公司和深圳南玻医疗科技有限公司，而 2018 年和 2019 年同期均只成立了一家外商投资医药制造企业。

（2）巩固了广东中医药在全国的领先地位，为今后对外经贸塑造了良好的形象。新冠肺炎疫情发生以后，中医药凭借其独特优势，一直被用于疫情防控和患者医治，有效地提高了治愈率、降低了病亡率，对抗击新冠肺炎疫情起到了难以替代的作用。统计表明，中医药疗效突出，总体有效率超过了 90%，而所用中医药许多由广东中医药企业制造，如广药集团。广药集团是我国最大的中成药生产基地，也是广东最大的医药企业和卓越代表，该集团率先提倡在新冠肺炎疫情期间不停工、不提价、保质量和保公益，竭力保障医药品的生产供应，体现了企业的社会担当。特别值得一提的是，广药集团生产的医药品在国家及各省区市的新冠诊疗方案和防控物资清单上占了 18 个。随着新冠肺炎疫情快速蔓延到全球各地，广东中医药又积极走出国门，为挽救人类生命做出了更多贡献。

广东中医药产业的深厚底蕴是此次抗击新冠肺炎疫情的坚实基础。广东工业与信息化厅的数据显示，目前广东拥有规模以上中药生产企业 170 家，其中产值超过 10 亿元的企业有 9 家，整体生产规模约占全国的 1/10。中医药因在此次新冠肺炎疫情中发挥的积极作用而被国际医学界广为称赞，这为中医药走出国门塑造了良好的口碑，必将有利于今后广东医药产品的出口贸易。在近些年来广东中药材及中成药出口下降较为严重的背景下，广东医药企业一定要充分利用这个千载难逢的机会，大力推进中药创新研发，加速中药生产技术现代化，全力开拓海外市场，精心构建粤港澳大湾区中医药产业高地，推动广东中医药产品出口贸易迈向辉煌。

五 国内政策对广东医药工业
对外经贸发展的影响

国内相关产业政策对广东医药工业及其对外经贸具有重大影响。中央政府基于全国经济一盘棋的战略视角，制定实施了促进我国医药工业高质量发展的一系列产业政策和环保政策，广东政府则基于全省经济社会发展目标和面临的实际约束条件，制定了医药工业发展规划和有关产业政策。

（一）中央政府产业政策对医药工业及其对外经贸的影响

（1）2015年8月，国务院印发《关于改革药品医疗器械审评审批制度的意见》。该文件主要是针对我国药品和医疗器械审评、审批中存在的一些典型问题而提出的，如注册申请资料质量不高，需要在审评过程中多次补充，导致审评审批效率低下；仿制药领域重复建设和重复申请的问题，引发市场竞争生态恶化，进而导致一些仿制药质量远低于国际水平；临床急需新药则普遍存在上市审批时间过长的问题，科研机构和研发人员申请药品注册时受到限制，极大地阻碍了药品创新。《关于改革药品医疗器械审评审批制度的意见》给出了具体的目标任务和保障措施，如果这些条款能够得到严格的贯彻执行，将对我国医药工业的快速健康发展起到一定作用。

（2）2016年3月，国务院办公厅发布了《关于促进医药产业健康发展的指导意见》。在我国医药产业市场竞争秩序混乱、产业结构不合理和研发创新能力不足的背景下，为了跟上世界医药科技的发展步伐，满足人民日益增长的健康需求，促使我国医药产业尽快完成转型升级，国家出台了这一指导文件。《关于促进医药产业健康发展的指导意见》指出医药产业的主要任务是聚焦技术创新、质量升级和产业结构优化，这些正是解决我国医药产业发展困境之根本途径。在对外经贸方面，《关于促进医药产业健康发展的指导意见》强调要进一步加强对外合作交流，拓展新兴医药市场，推动出口结构优化升级，特别是通过加强对外文化交流，提高中医药的世界认可度，进而推动更多中药产品走向全球；鼓励国内优秀医药企业大胆"走出去"，通过境外并购和股权投资，获得关键技术、生产许可和销售渠道；改善营商环境，吸引更多一流跨国公司进入我国医药市场，鼓励其在华建设研发机构、生产基地和采购中心。

（3）2017年3月，国家发改委与中国进出口银行在京签署《关于支持战略性新兴产业发展的合作协议》。中国进出口银行在"十三五"期间，将为企业提供不低于8000亿元融资，重点支持《"十三五"国家战略性新兴产业发展规划》中确定的新兴产业，而医疗器械行业正是重点支持对象。中央政府之所以重视发展医疗器械产业，是因为医疗器械市场上的高端产品大多依赖进口，我国获得出口认证的企业大多缺乏核心技术，缺乏自有品牌，国际竞争力较低。国家发改委希望牵手政策性银行，通过强有力的资金支持，尽快提升我国医疗器械产业的创新能力。

（二）广东产业政策和发展规划对医药工业及其对外经贸的影响

（1）2016年9月，广东省政府正式公布了《广东省促进医药产业健康发展实施方案》，该方案给出了医药产业具体的发展目标、主要任务和保障措施等。在产业规模上，到2020年，广东医药产业产值要达4000亿元，年均增速设定为12%。在主体结构上，到2020年，要有一家医药企业的年销售收入过1000亿元，两家医药企业过500亿元，十家医药企业过100亿元，最终形成大企业集团为骨干，大、中、小型企业合理分工、协作发展的医药产业布局。在创新能力上，到2020年，大型和中型医药企业研发资金占年营业收入的比重至少达到10%和7%，力争研制出3~5个原创性新药，主要产品处于国内领先水平。在集聚水平上，到2020年，形成珠三角医药产业集群，该集群以深圳国家生物技术及医药产业基地和广州国家生物医药产业基地为核心。

该方案的实施效果究竟如何？从2018年的数据来看，广东医药产业研发投入占年营业收入的比重约为2.2%，远远低于方案最低目标值7%。由此可见，至少在研发投入方面，实际情况与方案目标还存在较大的差距，需要认真查找原因，以便尽快调整政策思路和措施。

（2）2017年8月，广东省政府正式公布了《广东省战略性新兴产业发展"十三五"规划》。该文件将与医药工业子行业之一的生物药品制品制造密切相关的生物产业作为发展重点之一，必然对广东医药工业高质量发展产生重要影响。该规划明确指出要促进生物医药创新发展，针对肿瘤、肝炎、高血压和糖尿病等重大慢性疾病，优先发展先进的抗体药物和重组蛋白药物。此外，《广东省战略性新兴产业发展"十三五"规划》提出要加快重组疫苗和治疗性疫苗等新型疫苗的发展步伐，通过优化仿制药一致性评价程序，加快仿制临床急需的专利到期药物。对于广东中药制造，《广东省战略性新兴产业发展"十三五"规划》指出，一是全力打造具有自主知识产权的原创中药新品种，二是加快推动中药标准化进程。

《广东省战略性新兴产业发展"十三五"规划》还提出要充分运用大数据、云计算和物联网等新一代信息技术，发展符合网络化、数字化和移动化趋势的新兴医疗器械设备。显然，该规划对于促进广东生物药品制品制造和医疗器械制造的发展极其重要。从实施效果来看，医疗器械制造的产值、品种提升较快，而生物药品制品的生产规模和增长速度似乎没有受到明显的影响。由此可见，广东政府还需认真梳理相关产业政策，深入剖析生物药品制品产业的独特性质和面临的实际约束条件，进而出台真正有效的产业政策。

（3）中药材及中成药加工是广东医药制造业中产值占比较高的子行业，2018年占比高达45%（见图6），而中药材及中成药加工的出口比重却不断下降，2018年占比仅为7%（见图2）。这表明广东中药行业存在一些深层次问题，需要政府和企业共同解决。其实广东省政府非常重视中药行业的发展壮大，2016年12月30日，广东中医药局和广东省政府分别发布了《广东省中医药发展"十三五"规划》和《广东省贯彻〈中医药发展战略规划纲要（2016-2030年）〉实施方案》，这两个政府文件涉及中医药发展的方方面面，但大多数条文对广东中药制造业可能带来间接作用，能够产生直接影响的措施包括以下重要内容。

《广东省贯彻〈中医药发展战略规划纲要（2016－2030 年）〉实施方案》的重要任务之一是发展壮大中药产业。实现路径之一是通过实施《广东省岭南中药材保护条例》，加强保护中药资源并使之得到合理利用。首先要加大对岭南中药材种源、产地、种植和品牌等信息的收集管理，着力提升中药材种植的标准化、规模化和规范化水平。其次要抓好中药材生产与示范工作，通过建设优良的岭南中药材生产示范基地，确保持续获得高品质的原料供应，从而在中药产业链的源头环节保证中药产品的质量。实现路径之二是帮助广东中药企业进行技术创新，鼓励中小中药企业发扬工匠精神，专精于细分产品领域。政府通过资金、土地和税收等工具的灵活使用，激励各类中药企业提高产品质量、优化产品结构，走科技增效之路。总之，这两个政府文件对于提升广东中药产业的发展规模、速度和质量起到了重要作用，但是对于如何增强其国际竞争力、提高出口规模，并没有给出有效的针对性措施。因此，今后政府制定规划之前可能需要认真调研广东中药出口贸易遇到的困难，进而对症施策。

六　政策建议

依据广东医药工业对外经贸发展过程中表现出的特征事实和薄弱环节，以实现总量、质量和结构的高水平协调发展为目标，结合当前全球经济和中国经济出现的最新态势，本报告给出以下政策建议。

（1）构建灵敏高效的技术性贸易壁垒（TBT）预警服务网并提供其他辅助服务。2018 年广东化学原料药出口占比高达 38％，而化学原料药正是我国医药出口产品中遭遇贸易壁垒最多的品种。广东需要构建一个专门的技术性贸易壁垒预警服务网，帮助医药生产企业尽快获得国内外医药产品的最新技术预警和动态变化。此外，广东医药行业相关职能部门应积极参考国外 GMP 认证，主动提高原料药 GMP 标准，大力培养熟悉各个国家原料药认证标准及流程管理的专门人才。政府管理部门应提高监管强度，尽快形成主动监管和事前监管的工作作风，加大对出口原料药GMP现场检查的力度与频率，确保在出口之前便能达到出口目的国的各项要求。

（2）广东医药企业应放眼全球，加大对外投资和研发合作力度。据统计，2018年中国医药行业境外并购金额超过5亿美元的项目达8个以上，医疗器械制造领域的并购金额创下中资境外并购新纪录。遗憾的是，这些实施跨国并购的国内企业几乎未见广东企业的身影，今后广东政府和医药企业应该加强协同和交流，前者为后者在跨国并购政策、资金和法律等方面提供有力帮助，后者应该更多放眼世界，通过并购获得技术、专利和市场渠道等。

（3）在继续稳住发达国家或地区市场的同时，大力开拓新兴市场，特别是将"一带一路"沿线国家或地区作为新的对外经贸增长点。据IQVIA的统计数据，2018年新兴市场医药用品规模为2860亿美元，该组织还预计随着新兴市场国家卫生支出快速上升，医药品销量增长的80%将来自新兴市场，到2022年新兴市场将占医药品全部销售规模的56%左右。截至2019年底，我国企业共有288个自有品牌的西药制剂在国外上市，主要集中在新兴市场国家，而在发达国家上市的自有品牌仅有33个，这充分表明新兴市场完全可以成为广东医药工业的重点开拓地。

（4）构建医疗器械制造产业发展所需的政策扶持体系、金融支持体系和产业配套基础。我国已是全球第二大医疗器械制造市场，市场扩张速度快于全球市场，国家分级诊疗制度的不断推进将助推医疗器械制造进入发展快车道。医疗器械制造的发展离不开上游零部件制造的支持。广东应该充分发挥本省电子信息业发达之优势，在人才建设、专利申请、注册申报和金融服务等各方面打造高效的政策扶持体系，聚焦龙头项目和头部企业的招引及产业配套建设，推动创新成果尽快转化为适销对路的市场产品。

（5）继续支持中药行业，激励企业进行研发创新，实现中药真正从传统走向现代化。广东医药企业需要采取新的生产工艺，研发药品纯度高、使用剂量少、高附加值的新中药,为了能够顺利出口,还必须广泛收集整理国外关于中药重金属和农药残留标准数据,加强源头管理和材料选取。2020年版《中国药典》增加了对500多种药材的农药残留和重金属检测,随着医药监管日趋严格,广东中药企业必须改变以往重营销而轻研发的粗放模式,真正将企业资源聚焦于科技创新。目前,广东中药工业需要紧紧抓住粤港澳大湾区发展的良机,以粤港澳大湾区为依托,充分利用香港和澳门广泛的海外联系和在中医药学术交流、科研合作和产业发展等方面具有的独特优越条件,将该区域打造成我国最重要的中医药产业聚集地,使广东成为世界级的中医药产业基地。

(6)大力构建生物医药企业快速发展所需之生态环境。广东生物药品制品制造产值在整个医药制造业的占比从2000年的5%上升为2018年的11%,增长较为缓慢,意味着医药制造业还有巨大的发展潜力。通过分析美国、德国和欧盟及其他发达国家生物医药企业的发展经验,可以发现这类公司一般规模较小、主要依靠科技创新驱动、拥有核心的前沿技术、中心业务是创新药物研发,且通常不承担药品投产后的市场销售工作。这些生物医药企业首先依靠私募基金获得初始资金,然后在纳斯达克市场上市融资,以便于先期投资退出,进而完成资本循环。由此可见,生物医药企业发展所需生态环境的核心要素之一是与生物医药企业发展特征相匹配的私募基金和资本市场。尽管国家层面已经推出了科创板,但广东还是应该充分利用粤港澳大湾区独特的金融优势,构建自己的高科技企业融资机制,特别是鼓励生物医药上市企业加大并购整合力度,从而既有利于完善产业链,又能为创新药研发提供充足的资金。

参考文献

[1] 王星丽:《"一带一路"背景下促进我国原料药出口的策略分析》,《价格月刊》2019年第12期,第29~34页。

［2］王禛:《中国原料药出口面临的障碍与策略选择》,《对外经贸实务》2017 年第 4 期, 第 47 ~ 49 页。

［3］徐芳萍、庄倩、褚淑贞:《我国医药产业转型升级水平与优化路径探析》,《中国新药杂志》2019 年第 14 期, 第 1670 ~ 1674 页。

B.9
广东泛家居行业国内外
贸易发展现状与对策

王晓东　张庆霖*

摘　要：　泛家居行业是广东贸易的重要领域，但近年来其国内外市场
　　　　　规模均有所下降。广东泛家居存在缺乏连锁购物平台、产品
　　　　　销售合作少、外贸自主渠道缺失等问题。针对广东泛家居行
　　　　　业外贸优势、劣势以及国际泛家居市场分销渠道的变化，本
　　　　　报告建议应鼓励广东泛家居类贸易龙头企业拓展国内渠道，
　　　　　支持成立广东泛家居行业联盟，整合广东各城市的泛家居国
　　　　　际采购活动等。

关键词：　泛家居行业　外贸　销售模式　广东

一　引言

　　泛家居行业是广东贸易的重要领域，是由厨电、家具、软装、饰品、陶瓷、涂料等与家装紧密联系的多个行业复合而成的行业，其中家具、瓷砖、照明、厨电是泛家居行业内的主体，其产值已超过整个泛家居行业产值的80%。

　　泛家居行业产品种类多，销售渠道与房地产密切相关，行业集中度相对较低，其贸易有3个显著特点：一是存在非标产品，需要设计和定制的支

---

* 王晓东，博士，广东金融学院副教授，研究方向为"一带一路"经贸问题；张庆霖，博士，广东财经大学副教授，研究方向为产业组织与政府规制。

持；二是具有一定的工程属性，可以在房地产工程中整体安装；三是采购时比较关注产品的配套组合性。

泛家居行业的产生与销售渠道及消费者购买行为的改变密不可分：一是随着产品普遍过剩、购买力相对稀缺，争夺消费主体"家"的跨行业抱团贸易行为应时而生；二是中国城镇化进程接近尾声，"家"已聚集于城市，城市销售场地的稀缺性助推建材市场向泛家居超市升级；三是品牌连锁店响应了泛家居非标产品"家"个性化、定制化服务的需求；四是基于互联网的各种商业模式成为消费者和产品互动的一个通道；五是年轻消费者的互联网消费行为，特别是1990年以后出生的消费者对"家"的个性化需求，影响着泛家居行业的贸易模式；六是房地产行业增长势头减缓，行业集中度上升，品牌房企的"家"的精装修捆绑贸易不断提升；七是泛家居类产品"一站式"采购方式的比例不断增加；八是跨境电商中的泛家居行业小批量、多品种的贸易订单开始增多。

泛家居行业是与"家"紧密相关的各个行业竞争的焦点领域，"市场混战"不可避免：泛家居类产品开始跨行业捆绑销售，泛家居类产品的生产、设计与销售渠道逐渐一体化，泛家居类产品的线上线下服务开始互通。"贸易混战"形式上改变了昔日的"分业"贸易模式，这是技术和贸易创新使然。根据广东泛家居行业贸易的发展，本报告对泛家居行业的外贸优势、劣势以及国际泛家居市场分销渠道的变化进行分析，并考察龙头企业的贸易新动向，据此提出相关的政策建议。

二 广东泛家居行业国内市场销售模式

（一）泛家居主体行业的国内市场空间

家具、瓷砖、照明和厨电是泛家居行业的主要组成部分，据有关资料[①]

---

① 综合来自红星美凯龙家居集团股份有限公司、中国建筑卫生陶瓷协会、高工产研LED研究所、艾媒咨询有关行业报告。

显示，2019年国内的家具市场规模约为35990亿元，建筑陶瓷市场规模约为3877亿元，家用照明市场规模约为830亿元，厨电市场规模约为1759亿元，也就是说国内的泛家居市场规模约为42000亿元。预计"十四五"期间国内泛家居主体行业产值年增长率在4%左右。

1. 家具行业的市场规模及增长空间

国家统计局的相关数据显示，2019年，按可比价格计算的中国GDP同比增长6.1%，DPI（人均可支配收入）增长8.9%，TRSCG（社会消费品零售总额）同比增长8.0%，其中家具类与建筑及装潢材料的零售额同比增长3.9%。根据弗若斯特沙利文咨询公司①的统计，2019年，中国家居装饰及家具零售市场的零售额增至35990亿元，同比增长8.9%，未来五年的年复合增长率（CAGR）预计在6.1%左右。

2020年第一季度，受新冠肺炎疫情影响，中国家具行业经历了空前的行业寒冬，企业营业收入同比下滑近50%。2020年第二季度，中国经济稳步恢复，前期被压制的家具消费需求陆续得到释放，行业经营压力有所缓解。根据工信部数据，2020年1~6月，全国家具制造业实现营业收入2796.1亿元，同比下降15.0%；实现利润总额133.8亿元，同比下降29.9%。家具行业未来五年的年复合增长率预计在3%左右。

2. 建筑卫生陶瓷的市场规模及增长空间

中国建筑卫生陶瓷协会发布的《2019年建筑陶瓷与卫生洁具行业发展概况》显示，2019年，规模以上建筑卫生陶瓷企业1522家，与2018年相比，行业集中度进一步提高，企业数量下降7.4%。2019年，中国陶瓷砖产量持续降低为82.25亿平方米，主要建筑陶瓷产区如广东、江西、山东、四川的产量出现不同程度下滑，但福建的产量同比增长近11.0%，新兴建筑陶瓷产区如云南、贵州、陕西、湖南的产量增长速度亦达到10%，反映出部分建筑陶瓷产业正在向中西部转移。2019年，规模以上建筑卫生陶瓷企

---

① Frost & Sullivan（弗若斯特沙利文咨询公司）是全球最大的企业增长咨询公司，擅长行业、企业市场分析、投资咨询。

业的主营业务收入为 3877 亿元，同比增长 2.8%，行业整体收入增长缓慢；整个行业平均销售利润率 6.8%，同比仅增加 0.58%。亏损面有所扩大，亏损企业数量 221 家，比 2018 年增加 2 家。2019 年末，行业产成品库存 338.96 亿元，库存积压略有上升，同比增长 1.26%。

中国建材联合会的数据显示，2020 年 1~5 月，全国陶瓷砖总产量 35.33 亿平方米，比去年同期降低 8.48%。但 5 月产量为 9.33 亿平方米，比 4 月增长 2.5%。该联合会预计，随着疫情逐渐得到控制，建筑卫生陶瓷行业未来 5 年将保持 2%左右的增长幅度。

3. 家用照明的市场规模及增长空间

家用照明是通用照明行业中的一个主要的子行业，其市场规模约为通用照明行业的 1/4。随着 LED 技术的成熟，大部分传统照明已转变为 LED 照明。就整个 LED 行业来看，其包括通用照明（含家用照明）、背光、景观照明、显示、汽车照明等。2019 年中国 LED 产业产值规模为 7548 亿元，其中通用照明产值约 3321 亿元，同比增长约 5%，按 1/4 的份额估算，家用照明的市场规模约 830 亿元。

工信部 2020 年 7 月底发布的"2020 年上半年 LED 照明行业数据"显示，2020 年上半年国内灯具及照明装置产量 16.6 亿套，同比下降 20%；全国规上照明企业营收 1404.6 亿元，同比下降 16.6%；实现利润总额 71 亿元，同比下降 25.2%。LED 通用照明（含家用照明）行业未来 5 年有望保持 5%左右的增长幅度。

4. 厨电的市场规模及增长空间

艾媒咨询的数据显示，2019 年，中国厨电市场规模为 1759 亿元。奥维云网（AVC）全渠道数据显示，2019 年 1~9 月中国厨电整体（具体品类包括油烟机、消毒柜、洗碗机、微波炉、电蒸箱、电水壶、电压力锅、豆浆机、料理机、榨汁机等）零售量为 21234 万台，同比增长 9.07%，零售额 1009 亿元。在经济低迷、房地产政策持续收紧的大环境下，2019 年厨电市场出现整体下滑，增速较上一年降低 0.6 个百分点。

奥维云网全渠道数据显示，2020 年 1~6 月中国的厨电零售额同比下滑了 20.4%，销量同比下滑了 15.7%。疫情期间健康家电、新兴厨电受到空前的关注，厨房由过去单一的烹饪功能逐渐向社交厨房、智能厨房转型，反映出消费者对高品质生活的追求。按照这种发展趋势，可以预测厨电行业未来 5 年将保持 4% 左右的增长幅度。

（二）广东泛家居主体行业的国内销售模式创新

1. 泛家居建材专业市场向泛家居商业综合体升级

佛山、东莞、中山有很多单一产品的泛家居批发和零售市场，如佛山市顺德区乐从镇 325 国道旁的家具市场、佛山市禅城区季华路的陶瓷市场、佛山市顺德区北滘慧聪家电城、东莞厚街家具大道的家具市场、中山市古镇灯具市场等。囿于产品销售压力，这些专项批发和零售市场努力探索，向泛家居商业综合体升级。例如，佛山市顺德区乐从镇的罗浮宫家具城集采购、展览、观光、旅游、餐饮、货运于一体，提供"一站式"购物体验，尽量满足消费者购买家居装饰及家具的全部需求，同时也是国家 4A 级旅游景区；佛山市禅城区的家博城集商品展示、设计、贸易、物流、仓储、信息、金融、餐饮于一体，并成立了"佛山国际贸易港"和"佛山外贸服务基地"，为佛山泛家居行业抱团出口提供平台；此外，中山市古镇利和灯博中心已成为全球灯饰的博览中心，商业服务、购物休闲、物流配备等一应俱全，成为中山市灯具市场的地标。

2. 泛家居制造向个性化定制服务延伸

泛家居类家具定制化生产企业一般都是从橱柜、衣柜这种非标产品的设计、生产和销售一体化开始，先在大城市开设直营店，然后实现品牌连锁加盟，实力雄厚的定制企业逐步走向全国市场，逐渐形成泛家居集成销售模式。欧派家居集团股份有限公司（以下简称"欧派家居"）、索菲亚家居股份有限公司（以下简称"索菲亚"）、广州尚品宅配家居用品有限公司（以下简称"尚品宅配"）是泛家居定制化细分行业中的龙头企业。

（1）家具龙头企业拓展直销渠道，实现"设计定制 + 品牌连锁"。泛家居类家具生产企业逐步出现"设计定制 + 品牌连锁"模式，如以欧派家居、索菲亚、尚品宅配为代表的企业根据订单内容来组织生产，最后交付和安装家居产品。

欧派家居在销售方面，借助其品牌优势，整合各地规模较大、口碑较好的优质家装公司，并为其提供产品设计和营销培训，支持当地家装公司完成家居设计、安装。欧派家居还在一、二线城市的购物中心、大型卖场等开设"欧派""欧铂尼"等系列品牌专卖店，推广欧派家居的品牌和产品。欧派家居在生产方面，采取"纵向一体化"经营模式，加强对整个产业链的控制，并借助信息技术对原料采购、设计开发、生产制造、产品销售等各个环节进行协同管理。同时，依托设备自动化和信息技术，围绕产品工程数据流、生产信息流、生产工艺流这三个"端到端"的过程对生产进行集成和融合，以实现设计与制造数字化及全业务链信息化。

索菲亚在销售方面，为各地经销商、家装公司赋能，借助专用设计软件为不同需求的消费者提供个性化解决方案。索菲亚通过橱柜、木门及配套家居的个性化设计来带动公司的智能化生产，再由经销商完成安装及售后服务。索菲亚在生产方面实现了从销售前端的设计到后端生产、包装、入库等的智能化制造，降低了产品不良率，压缩了产品生产周期，提高了仓储物流周转速度。

尚品宅配在销售方面，通过直营店和加盟店，就近为消费者提供咨询服务，并依托信息化技术和柔性化生产工艺，依据消费者偏好，通过方案互动设计、上门量尺等服务吸引消费者。尚品宅配在生产方面实现了消费者个性化家具的"多品种、大批量"的规模化生产。

（2）家具企业将电商流量与实体店对接。泛家居类家具龙头企业在大型电商平台和各类媒体平台上展开丰富的营销活动。欧派家居通过电视、网站、抖音等传统媒体和新媒体进行品牌宣传以吸引消费者关注，通过参与各类公益性活动树立企业的良好社会形象，并通过组织各类庆典等推广活动吸引消费者参与。索菲亚在京东、天猫、抖音、快手等主流互联网平台上设立网店，将线上所获客流划分到各地经销商，再由经销商直接对接客户。尚品宅配与腾讯、百度、今日头条等互联网平台进行流量合作，为消费者提供线上量尺、线上免费设计咨询等便捷服务。

（3）瓷砖企业提升经销商的设计服务能力。泛家居瓷砖企业代表，如蒙娜丽莎集团股份有限公司（以下简称"蒙娜丽莎"）、广东东鹏控股股份有限公司（以下简称"东鹏"）等都加大了对经销商的增值服务力度，借助驻店设计师提供个性化设计，满足顾客个性化需求。这些企业的设计服务范围还延展至水、电等与瓷砖相关的装配领域。

3. 泛家居企业探索跨行业捆绑销售

（1）厨电企业开展厨房电器捆绑销售。随着厨电市场饱和程度的提升，行业龙头企业率先向整体厨房营销模式发展，把涵盖吸油烟机、热水器、壁挂炉、洗碗机、消毒柜、蒸烤一体机、电蒸箱、电烤箱、微波炉、集成灶等在内的厨卫电器产品统统进行打包销售。有的龙头企业如华帝股份有限公司（以下简称"华帝"）还设立了家居定制品牌，探索全屋定制模式。

（2）家用照明企业联合经销商开展集成灯具销售和服务。家用照明龙头企业普遍采用灯具照明、开关电器、水暖卫浴、集成吊顶等产品的组合销售策略，为经销商提供泛家居类产品支持。照明企业中的龙头企业，如欧普照明、三雄极光等都积极布局灯饰城、五金店、商超等网点，同时帮助经销商经营灯具、家电或厨电安装等业务，为用户提供包括照明方案设计、产品选配、全屋布线规划等"一揽子"方案。

4. 泛家居企业联合房地产商推行"一站式"装配销售

（1）瓷砖企业在工程设计和造价预算中嵌入自己的产品。随着房地产行业集中度不断提升，精装房比例大幅上升，瓷砖企业与房地产商紧密合作，在工程设计和造价预算时就嵌入自己的产品。蒙娜丽莎、东鹏等品牌公司积极与大型房地产企业合作，签订捆绑销售协议，瓷砖企业的产品进入了房地产企业的"一站式"装配篮子。

（2）家具企业在房屋空间设计和造价中融进自己的产品。欧派家居与房地产开发商或工程承包商签订产品供应与安装合同，开展集成式大宗业务销售。索菲亚提供定制配套服务，将产品嵌入大型房地产精装修项目，深化泛家居业务。尚品宅配跨界提供产品和服务，与房地产行业、家装行业、建材行业、家电行业、软件互联网等行业相互渗透。

（3）厨电企业在厨卫工程中嵌入自己的产品。由于厨房、卫生间的家电使用情景特殊，对水、电、火等要求较高，因此厨电企业如华帝、杭州老板电器股份有限公司（以下简称"老板"）、广东万和新电气股份有限公司（以下简称"万和"）等都非常重视精装房厨卫工程市场，积极与国内大地产商，如恒大地产集团有限公司（以下简称"恒大"）、碧桂园控股有限公司（以下简称"碧桂园"）、万科企业股份有限公司（以下简称"万科"）、融创中国控股有限公司（以下简称"融创"）等形成联盟，开发工程渠道。

5. 泛家居企业积极开发物联网智慧家居

（1）家具企业积极开发物联网智慧家居相关产品。智慧家具将电子、机械、物联智能融入家具中，是智慧家居的重要组成部分。广东传统家具生产企业中已有部分企业率先开发自己的智慧家具产品，目前这些产品主要集中在床垫、沙发、书桌等产品上，如广东佛山的左凡家具，他们开发了带音响和振动功能的沙发、自动升降的床和衣柜等，吸引了年轻消费者的注意力。

（2）家用照明企业主动拥抱物联网智慧家居。家用照明龙头企业紧跟产品智能化大趋势，为用户提供从单灯智能控制到场景化的全屋智能家居照明系统方案：一方面开发应用于各种情景的智能照明系统；另一方面与分销商及装修设计公司合作，提供家庭智能照明布线、安装等服务。

（3）厨电企业探索智慧厨房使用情景。华帝、老板、万和等厨电行业龙头企业在技术开发上积极投入，联动家电与场景、内容与服务，从"单品厨电"向"系统厨电"、从"智慧厨电"向"智慧厨房"不断演变，逐步走向大家居创新，打造智慧家居生态。

三　广东泛家居主体行业出口贸易发展态势

近年来中国泛家居主体行业出口额整体上还在增加，但年均增长幅度已经回落到6%的水平。海关总署的数据显示，2019年全国泛家居主体行业出口额为 7478 亿元,其中广东泛家居主体行业出口份额约占全国的 1/3 强。疫情导致 2020 年第一季度中国几乎所有产业的出口急剧下滑,泛家居行业也是负增长。从 2020 年 3 月开始,随着国内疫情初步得到控制,泛家居行业出口情况开始好转,其中厨电、家具的出口增速高于建筑卫生陶瓷。

(一)广东泛家居主体行业出口贸易情况

1. 广东家具行业出口额趋于下降

根据广东省家具行业协会数据,2015 年广东家具出口额达到峰值 1350 亿元,2019 年出口额 1340 亿元,2020 年出口额 1300 亿左右,自 2015 年以来广东家具出口额呈现缓慢下降趋势,广东家具出口已然触碰到了"天花板"。浙江省家具行业协会数据显示,2015 年浙江家具出口额 756 亿元,2019 年出口额 910 亿元,2020 年出口额 896 亿元,与 2019 年相比略有下降。与广东相比,近年来浙江的家具出口额在小幅增长,这得益于浙江的电商出口渠道优势。在全部商品进出口增速方面,浙江也排在全国第一位。

广东家具出口额趋势的变化,既有外因,也有内因。外因主要有:反自由贸易主义盛行、政治摩擦、西方发达国家经济增速放缓、东南亚和非洲家具制造能力的增强等。这些外部环境的变化对企业而言,是无法改变的。但有一些因素是广东家具企业自身的问题,如品牌知名度不够、没有积极拓展海外销售渠道等。

与多数广东家具企业的海外"无为"相比,江浙、北京等地的一些大型家具企业已经行动起来,通过海外设厂、兼并收购等方式,完善供应链的全球配置,缓解贸易摩擦的影响。例如,敏华控股有限公司收购越南厂房,将一半产能转移到越南。还有企业通过兼并收购的方式布局全球销售网络,提高品牌国际知名度,如梦百合家具科技股份有限公司通过收购美国家具零售商 MOR 的大部分股份,改变了美国西海岸零销售的终端分布。

2. 广东建筑陶瓷出口额趋于下降

海关统计数据显示,2018 年广东陶瓷砖出口额 86.9 亿美元,2019 年出口额 84 亿美元,2020 年出口额 75 亿美元。近年来广东陶瓷砖出口额一直在下降，这与广东建筑陶瓷产能的对外转移有直接关联。

随着东南亚国家建筑陶瓷行业的发展，广东建筑陶瓷的成本优势已经不复存在。除了少数建筑陶瓷龙头企业拥有技术和品牌优势外，其他建筑陶瓷企业基本停留在产品单一、品牌缺乏、拼价格、拼成本的经营层面。2020 年的新冠肺炎疫情和"煤改气"政策叠加，导致广东中小建筑陶瓷企业有近百条生产线退出。而江西、山东、四川的建筑陶瓷企业却实现"逆势增长"，这在一定程度上是因为他们承接了广东原来的业务订单，收编了广东二、三线品牌店的经销商。

除了受东南亚国家的建筑陶瓷行业的冲击外，欧、美、日等主要市场的各种反倾销、技术壁垒也让广东中小企业瓷砖出口举步维艰。例如，出口欧美的一些产品需要提供 CE 认证，该认证旨在保护建筑物和消费者的安全，有效期为 1 年；再如，除了满足欧盟标准，英国还要求进行额外的 WRAS 认证，主要测试机械和毒性；另外，要进入北美市场，除了进行 UPC 认证之外还要进行 WaterSense 认证，其为美国环保署发起的一个节水认证。据不完全统计，自 2001 年起，广东建筑陶瓷出口就先后遭遇了印度、菲律宾、韩国、巴基斯坦、泰国、欧盟等国家和地区的反倾销调查，这些国家和地区不断提高认证门槛，导致广东很多实力薄弱的建筑陶瓷企业被迫退出了外贸市场。

3. 广东照明出口量增幅收敛

高工产研 LED 研究所（GGII）数据显示，2018 年广东 LED 照明出口额126.2 亿美元，出口数量 80 亿只；2019 年出口总额约 124.1 亿美元，出口数量约 77 亿只，出口数量同比下降 4%；2020 年出口总额 140 亿美元，出口数量 88.5 亿只，出口数量同比增长 15%。2020 年上半年出口比 2019 年同期减少 3.2%，但下半年出现大反转，原因是照明为刚需产品，其他国家的疫情控制不力使很多东南亚的 LED 照明生产订单转回了广东。

整体来看，广东 LED 照明出口量增幅已触碰"天花板"，这是因为在广东 LED 照明行业中，除了少数龙头企业以外，大部分 LED 企业没有核心专利。全球 LED 专利技术集中在日本和美国等 LED 技术强国，他们主要和亚洲一些生产技术较先进同时具有强大的制造能力的企业合作，专利授权进行生产。在普通的 LED 民用照明方面，LED 技术强国的合作对象逐渐转为东南亚生产成本较低的国家。尤其是随着一些 LED 专利时限接近失效，LED 行业的转移将更加明显。新冠肺炎疫情虽然给广东 LED 照明出口带来了短暂的反转，但 LED 产业转移的趋势是明确的。

此外，国内一些低价低质的 LED 照明产品扰乱了出口市场的秩序。其中就包含广东的一些企业，其配件不符合标准，靠低价倾销不仅招致欧美市场的反倾销指控，同时也导致整体 LED 出口生态环境的恶化。

4. 广东厨电出口额稳步小幅增长

家电消费网数据显示，近年来厨电出口情况较好。2018 年广东厨电出口额约 49 亿美元；2019 年出口额约 50 亿美元；2020 年尽管受到疫情冲击，但仍有小幅增长，出口额约 52 亿美元，较 2019 年约增长 4%。

广东厨电的出口近年来稳中有升。一方面，近年来包括厨电在内的家电企业中的头部企业加大了向全球化品牌企业转型的力度，在海外并购和自主品牌建设上取得了突破性进展，包括厨电在内的家电出口都有了显著改观。另一方面，疫情的流行也增加了人们对健康生活的重视，厨电产品也因此受到消费者的关注。

（二）全国泛家居主体行业出口贸易情况

据海关总署统计，在我国劳动密集型产品出口中，泛家居主体行业出口额约占 1/3 强。"十三五"期间，中国泛家居主体行业的整体出口保持了稳步增长态势，出口额从 2016 年的 6500 亿元增长到 2020 年的 8123 亿元（见图 1）。

虽然 2020 年遭遇了前所未有的困境，但是自 3 月以来，全国泛家居行业的出口整体上快速反弹，确保了全年出口额与同期相比仍能实现正增长。从近年来广东和全国泛家居主体行业出口额的比较中可以看出截然不同的趋势：全国的泛家居主体行业出口还在增长，广东却在逐年下降。2018 年广东泛家居主体行业出口额 455.84 亿美元，2019 年 339.79 亿美元，2020 年

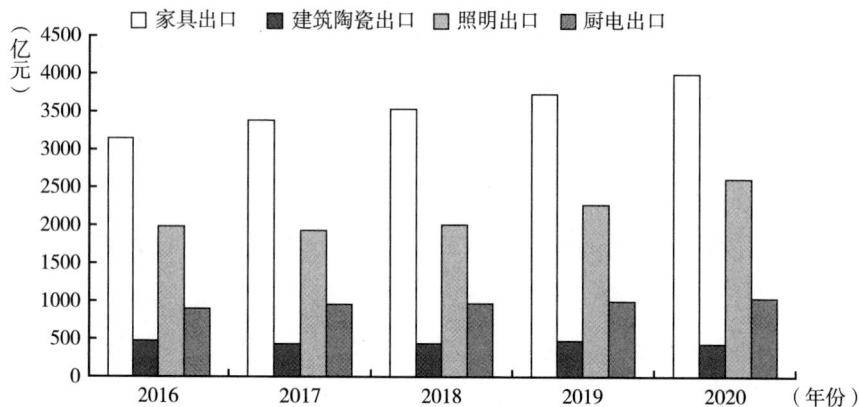

图1 "十三五"期间全国泛家居主体行业的出口额

257亿美元（见图2）。① 泛家居行业整体出口规模的下降与泛家居产业向国内其他省区市以及东南亚转移有直接关联。

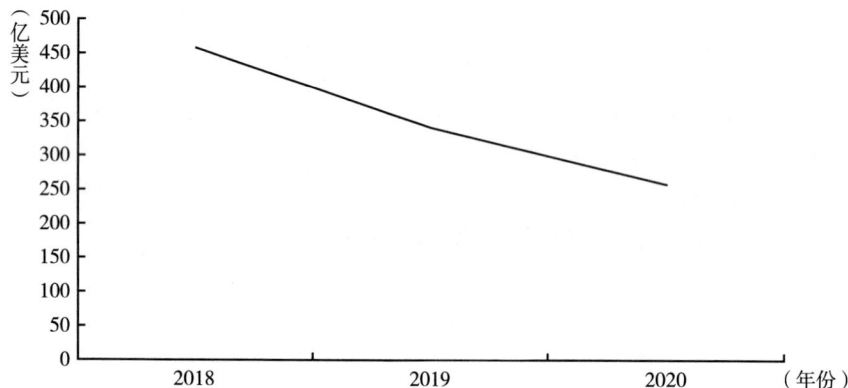

图2 2018~2020年广东泛家居主体行业出口额

（三）广东泛家居产品主要国际市场的销售渠道

广东泛家居产品出口主要集中在美国、日本、英国、德国、韩国、澳大

---

① 广东泛家居主体行业出口额数据来自相关行业协会，不同的统计口径下数据可能存在差异。

利亚、加拿大、新加坡、沙特阿拉伯、马来西亚等国，其中美国、欧洲、日本、中东地区是主阵地，市场占比超过6成。

（1）美国泛家居市场渠道线下线上平分秋色。美国人口3.3亿，是全球第一大泛家居进口国，美国市场占广东泛家居出口市场的30%。美国市场分销渠道的特点是传统综合零售商和综合电商分庭抗礼。在美国，多品牌甚至多品类经营的综合零售商扮演了类似中国国内"进口分销商＋零售商"的角色。2008年国际金融危机以来，美国泛家居零售商主导分销渠道的格局因线上购物的兴起而发生转变，亚马逊和Wayfair等电商平台给消费者带来了全新的购物体验，近年来电商平台也开始挑战综合零售商，投资线下实体商店。预计未来美国的泛家居市场分销渠道将在很长一段时间内保持"综合零售商＋电商"的格局。美国的市场经济比较成熟，各行各业产品在进出口，以及批发、零售方面均有极为详尽的法律规定与要求。美国消费品市场对产品质量要求较高，不论是对产品质量、包装质量还是售后服务都有严格的要求。泛家居产品在美国消费品市场有较强的季节性，每年下半年是销售旺季，特别是从"黑五"（11月第四个星期五）至圣诞节，大约一个月时间的销售额约占全年销售额的1/3。

（2）日本泛家居专业零售店在新兴家居市场中起主导作用。日本人口1.2亿，是全球第二大泛家居进口国，日本市场约占广东泛家居出口市场的5%。日本市场分销渠道的特点是线下连锁零售店主导销售格局。近年来日本人口老龄化、少子化现象严重，人们倾向于减少不必要的消费，使泛家居市场增长缓慢。生活在市区的日本人不再像过去那样，周末开车去城郊大型泛家居零售店购买产品，而更愿意去交通便捷、人流量较大的市中心的中等规模的百货商店购买产品，这类百货商店成为日本泛家居市场分销渠道的领导者。例如，适应这种新的消费行为的中等规模泛家居连锁零售店——"NITORI"赢得了很大的市场分销渠道份额，其被称为日本的"宜家"。

（3）德国泛家居市场分销渠道集中度高。德国人口8300多万，是全球第三大泛家居进口国，德国市场约占广东泛家居出口市场的5%。德国本土的泛家居制造业很少，主要进口东欧及亚洲的泛家居产品。德国泛家居市场的分销渠道高度集中，约 2/3 的份额被 5 大家具采购合作社控制。当然近年来也出现了一些新的变化，一些兴起的大型泛家具展示型零售企业开始抢夺家具采购合作社的市场份额，其中，宜家、嘉士达－广利等大型专业零售企业扩张迅速。至于电商，德国的泛家居电商的发展尚处于起步阶段。德国消费者对购物的便捷性、商品的性能和安全很看重，德国消费者要求提供产品认证。德国的消费旺季在年末，"黑五"购物狂欢节、圣诞节、冬季假期、新年等假日都是促销的好时段。

（4）英国泛家居零售商在市场分销渠道中占主导地位。英国人口 6700多万，英国市场约占广东泛家居出口市场的 4%。英国本土的泛家居制造业很少，泛家居产品主要依赖进口。泛家居市场分销渠道的 2/3 被专业泛家居零售商控制，剩下的 1/3 被综合型零售商所掌握。在综合型零售商的业态中，百货商店占比最多，一些知名的大型百货商店如百安居（B&Q）、玛莎百货（Marks & Spencer）等控制了进口货源和分销渠道。关于电商，英国泛家居电商的发展还处于起步阶段，英国消费者比较关注品牌商品折扣。

（5）法国泛家居专业零销商掌控主要分销渠道。法国人口 6700 万，法国市场约占广东泛家居出口市场的 3%。法国自身的泛家居制造业较少，泛家居产品大部分依赖进口。法国泛家居分销渠道的 80% 被 4 大专业零售商所控制，如采购商欧洲家具集团、家具合作组织 UCEM 等。近年来法国的泛家居电商销售开始发力，但与美国相比进展还是比较缓慢，分销渠道格局仍然还是以传统渠道为主。法国消费者重视品牌宣传，对新颖的泛家居类产品比较感兴趣，购物时重视风格、款式、色调等直观感受。法国的假日时长全球第一，法定假日就有 10 个，分别是国庆节、圣诞节、元旦、劳动节、万圣节、复活节、耶稣升天节、圣母升天节以及一战停战日和二战停战日。法国消费者习惯在假日采购泛家居类商品。

（6）意大利泛家居市场分销渠道较集中。意大利人口 6000 万，其本土的泛家居制造业有较大的规模，历史上曾是欧美的主要供应商。意大利泛家居市场的分销渠道大部分被少数专业分销商控制，泛家居电商尚处于起步阶段。意大利人的性格热情奔放，无拘无束，讲究实际，这自然影响到了对泛家居商品的购买行为。特别是在 2008 年国际金融危机后，意大利中产阶级数量减少，出现一方面少数富有的消费者愿意为奢侈品化的泛家居商品买单，另一方面大量收入较低的消费者对普通泛家居类商品的价格斤斤计较的局面。

（7）中东地区泛家居市场的分销渠道分散且杂乱。中东地区人口接近 5 亿，其中较富裕的国家如卡塔尔、阿联酋、科威特、沙特阿拉伯、阿曼，这些国家的人口约 6000 万。其中阿联酋和沙特阿拉伯就占了一半的泛家居市场份额。中东地区泛家居制造业较少，主要依赖进口，该地区分销渠道集中度还不高，本地的一些大型批发商、阿里巴巴电商平台、线下会展等多种渠道共同分享进口和分销渠道。中东消费者习惯把购物当成一种休闲方式，他们会花较多时间在装有空调系统的大商场里慢慢看、仔细挑。中东的购物假期主要集中在斋月。在整个斋月，虽然很多活动接近停止，但是人们的消费热情异常高涨。

四　广东泛家居行业贸易存在的问题

（一）国内贸易缺少大型泛家居连锁购物平台

随着国内城镇化建设的推进，消费者在城市的聚集度已经非常高了，城市中泛家居购买渠道主要是首推大型品牌化产品的专业购物中心。红星美凯龙、居然之家是国内大型泛家居购物中心的代表，它们已经完成了全国一线、二线城市的"跑马圈地"，渠道品牌效应已经形成。红星美凯龙在其 2020 年半年度公司报告中披露，其已经经营了 87 家自营商场、247 家委管商场，通过战略合作经营 12 个家居商场；此外还以特许经营方式授权开设 50 家特许经营家居建材项目，一共包括 430 家家居建材店。红星美凯龙经营的自营商场和委管商场覆盖了全国 29 个省、自治区、直辖市的 209 个城市，商场总经营面积达到 2095 万平方米。红星美凯龙通过自营商场与委管商场双轮驱动的发展模式占领了一线、二线城市核心区域的物业①。居然之家在其2020年半年度公司报告中披露，其已经营门店358家，覆盖一线城市至五线城市，布局深度和广度居领先地位，拥有现代百货店9家，购物中心1家，各类生活超市106家②。

欧美和日本泛家居企业的发展历程表明，制造企业向下延伸覆盖零售环节是泛家居企业升级的必然，如瑞典的宜家、日本的NITORI。广东虽是泛家居制造强省，但并不是泛家居贸易强省。泛家居类产品的技术创新空间小，但与消费者的情感互动高，如果不向零售端升级，广东的制造优势将很难保持。

（二）内销单品争雄，但销售合作少

泛家居类产品的工程属性、集成属性突出，一些龙头企业已经在整合产品，探索集成销售模式。例如，红星美凯龙贴合家居装修市场的趋势，不断增加定制品类规模，在全国分级推行"门窗精品馆""门窗生活馆"；建设包含家电的智能化家居体验区，不断引进新品牌，形成规模效应；打造"家装设计体验中心"，以家装和设计作为客户流量入口的抓手，整合行业上下游产业链，增强与工厂、经销商、设计师的合作，提升资源整合和服务能力。再如，浙江帅康电气股份有限公司（以下简称"帅康"）基于抽油烟机和燃气灶主业，联合了35家企业组成整体厨房业务联盟，产品涉及吸油烟机、电热水器、燃气灶、家用空调、中央空调、整体厨房、换气扇、高效暖风机、消毒柜、灯具等，并将业务向大家电领域扩展。

广东泛家居单品制造能力很强，但泛家居行业已进入严峻的买方市场。消费者不愿意花费太多时间和精力逐个解决生活中的烦恼，因而他们更青睐系统化的家居服务方案，至于谁的产品更优反倒是次要的问题了。

---

① 红星美凯龙家居集团股份有限公司：《红星美凯龙家居集团股份有限公司2020年半年度报告》，巨潮资讯网，http：//www.cninfo.com.cn/new/index，第13页。
② 居然之家新零售集团股份有限公司：《居然之家新零售集团股份有限公司2020年半年度报告》，巨潮资讯网，http：//www.cninfo.com.cn/new/index，第8页。

（三）外贸自主渠道缺失

广东是泛家居制造强省，以往都是通过广交会等"就地坐等贸易"模式吸引外商。随着东南亚泛家居制造竞争力的提升，以及全球电商购物行为的强化，昔日主动来广东采购的外商数量逐年下降。相比之下，近年来浙江省依托电商平台在外贸自主渠道建设方面收获显著。从表1可以看出，在2020年上半年广东陶瓷砖出口额同比下降38.3%，浙江同比增长274.32%。可见，越是在销售困难之际，掌握渠道资源的重要性就越发突出。

表1　2020上半年全国主要省份的陶瓷砖出口情况

省份	出口额（美元）	同比增幅（%）
广东	696211820	−38.30
福建	362549586	6.79
广西	135316256	−29.69
山东	98646365	33.87
浙江	97164073	274.32
江西	74082476	13.66
湖南	44601898	−2.45
江苏	38369008	−19.41

数据来源：中国建材联合会。

五　广东泛家居行业贸易的发展对策

（一）鼓励广东泛家居类贸易龙头企业拓展国内渠道

广东泛家居类贸易龙头企业主要集中在家具定制领域，瓷砖、照明、厨电领域尚未出现连锁化、贸易网络遍及全国的企业。建议广东省商贸主管部

185

门择优扶持具有发展潜力的泛家居商贸龙头企业，鼓励他们在国内开拓市场渠道，鼓励他们搭配泛家居类产品进行销售，鼓励他们投资建设智慧泛家居平台和系统来为消费者提供综合性的泛家居服务。

（二）引导成立广东泛家居行业联盟

泛家居行业共享同一类客户群体和同一类销售通道，泛家居行业内的各个子行业之间的协作远大于竞争。智能家居、精装房产销售、个性化家居综合定制都凸显了泛家居产品整合的趋势，泛家居行业之间的协作与沟通势在必行。建议广东省商贸主管部门指导全省泛家居子行业协会加强联盟与合作，严把行业内会员资质，保障产品品质，分享贸易渠道，为广东泛家居产品的销售做出积极贡献。

（三）鼓励成立泛家居技术联盟，共同制定智慧家居标准

智慧家居是泛家居行业的一个发展方向，是家具、照明、厨电等产品智慧互联的方向，而目前泛家居各个细分行业只从自己的领域开发新产品，没有注意到各产品的整体协同问题及房间整体装修工程问题，这可能会影响消费者的使用感受，导致智慧家居概念大于实质，消费者购买意愿下降。此外，目前智慧家居产品良莠不齐，极易破坏整个行业的生态环境。建议商贸、科技、住建主管部门设立专项引导资金，鼓励泛家居龙头企业与房地产龙头企业、物联网等信息技术企业一起成立泛家居技术联盟，共同制定智慧家居标准，引导行业规范发展。

（四）整合广东各城市的泛家居国际采购活动

广东泛家居类采购活动涉外的展会数量众多，广州、佛山、东莞、中山每年都有多场泛家居展会，有综合性的大型展会，如广交会；有单一行业性的展会，如各个城市自己的陶瓷会展、家电会展、家具会展、灯饰展等。目前各个城市之间的展会时间、布展、策划缺乏协同，如在2020年新冠肺炎疫情肆虐全球之际，海外客商来广东参展，就要隔离14天，但不同的展会

从年初排到年尾，同一批海外客商又不可能全年驻留广东，签证和海外客商的业务都不支持这种安排。

建议广东省商贸主管部门与各行业协会加大协调力度，在各城市的泛家居会展时间、策划、布展等方面加强沟通，加强协作，为海外客商在广东的"一站式"泛家居采购提供方便。

（五）鼓励泛家居企业联合设立公共海外仓、展示仓

随着跨境电商对泛家居行业多品种、小批量贸易支持力度的不断增大，海外消费者"一站式"采购泛家居的需求被激活，这将替代原有的层层批发的外贸模式。海外消费者可以通过集中的泛家居展示仓获得整体印象，获得基于远程的设计技术力量支持，以及现场技术人员的个性化定制服务咨询，这种成套购买的行为将让消费者获利更多。除了展示仓，还需要就近建设快捷发货的公共海外仓，来满足海外消费者的快速购物和安装需求。目前仅有个别有实力的泛家居生产企业根据自己的海外市场拓展业务建设了单一产品的海外仓、展示仓。因此，需要广东省商贸主管部门设立专项引导资金，鼓励泛家居企业联合起来共同建设海外销售渠道，共同服务海外消费者。

参考文献

［1］艾媒咨询：《艾媒报告｜2020 年 H1 中国家电细分行业发展现状及典型企业案例分析报告》，艾媒网，https：//www.iimedia.cn/c400/70779.html，2020 年 4 月 14 日。

［2］高工产研 LED 研究所：《2019 年 LED 产业趋势报告》，高工产研网站，http：//www.gg－ii.com/。

［3］红星美凯龙家居集团股份有限公司：《红星美凯龙家居集团股份有限公司 2019 年年度报告》，上海证券交易所网站，http：//www.sse.com.cn/disclosure/listedinfo/announcement/c/2020－04－18/601828_ 20200418_ 39. pdf。

［4］红星美凯龙家居集团股份有限公司：《红星美凯龙家居集团股份有限公司 2020 年半年度报告》，巨潮资讯网，http：//www.cninfo.com.cn/new/index。

［5］居然之家新零售集团股份有限公司：《居然之家新零售集团股份有限公司 2020
年半年度报告》，巨潮资讯网，http：//www. cninfo. com. cn/new/index。

［6］中国建筑卫生陶瓷协会：《2019 年建筑陶瓷与卫生洁具行业发展概况》，佛山
陶瓷网站，http：//www. fsxtw. com/info/hynews/2020 - 03 - 12/2435. html，2020
年 3 月 12 日。

B.10
新冠肺炎疫情对广州外贸
新业态的影响与对策

周骏宇*

摘　要： 本报告介绍了新冠肺炎疫情危机前广州贸易新业态的发展
态势；分析了新冠肺炎疫情对广州贸易新业态的影响：跨
境电商、市场采购贸易逆势增长；外贸综合服务业务与广
州外贸同步收缩；平行进口、邮轮旅游受到猛烈冲击。本
报告还分析了疫情背景下广州发展贸易新业态存在的障
碍，分领域提出了疫情常态化防控时期推动广州贸易新业
态发展的策略。

关键词： 贸易新业态　新冠肺炎疫情　跨境电商　市场采购贸易
广州

　　贸易新业态以新模式凝聚新优势，以新动力推动新增长，意味着更少投
入和更多产出，更高效率和更多便利，高度契合高质量发展的内涵特征。习
近平总书记在党的十九大报告中强调"培育贸易新业态新模式，推进贸易
强国建设"，在参加十三届全国人大一次会议时也强调"加快发展更高层次
的开放型经济，加快培育贸易新业态新模式"。

　　近年来，中国及广州贸易新业态、新模式迅猛发展，成为外贸及经济发

---

* 周骏宇，经济学博士，广东外语外贸大学经济贸易学院教授，广州国际商贸中心研究基地研
究员，研究方向为国际经济学、演化经济学、劳动经济学等。

展新的增长点和亮点。但新冠肺炎疫情的出现，打破了贸易新业态的原有发展态势。有的业态（如邮轮旅游）受到巨大冲击，损失惨重；有的业态（如跨境电商）逆势而上，表现亮眼。我们需要分类梳理，区别应对。

一 新冠肺炎疫情危机前广州贸易新业态的发展态势

（一）跨境电商蓬勃发展

跨境电商是一种贸易方式的创新和流程的再造，它绕过传统贸易中间商，直接将产品销售给客户，改变了全球贸易链条的价值分配。跨境电商是当前发展最为迅速的贸易方式之一，它减少了中间环节，突破了时空限制，为更多企业、更多个体提供了新的机遇。近年来，商务部会同各部门（各地）摸索建立了以"六体系两平台"为核心的政策体系，面向全国复制推广。广州部分区域跨境电商发展颇有特色，跨境电商监管"南沙模式"获评全国自贸试验区最佳实践案例。

广州跨境电商贸易在全国形成了一定的优势。2015～2019年，广州南沙跨境电商网购保税进口年均增长1.15倍。2018年，在浙江电子商务研究中心发布的《中国跨境电商综试区城市排行报告》中，广州在国家2批13个"跨境电商综合试验区"城市的综合排名中居第二位。

2019年广州市跨境电商进出口385.9亿元，在全国跨境电商零售进出口额中（1862.1亿元）占20.72%，同比增长56.4%，比全国高18.1个百分点，其中，出口132.7亿元，居全国第3位；进口253.2亿元，居全国首位，这是连续五年排名全国第一。在广州商品进出口总额（9995.81亿元）中，跨境电商占比约为3.86%。2015～2019年，广州跨境电子商务进出口总额年均增长54.52%，出口额年均增长40.04%，进口额年均增长66.18%（见表1）。通过跨境电商出口至"一带一路"沿线国家的商品总值为58.20亿元，同比增长98.40%，占关区跨境电商出口额的27.90%。

表 1 2015~2019 年广州跨境电商进出口贸易规模

单位：亿元，%

年份	总额	出口额	进口额
2015	67.7	34.5	33.2
2016	146.8	86.5	60.3
2017	227.7	75.8	151.9
2018	246.8	48.8	198.0
2019	385.9	132.7	253.2
2020	419.9	—	—
2015~2019 年年均增速	54.52	40.04	66.18

注：2020 年为 1~11 月数据。

数据来源：根据海关总署有关数据整理所得。

（二）市场采购贸易快速增长

所谓"市场采购贸易"（海关监管方式代码 1039）是一种贸易新业态、新模式，市场采购贸易是指由符合条件的经营者在经国家商务主管等部门认定的市场集聚区内采购的、单票报关单商品货值 15 万美元（含 15 万美元）以下并在海关指定口岸办理出口商品通关手续的贸易方式。该贸易方式专门为专业市场"多品种、多批次、小批量"的外贸交易设立，具有通关快、便利化、免征增值税等特点。2014 年以来，商务部已先后在浙江义乌、广州花都等 14 个地方开展了市场采购贸易试点，均取得积极成效。浙江义乌是全国最早试点市场采购贸易的地区。2018 年，商务部等 7 部门联合印发《关于加快推进市场采购贸易方式试点工作的函》，将试点推广至多个地区，允许浙江温州（鹿城）轻工产品交易中心、福建泉州石狮服装城、湖南高桥大市场、广东亚洲国际家具材料交易中心、中山市利和灯博中心、四川成都国际商贸城试行市场采购贸易。

广州市场采购贸易更加便利化：一是免征不退，不用开增值税发票，节省成本；二是扩大报关限额，单票报关单商品货值由 5 万美元提升至 15 万美元；三是关务秒审，出口关务审核便利快捷；四是归类通关，出口货物按大类申报和认定查验；五是结汇创新，突破了"谁出口、谁收汇"的限制，允许采用人民币结算。只要在广州市商务局或花都区商务局注册备案的个体工商户或企业都能享受市场采购贸易政策的便利。广州市场采购企业既可以自行选择在花都海关清关，也可以在花都海关办理市场采购商品申报出口手续，在其他现场接单，货物可以在南沙港、广州白云机场、内港等口岸实际出口。

广州花都皮革皮具市场作为华南地区及全省首个市场采购贸易试点，自2017年3月启动以来，通过多项举措推动市场采购贸易取得较好发展。2018年，广州市场采购贸易出口1580.9亿元，位居全国第二，一般贸易出口2066.57亿元，加工贸易出口1595.81亿元。市场采购贸易已成为继一般贸易、加工贸易之后的第三大出口贸易方式，占全市出口额的28.19%（见图1）。

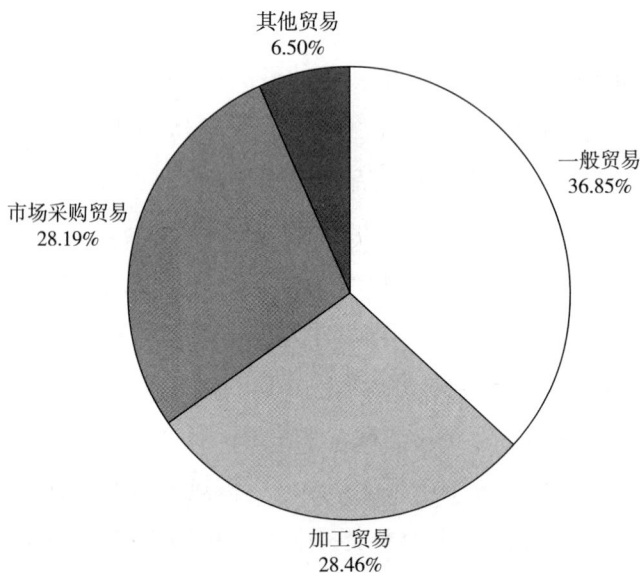

图1　2018年广州不同贸易方式的出口占比

数据来源：广州统计公报（2019）。

（三）外贸综合服务平台业务势头良好

外贸综合服务是外贸业务模式的创新，是支持中小微企业发展外贸的综合服务新型业态。外贸综合服务有利于实现外贸优进优出，更好地实现"人人都会做外贸"的目标；可以帮助中小企业解决业务流程复杂、专业性强、能力和资源有限等问题；可以促进政府、平台、企业实现数据信息联通；可以提供多种金融产品，协助解决企业融资难问题。

外贸综合服务企业，实际上是从传统的外贸代理发展而来的。2013 年 7 月 24 日，国务院常务会议制定了促外贸的"国六条"。其中一条措施为"支持外贸综合服务企业为中小民营企业出口提供融资、通关、退税等服务"，首次肯定了"外贸综合服务企业"的地位，并认可外贸综合服务业的退税功能。2015 年 7 月 28 日，国务院办公厅发布《关于促进进出口稳增长、调结构的若干意见》，提出要充分发挥外贸综合服务企业的作用，为中小民营企业出口提供通关、融资、退税等服务，抓紧研究促进外贸综合服务企业发展的支持政策。早在 2015 年 8 月，广州市商务委就印发了《关于促进外贸综合服务企业发展的实施意见》。该文件旨在大力培育外贸综合服务企业，为广大中小微企业开拓国际市场提供集成服务，推动外贸转型升级。

洲博通是国内第一批从事外贸综合服务业务的外贸综合服务平台，是广州市成功备案的 7 家外贸综合服务平台之一，已经累计服务外贸企业 3000多家。截至 2021 年 2 月，服务订单数量 34201 份；服务产品出口国家和地区约 120 个，出口金额 10 亿美元以上。[①]

（四）平行进口蒸蒸日上

以平行进口汽车为例，平行进口业态绕过了总经销商、大区经销商、4S 店等销售环节，节省了不少成本。平行进口汽车的定价不受厂商限制，在价格上有一定优势，通常比中规车价格要低 10% ~ 20%，豪华品牌车型

---

① 洲博通网站（https://www.zbtservices.com/#about）。

的差价更大。在国内,平行进口汽车的主要进口口岸地区是天津,其次是广东跟江苏,湖南、浙江以及辽宁也有平行进口口岸。

广州是全国第二大平行进口汽车试点城市。2015 年广州平行进口汽车1821 辆;2018 年广州南沙口岸申报平行进口车货值 7.8 亿美元,增长54.04%;2019 年,广州整车进口 1.2 万辆,同比增长 1.5 倍,比 2015 年增长 5 倍多。进口车型超过 75 款,包括宾利添越、玛莎拉蒂莱万特、保时捷918 等全球顶级豪华车型,较好满足了客户的多元化消费需求。

广州南沙已汇聚汽车贸易、销售、代理、融资等各类企业超过 140 家。国内领先的大型平行进口汽车企业多已将南沙作为其南方总部,业务辐射两广、云南和贵州地区。2016 年,占地面积达 1.3 万平方米的南沙汽车码头汽车展贸中心全面投入使用,这是广州地区规模最大、入驻企业最多的平行进口汽车专业展厅。

(五)邮轮旅游方兴未艾

中国邮轮市场虽然起步较晚,但是发展异常迅猛,目前已成为仅次于美国的第二大邮轮市场,并已进入全产业链发展阶段。

2016 年 1 月,丽星邮轮"处女星号"正式通航,广州邮轮产业实现从无到有的跨越。截至 2020 年底,南沙港已落户全球前 21 强班轮,开辟外贸航线 100条,与 100 多个国家和地区的 400 多个港口有海运往来;吸引超过 7000 家航运物流企业在此集聚。依托这些优势,南沙自贸区邮轮旅客规模居全国第三位。

2017 年,南沙港邮轮出入境 276 艘次、出入境旅客达 32 万人次,2018 年出入境旅客超 47 万人次。2019 年 11 月 17 日,南沙国际邮轮母港开港首航。

二 新冠肺炎疫情对广州贸易新业态的影响

(一)跨境电商业态逆势增长

受新冠肺炎疫情影响,2020 年以来中国外贸面临多年未有的严峻挑战。

尽管疫情让消费者出行受阻，但海外市场的消费需求与消费能力仍然存在，只是正在不断从线下消费转为线上消费。这种消费需求的线上转移，是跨境电商企业的重要机遇。随着境外疫情的持续，预期这种消费需求的线上转移趋势还会持续一段时期。疫情稳定后，由于消费者的消费意识和消费习惯得到重塑，预期在一定时期内居民消费仍会呈现"线上消费黏性化"特征。这对广州来说，是跨境电商贸易发展的机遇，可趁此机会迅速做大规模体量，实现跨越式发展。

广州跨境电商公共服务平台已经成为国内业务总量最大、服务面最广、商品品类最齐全的地方平台。截至 2020 年底，进口商品基本覆盖所有省市，出口货物覆盖全球约 208 个国家（地区），累计服务消费人群超过 3 亿人次。根据中国产业经济信息网 2020 年 6 月发布的信息，2020 年广州保税区跨境电商监管中心验放网购保税进口包裹约 1900 万个，货值 45.6 亿元，同比分别增长 80%、102%。

2020 年 1～8 月，广州经海关跨境电商管理平台进出口额达 257.7 亿元，逆势增长 11.8%，进出口额居全国 105 个跨境电商综合试验区城市首位，约占全国进出口总额的 20%。通过广州跨境电商公共服务平台的进出口单量高达 9200 多万票，日均 50 万票，平均每一秒钟就有 11 位消费者的订单顺利通关。与此形成鲜明对比的是，2020 年 1～8 月，广州进出口总额 6077.67 亿元，同比下降 4.2%。其中出口 3452.1 亿元，同比增长 4.9%；进口 2625.57 亿元，同比下降 14.0%。2020 年 1～8 月，广东货物贸易进出口总额 4.39 万亿元，同比下降 3.2%。其中，出口 2.68 万亿元，同比下降 2.7%；进口 1.71 万亿元，同比下降 4.1%。

（二）市场采购贸易逆风飞扬

市场采购贸易也属于疫情之下逆势增长的行业。究其原因，一是疫情造成防疫物资出口需求旺盛；二是国外疫情蔓延，生活物资出口也大幅增长；三是疫情背景下，外贸企业对以市场采购贸易方式出口的有关优惠政策更为重视。疫情发生以来，中国以市场采购贸易方式出口的防疫物资大幅增长。

根据商务部统计，2020 年 3 月 1 日至 5 月 6 日，中国通过市场采购贸易方式，已经向 194 个国家和地区出口了防疫物资。其中 77 个国家和地区政府、6 个国际组织通过官方渠道与中国签署了 216 批次医疗物资商业采购合同；71 个国家和地区政府、8 个国际组织正与中国企业开展 128 批次商业采购洽谈。2020 年上半年，中国市场采购贸易出口额同比增长 33.4%。

具体到广州，2020 年 1～11 月，广州市场采购出口 1483 亿元，增长 89.4%。截至 2020 年 11 月，广州市场采购贸易额已累计超过 750 亿美元，注册商户超 2 万家。2020 年，广州新增一家市场采购贸易试点市场"环球国际商贸中心（步云天地）"。截至 2020 年底，广州已有新大地服装城、万菱广场、中港皮具城、环球国际商贸中心 4 家市场采购贸易集聚区拓展试点市场。

（三）外贸综合服务业务收缩

当前，广州面临巨大的外贸及经济下行压力。2020 年 1～11 月，广州进出口总额为 8645.4 亿元，比去年同期下降 1.8%；其中进口 4939.5 亿元，比去年同期下降达 14%。2020 年 1～9 月，广州市 GDP 为 17475.86 亿元，比去年同期仅增长 1.0%；其中，第二产业增加值 4704.39 亿元，比去年同期增长 0.70%。

外贸综合服务企业服务外贸企业或制造业企业，在外贸及 GDP 萎缩的背景下，外贸综合服务业务会同步收缩。

（四）平行进口剧烈下降

2020 年，国内汽车累计进口量同比下降。值得关注的是，以往表现出色的平行进口汽车，降幅高于进口车整体。数据显示，2020 年第一季度中国平行进口汽车销量同比下滑 45%。天津市平行进口汽车流通协会发布的调查报告指出，受疫情影响，平行进口汽车企业无法复工，库存车辆无法销售，资金积压严重，很多企业资金链面临断裂，徘徊在生死存亡边缘。

就广州而言，从事平行进口汽车业务的广州宝奔豪车国际贸易有限公司，原计划 2020 年上半年销售进口车 1500 台，截至 4 月上旬，销售量仍是零。4 月以来，温国辉市长等市领导先后召开 5 次外贸专题工作会议，协调解决企业遇到的困难。2020 年 9 月，广州出台的《广州市支持商贸业发展实施办法》规定，对从南沙口岸通过平行进口方式进口的汽车，给予不超过 500 元/辆扶持，单个企业最高扶持 400 万元。在多方努力下，2020 年下半年广州平行进口有所恢复，截至 2020 年 11 月，南沙口岸进口整车累计约4.6 万辆（从试点以来），居全国第二。在进口车型上，日系车比例上升，欧洲车占比下降，中东版车基本进入寒冬。

（五）邮轮旅游受到猛烈冲击

邮轮是新冠肺炎疫情影响下的重灾区。疫情突袭而至以来，各大邮轮公司纷纷取消访问中国的邮轮航次。1 月取消 9 艘母港邮轮的 15 个航次（合计旅客吞吐量约 8 万人次）；2 月共取消 10 艘母港邮轮和 3 艘访问港邮轮 67个航次（合计约 35 万人次）；3 月航次全部被取消，预计影响 25 万人次。2020 年第一季度邮轮市场规模因停航已合计影响 68 万人次，较去年同期下降 74%。[1]

此外，诺唯真邮轮取消了 2020 年第三季度之前亚洲的所有邮轮航程安排。公主邮轮取消了"蓝宝石公主号"邮轮 6 月至 9 月全部 27 个母港航次，预计减少 15 万人次的旅客吞吐量。上海国际邮轮经济研究中心估算，截至4 月，疫情对邮轮公司造成的总收入损失在 13 亿~20 亿元。

三　疫情背景下广州发展贸易新业态的障碍

（一）跨境电商贸易受到运输能力限制

当前，运输能力不足已成为跨境电商贸易的一大瓶颈。出于防疫需要，

---

① 徐杏、沈益华、田佳：《今年邮轮市场发展举步维艰》，《中国交通报》2020 年 4 月 3 日。

全球已有数十个国家减少和暂停大量航线。截至 2020 年 6 月，有 63 家航司全线停飞所有航班；14 家机场停止运营，7 家机场关闭部分航站楼。在海运方面，2M Alliance 暂停 4 条亚欧航线，Ocean Alliance 也取消了太平洋航线上的 10 个航次。

此外，广州发展跨境电商贸易还存在以下障碍。一是跨境电商企业经营压力普遍增大，主要表现在：国内经济下行压力大，一些下游中小型供应商面临倒闭，影响跨境电商企业的供应链稳定性；跨境电商小批量、多频次的备货模式，对资金的占用较大；物流不畅导致消费者撤单现象增多，造成部分市场流失；由于中国与欧盟、美国市场关于产品的标准不一，出现了一些质量纠纷。二是新增综合试验区的分流效应。2020 年 4 月，国务院决定增设 46 个跨境电商综合试验区城市。加上已经批准的 59 个，全国已拥有 105 个跨境电商综合试验区。广州是 2016 年第二批入选的城市。此次大规模扩容，对于新晋区域来说，当然是利好；但是对于广州来说，意味着竞争对手增多，一些本地跨境电商企业的业务、客户都可能会被分流。

（二）市场采购贸易受到质量纠纷的影响

市场采购贸易的主要问题是市场秩序不规范，一些产品质量纠纷频繁出现。2020 年 5 月，海外机构出现了缩减对华防疫物资进口白名单的现象。5 月 7 日，美国 FDA（食品和药物监督管理局）声明，取消 60 余家中国制造商在美国销售 N95 口罩的资格（仅剩 14 家中国制造商），理由是部分口罩无法针对新冠病毒提供足够防护。[1]

5 月 12 日，商务部确认，已暂停以市场采购贸易方式出口部分防疫物资。根据商务部、海关总署、国家药品监督管理局联合出台的《关于有序开展医疗物资出口的公告》（2020 年第 5 号），以及商务部、海关总署、国家市场监督管理总局联合出台的《关于进一步加强防疫物资出口质量监管

---

① 裴昱：《防疫物资暂停市场采购方式出口》，《中国经营报》2020 年 5 月 18 日。

的公告》（2020 年第 12 号）等文件精神，新型冠状病毒检测试剂、医用口罩、医用防护服、呼吸机、红外体温计和非医用口罩出口须满足相关质量监管要求，不适用市场采购贸易方式下的简化申报等通关便利化措施。

（三）外贸综合服务平台风控能力有所不足

疫情对外贸综合服务企业提出了新的要求。一是风险控制能力，包括事前大数据筛选、下厂调研、评分系统、风控报告；事中频率化预警、大数据舆情监控；事后黑名单管理、整改报告。外贸综合服务企业需要用科技的力量为服务对象降低风险；需要由具有多年行业经验的核心团队运营，保证流程逻辑性和系统稳定性；需要有高度的专业化技能，技能水准越高出错率越低。二是降本增效能力。降本增效是企业的核心需求，只有让企业成本降低，效率提升，才能更好地满足企业需求，进而获得订单。谁能做得更好，谁就拥有未来。

（四）平行进口汽车贸易受到"国六"标准限制

造成平行进口汽车贸易大幅下滑的因素主要有两个方面。一是"国六"标准问题。中国新发布的"国六"各项指标，较欧洲标准严格。以颗粒物、一氧化碳及氮氢化物为例，"国六"标准为 0.003 克、0.5 克以及 0.035 克；而"欧六"排放标准为不得高于 0.005 克、1 克以及 0.06 克。而大多数平行进口汽车经销商难以通过"国六"标准。这是因为"国六"检测需要用到 OBD 认证及 PVE 测试文件，但这些文件是原主机厂家的核心数据，是不可能交到平行进口汽车经销商手中的。二是疫情导致销售市场客流下降。疫情期间，消费者闭门不出，但平行进口汽车经销商基本在规模较大的汽车交易市场进行交易，所以经营难度更大。

（五）邮轮旅游受疫情影响比较大

发展邮轮旅游的障碍一是邮轮构造存在不足。现有构造无法完全排出"旧风"，实现空气外循环，存在传播疫病的隐患。二是全球疫情控制状况不佳。由于邮轮是跨国家、跨地区的旅游产品，只有世界各地的疫情都有明显缓解时，相关需求才会逐步恢复。三是邮轮企业举步维艰。在疫情过程中，巨大的邮轮日常养护、港口停泊、财务成本等费用很可能会让一批邮轮企业"难以为继"甚至走向倒闭。公主邮轮母公司嘉年华集团 2020 年第一季度净亏损 7.81 亿美元，市值不到一个月缩水 151 亿美元。2020 年 3 月 2 日，日本神户夜光邮轮公司成为日本首个因新冠肺炎疫情破产的邮轮公司。四是受"钻石公主号"事件等的影响，消费者消费信心不足。

四　疫情防控常态化背景下广州贸易新业态发展的策略

针对不同贸易新业态的特征和受冲击程度，本报告提出针对性的应对策略，以推动新业态发展，助力外贸回稳增长。

（一）积极突破瓶颈，做大做强跨境电商

跨境电商外贸迅速发展，但受到了运输能力的限制，因此必须消除限制跨境电商贸易发展的因素，助推跨境电商贸易的发展。

1. 增加货物出口运力

广州拥有白云机场、南方航空公司等优势，还拥有中欧班列。目前，白云机场通航机场 250 个（其中国外机场 194 个），服务航空公司 90 家（其中国外航空公司 61 家）。2019 年，白云机场旅客吞吐量 7338.61 万人次，货邮吞吐量 192.2 万吨，均在国内机场中排第 3 位。广州可以充分利用这些优势，通过增加班次、增加包机、复航、"客改货"等方式，大幅增加运力，将跨境电商潜在的市场需求转为现实的外贸增长。

2. 以"数字贸易"引领跨境电商大发展

数字贸易是以现代数字网络为载体，通过对信息技术的有效使用，实现传统的实体货物、数字产品与服务的高效交换，是未来贸易发展的方向。数字贸易包括数字货物贸易、数字内容贸易、数字方式贸易等。其中，跨境电商是数字货物贸易的主体部分。2020 年 4 月 2 日，广州市发布《加快打造

数字经济创新引领型城市若干措施的通知》，提出要大力发展数字经济，打造数字经济创新引领型城市，建设全球数字产业变革新标杆。广州可以确立"数字贸易之都"目标，全力提升跨境电商业态的体量、地位和层级，助推广州抢占数字经济先机。

3. 推动跨境电商产业化发展

鼓励跨境电商全产业链化、集群化、园区化、组团化发展。完善跨境电商产业链和生态圈，支持各跨境电商园区聚集制造生产、仓储物流、金融风控等各类企业；建立供应链数据系统，运用数字技术高效运转供应链，及时实现全供应链升级；发展仓储、专业服务、支付系统等周边服务行业，带动产业链上下游企业"触网上线"；鼓励跨境电商企业组团出海，协同发展。

4. 鼓励跨境电商模式创新

不同模式适应不同的市场环境和市场形势，模式多元化可以提高跨境电商群体整体应对风险的能力。当前，疫情对代购、海外跨境直播卖货、微商的冲击较大；对海外仓、大型 B2C 自营平台等模式影响较小。同时，新模式有助于满足新需求、开拓新市场、扩大销售额。当前，"云"购物、C2M（用户直连制造）、"主播带货""全球中心仓"等新模式层出不穷，这些新模式适应新的市场生态，具有数字化、高效化、场景化等特征，富有市场活力和发展潜力，可以大力鼓励发展。

（二）加强质量监控，扩大市场采购范围

市场采购的货物主要来自市场，市场上销售的商品来源多元化，质量差异比较大，其价格也比较混乱，必须加强维护市场秩序。

1. 进一步加强质量监控

市场采购地试点地区往往是商品的集散地，而非生产厂家的集中地，此前以市场采购贸易方式出口防疫物资主要是在批发市场等商家处采购，然后集中报关出口，并非与厂家直接对接。这意味着采购的商品来源不一，品质上也可能存在"良莠不齐"的问题，如一些口罩生产企业没有生产许可证、医疗器械证。

海关总署称,在全球疫情持续蔓延的特殊时期,将全面加强出口防疫物资质量监管,严格规范出口秩序。对于在出口环节查获的霉变、残损、受污、超出保质期以及经实验室检测质量安全项目不合格的防疫物资,除依法给予行政处罚、符合刑事立案标准的移送司法机关追究刑事责任外,还将采取下调信用评级、提高查验比例、依法暂停或取消有关资格资质、曝光违法违规信息等多种惩戒措施,使相关责任人"一处失信,处处受限"。

2. 扩大市场采购范围

2020 年 4 月 17 日《广州市促进外贸稳定增长若干措施》通过审议。该文件明确,广州要重点推动市场采购贸易发展,培育一批市场采购重点专业批发市场。皮具箱包产业是广州市的传统优势产业,从设计研发、皮具皮料及五金配套到生产加工、销售等全套产业链非常完整,产值超千亿元,占据中国皮具产业的半壁江山。仅白云区三元里就云集了 34 个皮具箱包专业市场,建筑面积超过 30 万平方米,素有"中国的三元里·世界的皮具城"之美誉,产品远销全国及世界各地,成为最重要的皮具采购基地,被中国皮革协会授予"中国皮具商贸之都"的称号。

(三)推动外贸综合服务与其他新业态融合发展,落地扶持政策

外贸综合服务涉及通关、退税、物流、融资以及保险等多个环节,需要多个部门配合,为中小外贸企业进出口业务提供便捷服务。

1. 鼓励不同新业态融合发展

鼓励综合服务企业利用广州跨境电商综合试验区政策优势,拓展业务范围,提供商品展示、交易撮合等高附加值业务;利用市场采购贸易试点的政策红利,扩大业务规模,服务华南地区的专业批发市场。

2. 推动南沙建设"全球分拨中心"

南沙自贸区可以以"全球分拨中心"为目标,不断提高外贸综合服务水平。全球分拨中心旨在打通货物流、资金流和信息流,实现一般贸易、保税贸易、转口贸易、跨境电商等多种贸易方式的货物在自贸区更加便捷地进出、集拼、存储、流转,为企业提供一体化的综合服务。具体来说,全球分

拔中心要完善以下服务体系：一是外贸通关服务系统；二是多功能智能仓库；三是全球质量溯源体系；四是多式联运优选订舱平台；五是供应链金融服务；六是包括结算配套服务在内的外贸综合服务平台。①

3. 落地扶持政策

2019 年 2 月，广州发布《关于促进外贸综合服务企业发展的实施意见》，提出培育一批业务发展规范、服务能力较强、规模增长较快的外综服企业，授予"外贸综合服务示范企业"称号和"成长型企业"称号。商务、海关、税务等部门将在财政政策、海关、出口退税、外汇管理、政务服务、金融支持等方面提供便利。

2019 年 7 月，广州南沙新区发布《促进外贸综合服务企业发展扶持办法》，希望培育和促进外贸综合服务企业在南沙集聚发展，将设置总部企业奖、落户奖、经营贡献奖、特别贡献奖、人才奖、办公用房补贴，并提供优先办理退税、优质融资服务等各类支持。

（四）完善平行进口管理规则，鼓励其他汽车贸易业态发展

平行进口贸易对现行贸易体制和政策提出了挑战，重点在于平行进口管理规则建设。可以采取以下举措，推动平行进口汽车贸易的发展。

1. 推迟"国六"标准施行时间

国家发改委已宣布"国六"排放标准过渡期截止时间由 2020 年 7 月 1 日调整为 2021 年 1 月 1 日。此外规定：平行进口车型要有对应的中规版车型（官方引进版）；该中规版参加测试车型须通过"国六"标准排放测试。相当于只要引进的车型有中规蓝本，并通过测试，就可以顺利进入市场销售。此举大大缓解了平行进口压力。

2. 培育其他汽车贸易业态

建立"保税＋会展"汽车进口模式，搭建汽车贸易电商平台、拍卖中

---

① 柳时强、罗瑞娴、陈昕：《南沙创新数字贸易模式服务海南自贸港建设》，《南方日报》2020 年 8 月 18 日。

心、海内外采购商等"线上线下"相结合的汽车贸易网络。大力发展二手车出口贸易。在该领域,广州已形成了规范的"广州样本",出口流程包括采购、过户、出口许可、通关等。2019 年 7 月,广州成功实现全国首单全流程二手车出口业务,推动汽车赛事、汽车旅游、汽车文化等上下游关联产业发展,做大汽车后市场贸易。[①]

(五)恢复消费者信心,强化邮轮旅游安全防范

邮轮旅游受新冠肺炎疫情影响比较大,必须做好宣传推广,打消消费者疑虑,恢复消费者信心。一是短期内通过消费券等形式,让利消费者,提升邮轮旅游吸引力;二是在机关事业单位年休假中加大对邮轮旅游的推介;三是加大对旅行社的扶持力度,促进邮轮旅游市场尽快恢复。同时,采取以下措施保障邮轮旅游的安全。

1. 改进邮轮设计

在邮轮的设计上,需要有大的改进。对于邮轮空调,新的在建邮轮已经重新设计并安装了空气净化器,如海洋量子号,已可保证 100% 新风进入,100% "旧风"排出船外。[②]

2. 强化检疫措施

进一步增设健康监测设备,增加在登轮时的测温服务和邮轮密集区域的体温监测。实行实名预约购票制度,严格控制服务人数。采集旅客健康信息等数据,实现港口、公安、口岸、企业等部门数据共享。

3. 发展无目的地邮轮游和公海游

当前,海外疫情还在蔓延,国际邮轮短期内难以复航。可以先开发"无目的地邮轮游"和"公海游"等业务。"无目的地邮轮游"考虑的因素主要还是市场方面,外资邮轮企业也提议暂时开展公海游试点以代替出境邮轮游。

---

① 黄舒旻:《力争到 2025 年汽车贸易规模超 7000 亿元》,《南方日报》2020 年 4 月 28 日。
② 上海国际邮轮经济研究中心:《新冠肺炎疫情重击,邮轮业界如何应对?》,中国水运网,http://www.zgsyb.com/news.html? aid = 546149, 2020 年 3 月 24 日。

4. 加大政策扶持，维持行业延续

建议将邮轮、码头企业纳入国家及各地疫情扶持政策支持范围，对邮轮公司实行税收减免和场地租金减免等优惠措施，针对邮轮公司防疫技术研发项目提供补贴；发挥邮轮保险和旅行社责任险的作用，分散风险；给予邮轮公司预售岸上游及船上产品的销售权，给旅行社及邮轮产品代理商更多收益和激励；给予邮轮公司贷款利息优惠等扶持。

参考文献

［1］丁宁：《新时代中国培育贸易新业态新模式研究》，《内蒙古财经大学学报》2019 年第 9 期，第 1～5 页。

［2］姜永宏、汪江、赵永亮：《外贸服务业新业态的演变价值：基于分工理论的阐述》，《管理世界》2015 年第 1 期，第 178～179 页。

［3］王建立：《中国市场采购贸易实践经验与发展趋势探析》，《对外经贸实务》2020 年第 8 期，第 81～84 页。

［4］吴琪、扈飞：《重构外贸综合服务新业态》，《国际经济合作》2020 年第 7 期，第 63～71 页。

［5］岳云嵩、李兵：《电子商务平台应用与中国制造业企业出口绩效——基于"阿里巴巴"大数据的经验研究》，《中国工业经济》2018 年第 8 期，第 99～117 页。

［6］祝美红：《市场采购贸易方式：源起思考、实践推进与未来趋势》，《对外经贸》2019 年第 7 期，第 8～11 页。

B.11
海南自由贸易港建设对广东
对外开放的机遇与挑战*

韩永辉　谭舒婷　张　帆　邓家利**

摘　要：　在世界百年未有之大变局中，海南自贸港建设标志着新时代中国对外开放的重大战略进入全面实施阶段，广东作为海南与内地经济连接的战略要地，将与之互补所长、联动发展。本报告通过对海南自贸港建设与广东对外开放现状进行对比分析，研究发现海南自贸港建设将给广东对外开放带来多重机遇与挑战。一方面，广东可紧抓海南自贸港建设的重大机遇，利用强大改革定力推动形成高质量开放型经济格局，运用琼粤联动效应提升全方位对外开放能级，以及加快与海南形成互补优势，为扩大对外开放注入新动力。另一方面，广东仍面临海南自由贸易港建设所带来的区域竞争程度激化、高端资源要素分流风险仍存以及海南在数字经济发展支持下实现后发追赶而加剧新兴产业发展竞争三个挑战。为此，广东亟须从主动创新构建粤琼协调合作机制、充分发挥"双区"优势提升对外开放竞争力、积极引领新兴产业布局优化升级以及打造新时代对外开放创新高地四方面发力，奋力在进一步对外开放上走在全国前列，为

---

　*　本报告感谢国家自然科学基金资助项目（项目号：71603060、71873041、72073037）、广东省软科学研究计划项目（2019A101002100）的支持。

**　韩永辉，博士研究生导师，珠江学者，广东外语外贸大学广东国际战略研究院教授，研究方向为世界经济；谭舒婷，广东外语外贸大学广东国际战略研究院博士研究生；张帆，广东外语外贸大学广东国际战略研究院博士研究生；邓家利，广东外语外贸大学经济贸易学院硕士研究生。

支撑构建新发展格局做出广东担当。

关键词： 高水平对外开放　经济高质量发展　海南自贸港　广东　新
　　　　兴产业

一　引言

自 1978 年改革开放以来，中国一直坚持对外开放的基本国策，并在错综复杂的国内外政治经济形势下，不断丰富对外开放的内涵。面对世界百年未有之大变局叠加新冠肺炎疫情全球大流行的状况，习近平总书记多次强调中国推动高水平对外开放的步伐不会停滞，党的十九届五中全会明确强调"实行高水平对外开放，开拓合作共赢新局面"，并将"更高水平开放型经济新体制基本形成"列入"十四五"规划的主要目标。从采取对外开放政策到推进更高水平的对外开放，中国正加快调整升级对外开放的格局，尤其以自由贸易试验区以及自由贸易港建设为抓手，在更高的历史站位上谋划开放型经济建设，着力推动开放型经济高质量发展。

广东长期以来作为国家对外开放的排头兵，在推进外经贸发展上发挥引领示范性作用。而近年来，从自由贸易试验区建设到"一带一路"倡议对接，再到粤港澳大湾区建设，广东的对外开放进程迎来了多重机遇，积极为全国探索打造开放型经济新体制提供了先行先试的改革开放经验，也承担着更为艰巨的任务和更为重大的责任。但进入新时代后，尤其是在中美经贸摩擦和新冠肺炎疫情的冲击之下，广东对外开放发展面临着巨大的压力，带动区域经济发展的动能有待增强。而邻近省份海南，作为地处南海的桥头堡，拥有面向印太两洋、紧邻广东开放大省、背靠内地腹地的地缘优势，叠加经济特区的良好开放发展基础，在 2018 年获中央支持建设自由贸易试验区和谋划布局自由贸易港，到 2020 年出台《海南自由贸易港建设总体方案》（以下简称《总体方案》），明确将海南自贸港打造成为引领新时代中国对外开放的鲜明旗帜和重要开放门户，进一步加快海南自贸港建设进程，这不仅为发挥海南力量助推国家对外开放注入了新的政策红利和发展动力，也为广东和海南两地共同推进区域联动发展带来新契机。

粤港澳大湾区建设与海南自贸港建设都是习近平总书记亲自谋划、亲自部署、亲自推动的国家战略和重大举措。广东与海南在地缘上、政策支持上可视作中国对外开放新格局的新谋划。在国家政策统筹协调下，海南与广东协同对外开放是提高中国对外开放质量的关键举措。相对于广东对外开放进程而言，海南在推进对外开放上拥有作为后发者的竞争优势，在此背景下，广东如何在海南自贸港建设条件下找到自身发展的最优策略，从而实现高水平开放，需要对海南自贸港建设有更为充分的认识。然而，海南自由贸易港从概念提出到推进落地实施时间较短，且目前尚处于"打基础"阶段，相关研究较少；从中国对外开放大局视角分析海南自由贸易区与其他自由贸易区之间的关系，特别是对与之邻近的广东对外开放的影响更少。因此，有必要深入分析海南自贸港建设给广东对外开放带来的机遇和挑战，以便推动广东开放型经济高质量发展，加快粤港澳大湾区合作与发展，进一步提高全国对外开放水平。

二 海南自贸港和广东对外开放建设现状

海南自贸港建设对海南和广东而言互为发展动能。一方面，广东自贸区敢为人先、先行先试，多年得出的自贸区成功发展经验可以进一步推广至海南；另一方面，海南自贸港将成为我国对外开放的重要门户，粤琼对外贸易发展具有很强的互补性。在国家政策统筹协调下，二者对外开放战略若能凝聚形成区域协同效应，将大大提高两地对外开放水平，进而提升中国对外开放质量。

（一）海南自贸港建设现状

海南地处中国的南端，总面积约 3.5 万平方公里，是中国第二大海岛，具有相对独立的天然地理优势。自 1988 年建省以来，海南从被划定为经济特区，到建立自由贸易区，再到成为中国境内首个自由贸易港，被赋予

"三区一中心"① 的战略定位，以制度型开放促进中国高水平对外开放，展现新时代下的海南担当。中央、部委、海南三个层级分别出台了综合类、贸易类、投资类、税收类和海关类等系统化政策措施（见表1），为分阶段、有序推进海南自贸港建设提供指引。

表1　海南自贸港建设的政策措施

层级	综合类	贸易类	投资类	税收类	海关类
中央	《海南自由贸易港建设总体方案》	—	—	—	—
部委	《智慧海南总体方案（2020～2025年)》	《海南自由贸易港试点开放第七航权实施方案》	《海南自由贸易港外商投资准入特别管理措施(负面清单)（2020年版)》	《关于海南自由贸易港交通工具及游艇"零关税"政策的通知》	《中华人民共和国海关对洋浦保税港区监管办法》
海南	《海南自由贸易港制度集成创新行动方案（2020～2022年)》	《中国(三亚)跨境电子商务综合试验区实施方案》	《海南省关于开展合格境外有限合伙人（QFLP)境内股权投资暂行办法》	《海南自由贸易港"零关税"进口交通工具及游艇管理办法(试行)》	《海口海关落实〈国务院关于促进综合保税区高水平开放高质量发展的若干意见〉措施》

资料来源：作者整理。

1. 海南自贸港建设特点

尽管海南自贸港这一概念从提出到落实历经时间较短，但海南在更高水平上先行先试，加快各领域政策协调创新、全面创新，初步设计形成了一套以制度集成创新为核心，以贸易投资自由便利化建设为重点，以现代产业发展为支撑，以法治化建设为保障，涵盖贸易自由、投资自由、财政税收、生态保护、产业以及人才发展的综合性方案，主要有三个特点。

（1）海南法治建设先行，立法优势显现。以开放促改革谋发展一直是海南发展的强大动力，而对外开放于法有据，以法律的方式将党中央对海南

① "三区一中心"指全面深化改革开放试验区、国家生态文明试验区、国家重大战略服务保障区和国际旅游消费中心。

的重大决策要求制度化，将为海南自贸港建设行稳致远提供更好的支撑。①
海南在地方立法权和经济特区立法权的基础上②，进一步探索自由贸易港立
法创新。2021 年 6 月，《中华人民共和国海南自由贸易港法》（以下简称
《海南自由贸易港法》）获批通过，目的是建设高水平的中国特色海南自由
贸易港，推动形成更高层次改革开放新格局，建立开放型经济新体制，促进
社会主义市场经济平稳健康可持续发展。该法提出，国家在海南岛全岛设立
海南自由贸易港，分步骤、分阶段建立自由贸易港政策和制度体系，实现贸
易、投资、跨境资金流动、人员进出、运输来往自由便利和数据安全有序流
动。海南自由贸易港建设，应当体现中国特色，借鉴国际经验，围绕海南战
略定位，发挥海南优势，推进改革创新，加强风险防范，贯彻创新、协调、
绿色、开放、共享的新发展理念，坚持高质量发展，坚持总体国家安全观，
坚持以人民为中心，实现经济繁荣、社会文明、生态宜居、人民幸福。海南
自由贸易港建设，以贸易投资自由化便利化为重点，以各类生产要素跨境自
由有序安全便捷流动和现代产业体系为支撑，以特殊的税收制度安排、高效
的社会治理体系和完备的法治体系为保障，持续优化法治化、国际化、便利
化的营商环境和公平统一高效的市场环境。

（2）采取制度集成创新，进行全域性改革创新管理，最大化地缘优势。
海南地处相对独立单元，作为"一带一路"建设的重要支点，对外联系渠
道便利，是改革开放的优秀试点。党中央赋予海南全岛建设自贸港的重大使
命，海南秉持全局观念，以制度集成创新为方法，增强相关领域各环节改革
的互动性和关联性，协调推进制度创新。再加上海南自贸港的建设面积远大
于香港、迪拜和新加坡等国际知名自由贸易港，在自贸港功能设计和落实上
将具有更大的发挥空间。因此，海南自贸港建设要求在全岛范围内进行统一
协调安排，发挥海南各地区作用，最大化地缘优势。

（3）扩大开放领域，增强对外开放力度，推进高水平开放建设。海南自

---

① 贺小勇：《〈海南自由贸易港法（草案）〉修改的七大建议》，《上海对外经贸大学学报》
2021 年第 2 期。

② 刘云亮：《中国特色自由贸易港授权立法研究》，《政法论丛》2019 年第 3 期。

贸港建设对标国际一流自贸港，以更高要求促开放助改革。在贸易自由化便利化方面，将通过落实"一线放开"强化海南与国际市场的贸易联系，不仅为海南充分发挥"境内关外"的海关监管特殊区域作用，而且为海南参与国际贸易规则制定提供基础，率先探索制度型开放，做好中国高水平开放的示范。

2. 海南自贸港建设的初步成效

海南自由贸易港建设时间紧迫，高质量完成改革开放任务面临一定的压力，但海南将压力转化为动力，有序推进各类政策高效落地，在集聚要素资源等方面积极发力，取得初步建设成效，主要体现在四个方面。

（1）制度创新初见成效。海南本着敢为人先的精神，制定落实《海南自由贸易港制度集成创新行动方案（2020～2022年）》。截至2020年底，累计形成10批103个具有"海南特色、全国首创"的制度创新成果。① 其中，营商环境便利化程度不断提高，海关审批事项全部实现"一个窗口"和网上办理，出口整体通关时间与2019年同期相比下降40.5%，国际船舶登记申请材料和审批时间分别压缩60%和86%。②

（2）法治建设不断健全。全面开展法律法规以及产业法治政策制定，法律机制建设不断完善。2020年5月以来，海南先后出台了多个领域的管理条例，来规范商事主体的经营行为。为推进仲裁规则与国际接轨，海南成立了中国国际经济贸易仲裁委员会海南仲裁中心、中国海事仲裁委员会海南仲裁中心等机构，为对接国际规则提供良好平台。《海南自由贸易港法》颁布实施。此外，在生态环境保护方面，出台了《海南省红树林保护规定》《海南省生态保护补偿条例》等；在企业经营方面，出台了《关于海南自由贸易港企业所得税优惠政策的通知》《海南自由贸易港商事主体注销登记条例（征求意见稿）》《海南自由贸易港公平竞争条例（草案）》等。

（3）经济基础不断稳固。首先，港口运输、医药制造等产业领域取得

---

① 海南省人民政府网站（https：//www.hainan.gov.cn/hainan/xctp/202012/30f911d6566742d795d e9696c2250fe0.shtml）。

② 海口市人民政府网站（http：//www.haikou.gov.cn/zfdt/ztbd/2020ztbd/yhyshj/zxdt/202101/t20210115_ 1572970.html）。

突破性进展。在港口运输业方面，2020年洋浦港吞吐量达到5664万吨，同比增长12.95%，集装箱突破100万标准箱，同比增长44.02%，同时，21艘"中国洋浦港"国际货轮命名交付。① 在医药制造业方面，乐城先行区制定实施园区制度集成创新改革方案，加快药械审批速度，吸引12家医疗机构、51位院士专家进驻，使用创新药械超过110种，其中抗肿瘤新药、罕见药达100余种②，促进医疗技术、设备、药品发展水平向国际先进水平迈进。其次，产业发展园区建设规模不断扩大，11个自贸港重点园区同步挂牌，入园企业数量迅速增加，截至2020年12月31日，11个园区内的企业数约占全省总量1/10。③ 最后，贸易规模不断扩大，其中跨境电商发展态势良好，在2020年全年实现进口额5.26亿元，较同期增长高达7.53倍。在海关备案的海南省跨境电商企业已达195家，天猫国际、考拉海购、卓志集团、洋葱集团、陆地港集团等企业纷纷进驻海南。④

（4）高端资源要素集聚效应增强。在海南自贸港建设的政策影响下，增强海南吸引全球资源要素的力量。自2018年实施百万人才进海南行动以来，人才引进效能提升。海南累计引进各类人才20.8万人，其中在2020年6~11月，人才引进数量达到10.3万人，占比约为五成，有助于为海南建设提供智力支持。2020年，实际利用外资30亿美元，连续3年实现外资流入翻番。⑤

（二）广东对外开放建设现状

广东凭借"闯创干"精神，改革开放40多年来始终走在前沿，充分运

---

① 海口市人民政府网站（http：//www. haikou. gov. cn/zfdt/ztbd/2020ztbd/yhyshj/zxdt/202101/ t20210115_ 1572970. html）。

② 海南省人民政府网站（https：//www. hainan. gov. cn/hainan/5309/202101/d2e1af628be048 a2860a186716a3bc1d. shtml）。

③ 海南省人民政府网站（https：//www. hainan. gov. cn/hainan/5309/202101/d2e1af628be048a 2860a186716a3bc1d. shtml）。

④ 海南自由贸易港网站（http：//www. hnftp. gov. cn/xwzx/ywsd/202101/t20210111 _ 3310955. html）。

⑤《数说海南"十三五"建设发展成就——海南自贸港建设蓬勃展开》，人民网，http：// hi. people. com. cn/n2/2021/0111/c231190 - 34522390. html，2021年1月11日。

用政府和市场两种力量推动对外开放，由初级逐步向高级迈进，由积极融入全球经济到加快推进区域协同开放，再到全面提高国际综合竞争力，开放型经济建设已经取得了较高的成就。当前要进一步推进"制度型开放"，对接好"一带一路"建设和粤港澳大湾区建设等国家重大发展方向，紧紧抓住广东自由贸易试验区建设契机，积极建设高水平开放型经济。对外开放改革的"广东方案"主要由以下四部分构成。

（1）大幅推进粤港澳大湾区核心区珠江三角洲的改革开放。一方面，在硬件建设上，在机场、港口、路网三方面加强布局，建设多元化、一体化、智能化、现代化综合交通运输体系，促进湾区人流、物流、信息流和要素流互联互通。2015～2019年，大湾区城市中央商务区通勤时间大幅改善，基本上形成一个小时通勤圈，为劳动力等资源要素流动提供了极大便利。另一方面，在软件建设上，粤港澳大湾区一直是区域制度和规则对接的"试验田"，将制度差异转化为优势，为"制度型开放"积累先行先试经验。例如，在医疗、教育、科研资金跨境使用、专业人员资格认定等领域中发现对接瓶颈，完善上层政策建筑，出台相关政策支持规则衔接。

（2）广东自贸区实施先行先试体制改革，从发布标志着改革1.0版本的《国务院关于印发中国（广东）自由贸易试验区总体方案的通知》到2020年自贸区争取前海蛇口"双扩区"、优化横琴"分线管理"4.0版，广东自贸区①营商环境建设持续改善，取得实质性进展。特别是在政府现代治理能力、法治水平和营商环境建设方面，努力与国际水平接轨，为广东省更

① 《国务院关于印发中国（广东）自由贸易试验区总体方案的通知》标志着深化改革1.0版；《进一步深化中国（广东）自由贸易试验区改革开放方案》标志着深化改革2.0版，参见《广东自贸区改革开放方案"2.0版"来了，你想知道的全在这里!》（http://static.nfapp.southcn.com/content/201805/25/c1198364.html）；《广州市对标国际先进水平全面优化营商环境的若干措施》标志着深化改革3.0版，参见《广州营商环境改革迈进3.0时代》（http://www.gz.gov.cn/ysgz/xwdt/ysdt/content/mpost_5575299.html）；《争取前海蛇口片区和前海深港合作区"双扩区"，优化横琴"分线管理"政策》标志着深改4.0版本，参见《粤自贸区深改4.0版方案将出台》（http://www.gd.gov.cn/gdywdt/zwzt/ygadwq/zdgz/content/post_2936297.html）。

高水平对外开放奠定坚实的基础。首先，自贸区数字化治理能力稳步提升，为实现"小政府、大社会"管理模式迈进了重要的一步。其次，自贸区内法治水平逐渐与国际对标。南沙首先出台法治指导性文件，使涉外司法程序更公正、更公开及更国际化；前海采用"精英法官＋专家咨询＋港籍陪审员"审理机制，提升涉外涉港澳台案件审理的公信力；横琴筹建了中拉企业法律服务互动中心，为律师事务所建立跨国合作网络。最后，国际化营商环境建设成果显著。南沙推动"一口受理"企业注册登记服务实现"五十证联办"，实现营业执照 1 天内办结、"银行开户"两天内办结，进一步加快简政放权的速度。

（3）制度创新持续推进，优势领域不断增加。粤港澳大湾区以贸易、投资便利化建设为切入点推进三地对接融通，并取得阶段性进展，从顶层设计落实到科学可行的具体措施上。粤港澳大湾区融合水平不断提升，尤其是在贸易功能转型、投资便利化、航运发展、跨境金融、休闲旅游等方面为广东进一步深化改革开放打下了良好的基础。在产业开放层面，广东采取降低高新技术企业跨境融资成本等措施，截至 2020 年 6 月末，外汇管理部门累计为 8 家高新技术企业提供试点服务，登记金额合计达到 2947 万美元①；在居民资金管理层面，推出"跨境理财通"业务，推动实现大湾区居民个人跨境投资便利化，推动大湾区资本流动。同时，完善社会公共服务，强化高素质人才队伍建设。

（4）广东开放型经济得到快速发展。经过长时间的探索和经验总结，广东已发展成为中国重要的对外开放门户，在对外领域取得诸多成就。

一是广东稳住外贸发展，进出口贸易规模始终走在全国前列。据海关统计，2020 年广东外贸进出口总额为 7.08 万亿元（见图 1），已连续 35 年保持全国第一。其中，进口额、出口额分别为 2.73 万亿元和 4.35 万亿元，同比下降 2.6% 和增长 0.2%，在新冠肺炎疫情的影响下仍稳住了基本盘。尤

---

① 《外汇局广东省分局积极推动粤港澳大湾区跨境投融资改革政策落地实施》，国家外汇管理局广东省分局网站，https：//www.safe.gov.cn/guangdong/2020/0728/1801.html，2020 年 7 月 28 日。

为值得关注的是，新冠肺炎疫情期间，广东利用先进的数字化技术拓展广交会运营模式，率先搭建起全球"云"经贸合作平台。

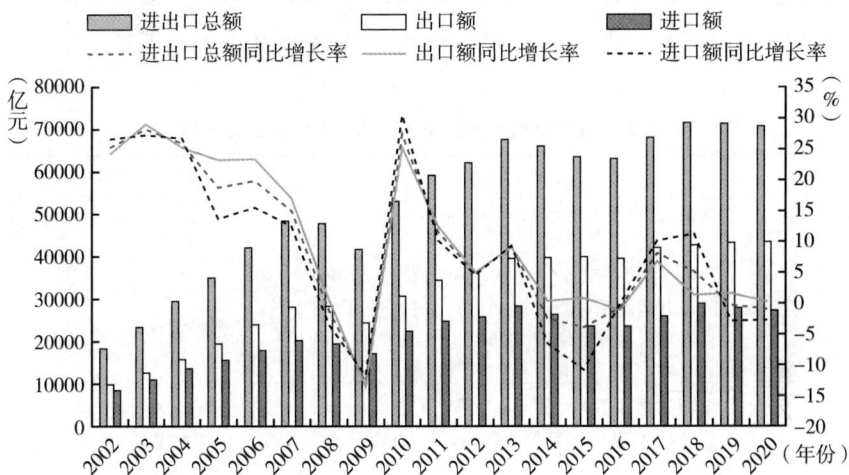

图1　2002～2020年广东进出口贸易情况

数据来源：2002～2020年《广东统计年鉴》。

二是促进"引进来"资金规模和质量双提升，带动本地产业走向新业态和国际化。2018年，广东新设（或增资合同）外资金额超过1亿美元的项目达到107个，同时顺利推进了多个百亿美元级外资大项目落地实施。例如，埃克森美孚公司和德国化工巨头巴斯夫与广东达成重大项目投资协议，为广东先进制造业发展再添新动力。

三是民营企业作为广东"走出去"的主力军，积极参与国际经济合作，不断创新合作模式，开拓合作领域，持续优化国际产业布局，提升广东产业发展的开放程度。如OPPO、华为、大疆等科技龙头企业积极布局海外研发中心，形成研发全球化网络。利用国外优势资源，降低研发成本，并实现技术间的国际转移，打造全天候、跨地域的研发网络。

（三）海南自贸港与广东对外开放对比分析

面向"十四五"和2035年中长期远景发展，海南与广东均将在中国高水平对外开放格局上扮演重要角色,而海南自贸港之于海南发展,以及广东自贸区之于广东对外开放,均为其内核所在,因此以海南自贸港与广东自贸区为抓手进行对比分析,辨析二者之间的差异之处,有利于清楚认识广东下一阶段的对外发展形势。海南自贸港和广东自贸区政策和发展见表2。

表2　海南自贸港和广东自贸区政策和发展规划

项目	海南自贸港	广东自贸区
面积	海南岛全岛(约3.5万平方公里)	三个片区(合计约116.2平方公里)
指导政策	《中共中央　国务院关于支持海南全面深化改革开放的指导意见》(2018)、《海南自由贸易港建设总体方案》(2020)	《中国(广东)自由贸易试验区总体方案》(2015)、《进一步深化中国(广东)自由贸易试验区改革开放方案》(2018)
发展定位	全面深化改革开放试验区、国家生态文明试验区、国家重大战略服务保障区、国际旅游消费中心	开放型经济新体制先行区、粤港澳大湾区合作示范区、高水平对外开放门户枢纽(2018年)
重点改革领域	贸易自由便利、投资自由便利、财政税收制度、生态环境保护、产业、人才	投资开放、贸易便利、金融创新、高端产业、对接港澳制度和规则
重点产业	旅游业、现代服务业、高新技术产业(农业、海洋经济、医疗研究)	广州南沙新区(自贸片区):航运物流、特色金融、国际商贸、高端制造等产业; 深圳前海蛇口片区:特色金融、现代物流、信息服务、科技服务等战略性新兴服务业; 珠海横琴新区片区:旅游休闲健康、商务金融服务、文化科教和高新技术等产业。
创新成果复制推广	截至2020年,累计推出9批91项制度创新成果。	截至2019年,累计形成456项制度创新成果,其中分别有122项和38项在全省和全国复制推广。
发展预期	以贸易和投资便利化为重点的自由贸易港政策制度体系初步建立(2025年);制度体系和运作模式更加成熟(2035年);全面建成高水平自由贸易港(21世纪中叶)。	打造开放型经济新体制先行区、高水平对外开放门户枢纽和粤港澳大湾区合作示范区(2020年)。

资料来源:根据《中共中央　国务院关于支持海南全面深化改革开放的指导意见》(2018年)、《海南自由贸易港建设总体方案》(2020年)、《中国(广东)自由贸易试验区总体方案》(2015年)、《进一步深化中国(广东)自由贸易试验区改革开放方案》(2018年)整理而成。

1. 广东自贸区和海南自贸港发展定位以及预期目标有所差异

作为对外开放的新高地，海南自贸港发展定位于"三区一中心"，着重全面深化改革开放、生态文明建设、国际旅游消费以及国家重大战略支撑保障等方面能力建设，并按国际最先进的标准提升经贸开放、营商环境水平，加快形成海南自贸港对周边地区的影响力与主导力，为实现国家战略目标提供坚实的支撑。相较而言，广东自贸区发展定位于打造对外开放新高地和促进粤港澳大湾区融合建设，通过扩大对外开放水平，实现高标准国际经贸规则对接，促进粤港澳优势资源融合，从而推动产业发展，实现战略目标。

2. 改革自主权上有一定的差异

海南自贸港被赋予更大的改革自主权，改革的力度和自主性程度较广东自贸区更高。从海南自贸港的制度设计看，其重点领域与广东自贸区相比呈现两个特点，其一是在与广东自贸区有重叠的领域，如海南自贸港在贸易、投资、金融等领域做出了更进一步的创新改革尝试。例如，海南自贸港提出建立多功能自由贸易账户体系，率先探索金融自由化资本项目下的金融开放。其二是拓展了制度创新方向，提出在人员自由流动、运输往来便利、税收制度创新等方面对接高标准国际经贸规则，[①] 从而打造更具国际竞争力的高水平制度型开放高地。广东自贸区由于以立法促改革的能力相对较弱，在涉及需要进行法律法规调整的改革领域时，需要向上级逐层申报。

3. 重点产业有差异

海南结合当地特色资源优势、产业基础和地理位置综合考量，重点发展行业更为聚焦，以旅游业、现代服务业、高新技术产业（农业、海洋经济、医疗研究）为构建现代产业体系的支柱性产业，以此为抓手，加快培育现代化产业竞争优势，为增强与广东甚至内地经济的联动奠定基础。广东自贸区则是根据广州南沙、深圳前海和珠海横琴三个片区的实际情况，涵盖航运

---

① 《国家发展改革委负责同志介绍〈海南自由贸易港建设总体方案〉有关情况》，国家发展和改革委员会网站，https://www.ndrc.gov.cn/fzggw/wld/lnx/lddt/202006/t20200608_1230937.html，2020年6月8日。

物流、特色金融、科技服务、旅游休闲、文化科教等产业，较海南自贸港的重点领域范围更广，并且更强调其开拓粤港澳产业协同发展的支点作用。以深圳前海粤港澳青年创业区、广州南沙新区（自贸片区）港澳青年创新创业基地、横琴·澳门青年创业谷为代表的粤港澳青年人才合作基地等平台为载体，通过提供税收优惠、科创补贴、场地支持等相关政策优惠，鼓励港澳人才到内地进行创新创业，为集聚三地资源优势促进科技创新提供新动能。

三 海南自由贸易港建设对广东对外开放的机遇与挑战分析

广东与海南自贸港隔海相望，海南自贸港的建设将为广东对外开放带来对接互动的新期待。在这一过程中，机遇与挑战并存，责任与担当同在。广东作为中国对外开放的排头兵、试验田和窗口，理应扛起中国高水平对外开放的大旗。

（一）海南自贸港建设对广东对外开放的机遇分析

海南自贸港建设为广东的对外开放带来了新的机遇，有助于广东在新时代提高对外开放水平，具体如下。

1. 深化改革开放动力增强，助推广东高质量开放型经济格局的形成

面对剧烈波动的国际环境，深化改革开放仍是广东突破变局的最有力抓手。海南自贸港的建设直接对标国际最高水平，以制度集成创新的特色手段展示新时代下改革开放的笃定意志，增强广东各地尤其是粤港澳大湾区九市的危机意识和竞争意识，有利于倒逼广东坚定深化改革开放信念，进一步加快新一轮的体制机制改革和对外开放进程。

海南自贸港是在逆全球化浪潮迭起以及中美摩擦背景下筹划建设的，对外界宣示中国继续对外开放的信心，为广东自贸区积极谋求发展提供政策支撑和行动信心。海南自贸港与粤港澳大湾区建设两个国家战略机遇联动将促进广东与海南要素资源对接流通，双方共同发展。

2. 激活琼粤高质量联动作用，增强广东全方位对外开放能级

海南自贸港建设以湛茂阳城市群为支点，以沿海经济带为依托，激活粤琼深度联动发展潜力，为广东对外开放区域平衡发展带来重要机遇。

一是广东可主动紧抓粤琼一体化基础设施协同发展和海南自贸港建设机遇，跨越区域发展不平衡的阶段性障碍，拓展粤东西北地区开放程度。海路方面通过共同推进琼州海峡跨海通道建设打造快速的海上陆上交通，航空方面通过推进双边机场等基础设施的建设，形成由国际航运、航空枢纽和物流基地构成的现代流通经济圈，为两地之间的人员、货物、信息、资金、数据等资源要素往来流通提供更为优越的渠道。2020年9月，广东对接海南的徐闻南山港落成，配套建设港口防波堤、航道、综合交通枢纽等设施，打造世界一流的现代客货运码头，将两地通行时间缩短至1个小时。

二是海南自贸港拥有面向东盟和两洋的地缘优势，是"一带一路"建设的重要战略节点，在RCEP协议签订和中欧投资谈判取得重大进展的条件下，海南自贸港凭借零关税等政策扶持，有望率先对接RCEP和欧盟服务标准，广东可借助海南自贸港发展接轨国际通行规则，从而开辟新的渠道以实现高水平开放，促进国际竞争力大幅度提升。

三是有利于推动两地资金产业深入配套协作。通过混合所有制形式组建广东和海南城市协作开发集团，加强对海南和粤西地区的开发，发挥广东丰富的建设经验和充足的资本优势，推进广东、海南组建"粤琼发展投资基金"，畅通资金融通渠道，为加快广东国家海洋经济发展试点和海南南海资源开发服务基地建设，突出海洋科技、蓝色产业、智慧海洋等新兴业态的发展，合力打造海洋高端产业聚集的蓝色经济，提供优质的金融扶持。

3. 海南自贸港与广东形成互补优势，为广东对外开放注入新动力

海南自贸港建设与广东对外开放定位和开放重点有所差异，二地资源禀赋各有侧重、互为支持，前者可为广东在新时代下实现高水平对外开放提供新契机和注入新动能。

一是海南自贸港实施"一线放开、二线管住"制度，具备高度开放的

"境内关外"特点，成为国内国际双循环的连接点，这为在服务贸易、金融等领域发展创造新的增长空间，为广东对接国际市场提供了新的渠道资源。2020年广东自贸区率先探索对接海南自贸港建设，如广东自贸区前海片区和南沙片区分别与海南洋浦经济开发区和儋州市签订合作协议①，提出在金融创新等领域进行战略合作，及时抓住海南自贸港发展机遇提高开放水平。随着海南自贸港建设逐步落实到位，将为广东提升对外开放层次和质量提供更多机遇。

二是海南自贸港作为制度集成创新先行者，2020年出台《海南自由贸易港制度集成创新行动方案（2020～2022年）》，进一步明确三年内从18个领域60项具体措施展开制度集成创新②，通过将现有改革创新成果进行有机组合，最大化改革创新成果整体化、系统化、协同化的乘数效应，做出新时代下深化改革开放的最新尝试。目前广东改革创新部门间协同性不足，制度集成创新安排与改革创新需求尚未完全匹配，而海南自贸港率先将制度集成创新放在突出位置，以高水平制度开放打造具有国际影响力的对外开放门户，为高质量扩大开放提供了新思路以及树立了良好示范，尤其是可通过制度外溢，为广东对外开放水平提质增效提供有益经验，并为广东在全省范围内推进制度集成创新提供契机。

（二）海南自贸港建设对广东对外开放的挑战分析

目前，广东在构建多方位、宽领域和深层次的对外开放格局方面取得了诸多成绩。但在海南自贸港建设背景下，广东对外开放先行者优势渐趋减弱，面临来自区域政策红利竞争程度加剧、高端资源要素分流风险仍存、新兴产业发展优势被追赶三方面挑战。

1. 海南自贸港政策红利明显，区域竞争加剧

广东自贸区、海南自贸港的建设，将使粤琼两地的发展形成一定程度的

---

① 资料来源：海南自由贸易港网站。
② 资料来源：《海南自由贸易港制度集成创新行动方案（2020～2022年）》（海南自贸港网站）。

"竞争"。在政策优势等同，甚至海南更优的情况下，广东自贸试验区发展面临较大的外部压力。以税收政策为例，海南自贸港将实行货物贸易全岛零关税政策，而广东仅部分海关特殊监管区内货物减免关税。同时海南洋浦保税港区等特殊区域将率先实行原产地规则，即如果企业产品所用进口材料在特殊区域里增值超过30%，产品进入中国内地市场就不需要再缴税，这对于外界投资者和生产商而言具有较大的吸引力。

2. 海南自贸港改革后发优势显现，高端资源要素分流风险大

海南自贸港改革红利条件优越，广东对外开放"先走一步"的先发优势渐被追赶，在新一轮深化改革开放的进程中，广东要保持甚至增强高水平对外开放的政策优势需要上级部门批准，资源要素集聚效能可能被海南赶超。一是国际资本"争夺"加剧。目前，广东尚未得到开放资本项目的许可，仍受国家外汇管制政策管控，难以实现跨境资金流动自由化，而海南则在跨境资金流动自由便利方面得到中央政策的支持，可通过分阶段开放资本项目来有序推进境外资金在海南自由便利流动，因此，广东在吸引外资方面优势或逐渐减弱。二是海南自贸港以"一揽子"的法律授权方式，在税收制度改革创新上较广东而言具备相对优势，大大提升了海南的国际竞争力和对国际高端资源的吸引力。海南在进行全岛封关运作的同时，将逐步建立与高水平建设自由贸易港相适应的税收制度，包括将依法合并现行增值税、消费税、车辆购置税、城市维护建设税及教育费附加等税费。尤为值得注意的是，在人才方面，海南自贸港能够运用15%的个人所得税优惠政策吸引海内外高端人才，而广东目前仅有粤港澳大湾区九市适用免征境外高端和紧缺人才个人所得税实际税负超过15%的部分这一政策①，其余地区仍实行从3%~45%的7档超额累进税率②。相比之下，广东在税收创新方面比海南有一定的劣势，税收环境有待升级，若改革步伐放缓，则容易导致"引资

---

① 《关于贯彻落实粤港澳大湾区个人所得税优惠政策的通知》，广东省财政厅网站，http：//czt.gd.cn/czfg/content/post_2519383.html？from = timeline&isappinstalled = 0，2019 年 6月 22 日。

② 资料来源：中国财政部网站（http：//www.mof.gov.cn/index.htm）。

引技引才"竞争力下降。三是海南自贸港得益于独立物理单元的区位优势，采取全域性试点改革措施，改革措施实施范围远超广东自贸区，因而在改革设计上兼顾整体性和协同性，对境内外市场主体具有较大的吸引力，对于广东的资源要素存在虹吸效应。

3. 新兴产业发展竞争加剧，数字经济发展促进海南"换道超车"

广东新兴产业发展与海南的重点发展产业存在一定的同质竞争。一方面，部分新兴制造业发展资源或面临海南自贸港的"分流"。以商业航天为例，海南拥有文昌航天发射基地和三亚遥感卫星地面接收站等一系列基础配套设施，在商业航天产业发展领域具备一定的先发优势。而广东商业航天产业基础比较薄弱，整体尚处于起步阶段，布局零星且缺乏统一规划，与海南相比并无明显优势。在新能源汽车方面，新能源和智能化汽车产业将在海南聚集及融合发展。海南汽车行业具有一定的工业基础，为未来"新造车"产业发展打下了坚实的基础，必然对广东的汽车工业发展产生一定的竞争。此外，《海南自由贸易港建设总体方案》提出在海南建立自由进出的货物贸易管理制度，这将促进海南汽车平行出口，但广东的平行出口政策目前仍处于试点阶段。另一方面，数字经济发展的底层逻辑区别于以往的产业发展，要求数字资产产权保护制度、区块链等新一代技术发展及其监管等多方面共同发力，其发展背后离不开改革创新的支持。尽管海南自贸港的产业发展基础较薄弱，但是其制度设计基于第四次产业革命，从《海南自由贸易港建设总体方案》要求高水平打造海南"数字政府""数字岛"，到开展数据跨境传输安全管理试点，以及提出将人工智能、数字贸易、区块链等列入重点发展产业，再到健全人才、数字经济基础设施建设等，从上而下地完善相关发展战略和环境，并充分发挥政府和市场力量推进数字经济建设，有望实现"换道超车"。相对而言，尽管广东在数字经济建设上具备先行者优势以及较为前沿的技术支撑，但是在数据跨境流动以及数据产权保护等核心领域仅在深圳等地做试点，海南自贸港数字经济发展提速之势在一定程度上对广东形成竞争性。

四　新发展格局下广东进一步扩大
对外开放的对策建议

以开放促改革、谋发展是广东实现高水平对外开放的动力，在新时代构建新发展格局的要求下，广东亟须把握海南自贸港建设的机遇，将与海南合作伙伴关系建设放在战略优先位置，携手海南自贸港，转变传统的出口导向型战略，形成高水平贸易平衡发展；转变重规模轻质量的招商引资思路，形成以自贸试验区和自由贸易港为突破口、提升营商环境为重点的高质量引资新思路；转变过度依赖香港的对外开放格局，形成既充分发挥粤琼区位优势，又加强与东盟直接联系，同时深化与欧美等发达地区合作的全方位开放新格局。

（一）把握机遇与海南构成联动互补格局，主动创新构建协调合作机制

粤琼两地经济处于不同的发展阶段，产业互补空间广阔，通过互补合作，促进要素整合，产生产业关联效应，形成产业合理分工格局，共同提高产业竞争力，为推动两地高科技产业协同发展提供强大的动力。

一是充分对接海南自贸港建设方案。精准对标《海南自由贸易港建设总体方案》提出的贸易、投资、资金流动等方面的自由便利政策，充分借鉴有利政策并制定符合广东的特色政策。加强政府间沟通联络，确保广东区域经济发展能够对接海南自贸港建设带来的高端要素聚集效应，并探索在粤西沿海经济带建设粤琼产业经济园区。

二是坚持两地贸易政策制定的密切合作和贸易人才的联合培养。在对外贸易政策制定方面，两地要密切配合，避免内耗竞争，将由上至下的政策与由下而上的规划思考密切配合，充分发挥两地贸易优势，带动更多的投资、地区的繁荣与区域的平衡发展。此外，海南的贸易人才还远不能满足其发展的巨大需求，两地还需在贸易人才培养和落户上做出便利性的制度设计，一

方面缓解广东的就业压力，另一方面给海南劳动力市场补充高质量的贸易专才。

三是推动粤琼金融支持贸易合作。促进两地产业共同发展，首要前提就是推动粤琼两地人流、资金流、物流的开放，打造优质便利的投资环境。要优化粤琼金融制度设计，坚持金融服务实体经济，有序推进广东自贸区、海南自贸港与境外资金自由便利流动，完善和落实跨境货物贸易、服务贸易和新型国际贸易结算便利化等方面的新规划。

四是推动数字经济助力高水平的服务贸易发展。在新冠肺炎疫情全球蔓延的背景下，远程医疗、数字办公、在线教育等新型服务涌现，彰显了数字经济的巨大发展潜力。广东和海南作为电商服务业发展的重要地区，协同合作高水平发展数字服务业将为两地提升整体服务贸易竞争力创造良好契机，因此要制定好相关发展规划，强化信息基础设施互联互通建设，加快推进双方数字经济创新发展进程。

（二）以粤港澳大湾区建设为纲，发挥"双区"优势提升对外开放竞争力

一是加快夯实大湾区基础设施建设，发挥交通基础设施对于经济发展大局的先导作用。加速广东省"一核一带一区"交通枢纽建设，着力打造广州－深圳国际性综合交通枢纽，支持汕头、湛江建设高水平全国性综合交通枢纽。布局区域间快速交通网，加快规划建设互联互通、高效便捷的粤港澳大湾区城际轨道"一个小时"交通网；提高规划能力，加强高铁、铁路、高速公路与沿线重要开发区、产业园区、城市新区、重要城镇的连接；规划设置快速到达港澳的次级城镇轨道交通节点，强化交通网络对拉动沿线地区开放发展的作用。

二是发挥"双区"优势，突破粤港澳由管理规则不同造成的体制机制障碍。广东自贸区和深圳建设中国特色社会主义先行示范区的发展应以制度规则对接为重点，在经济民生等多个领域深化与港澳之间的合作。例如，丰富与港澳创新型金融和类金融机构的合作方式，以推动香港钱包互

联互通项目①落地为抓手实现与港澳"机构互设、资金互通、市场互连"。

三是促进粤港澳要素高效流动。加强口岸部门的协作，探索新型通关模式，完善港澳单牌机动车进出自贸区的政策。拓展港澳企业和人才发展空间，开通粤港澳跨境直达通勤专线，搭建合作发展平台，建设粤港澳深度合作产业园。建立跨境网络数据中心，在试点城市逐步放开不必要的网络限制，提高自贸区访问海外网络资源速度。

（三）充分利用新兴产业发展领先优势，引领产业新动能

一是重点改革航空产业，推动商业航天发展。一方面，加强顶层设计，制定政策支撑商业航天发展。建立高效管理机制，由政府统筹协调。简化商业航天活动审批流程，实施监管机构改革和流程简化改革，从而提高管理效率，促进产业发展。与私营机构建立紧密合作，促进责任共担。另一方面，拓宽商业航天的应用范围，积极探索航天军民协同，建立相互利用、补充、创新驱动的发展模式。注重军事需求与民用、商用技术的有机结合，整合军、民、商三方面资源，减少内耗，鼓励共享资源。

二是强化金融优势基础，激活金融改革创新。广东在行业交易、大宗商品交易、股权交易等方面有较好的基础，在安全可控的情况下可适当提升跨境资金流动额与扩大开放区域，适当开放高水平项目，进一步放宽外资企业资本金使用范围，制定创新科技金融政策，吸引更多资本投入。探索建立政策性金融机构和专业性银行，为缺乏抵押资产但具备发展潜力的企业提供专门性贷款。保障与创新金融资本服务，提供分阶段、差异化金融服务，激活金融生态圈。建立与完善企业征信系统和个人征信系统，合理整合信用保证系统和相应担保机构等中介服务资源，对承保项目根据贷款规模和期限进行一定比例的担保，合理分散风险。建立再保险机制，保障信用保证机构的高效运转。

---

① 香港钱包互联互通项目指中国内地开放支持境外移动支付在境内使用。参见中国（广东）自由贸易试验区网站（http：//ftz. gd. gov. cn/ztlm227/zjalzt/jrkfcxzjal/content/post_ 2985730. html#zhuyao）。

三是发挥半导体产业研发优势，重点发展半导体产业和新能源汽车产业。广东半导体产业应依靠技术和产能优势加速发展，重点攻关核心技术。加强上游芯片研发设计，提高中游晶圆制造能级。加强政策扶持，完善本土产业链。加强科技创新资源引流，强化人才支撑。广东新能源汽车产业应把握政策优势，加强技术研发，推进新材料、新器件产业化，实现关键技术自主可控。加大技术投入，建立研发机构和专项创新平台。推广新能源汽车，刺激消费需求，促进产业升级。

（四）对标国际打造优质营商环境，高水平建设新时代对外开放前沿阵地

一是打造高效政务环境。依法将地级及以上城市的省级经济管理权限下放至自贸试验区。全省推行行政审批和技术审查相分离制度，针对市场准入、企业投资、建设工程等领域和业务量大的政务服务，简化审批流程。将政府职能重点转向事中事后服务与监管，对企业实行"快进严管"措施，深入改革企业监管机制，严格督查项目实施情况，确保其依法进行投资建设，加大考核问责问效力度。推进"互联网＋政务服务"，制定"不见面审批"清单，实行"清单之外无审批"，推动行政审批事项全程网上办理。

二是培育国际化开放化市场环境。推动采用信用联合奖惩清单管理，以"信用＋监管"为核心推动市场监管体制改革。完善国际贸易"单一窗口"功能，涵盖国际贸易全流程，广泛服务各类型国际贸易企业。加快实现服务和货物贸易协同发展，实施创新跨境服务贸易负面清单制度，制定配套外商投资服务的操作细则。处理好降成本与便利化的关系，在推进贸易便利化的同时切实为企业减负，协调口岸推动降本增效，推动降低货物港务费等口岸相关收费。

三是优化税收营商环境。推进税制创新改革，降低开放进程中境内外企业税收负担。根据广东省产业布局，对开放行业和领域进行引导，对引进投资或出海投资的属于优先开放领域的企业，其境内所得可享受包括降低税率、加计扣除、加速折旧、减计收入、税额抵免等多种方式的组合减税套

餐。实施境外投资者境内利润再投资递延纳税，鼓励境外投资者扩大在广东的实体经济投资，积极引导境外投资者扩大对广东省鼓励类项目的投资规模，以此提升企业的自生能力，并推动国内外企业积极参与广东开放型经济高质量发展。

B.12
粤港澳大湾区知识产权发展
分析报告

周四清　徐羽宣　罗婷婷 *

摘　要：　知识产权是增强区域竞争力的重要手段。本报告分析了近年
来粤港澳大湾区知识产权发展情况，粤港澳大湾区知识产权
创造发展领跑全国、珠江东岸知识产权创造发展优于珠江西
岸；知识产权保护法治化水平不断提高，知识产权保护体系
不断完善并与国际规则迅速接轨，知识产权执法体系不断优
化；知识产权运用态势良好，促进了企业技术进步、融资保
障和收益提升。同时，粤港澳大湾区知识产权发展存在以下
主要问题：一是发明专利申请通过率、实用新型专利申请通
过率、外观设计专利申请通过率不均衡，知识产权质量有待
提高；二是城市间知识产权发展不均衡；三是粤港澳三地知
识产权制度存在差异；四是企业 IPO 知识产权诉讼案件频
发。综合分析提出以下对策：优化专利申请流程，推进粤港
澳三地知识产权 "互认互通"；营造尊重、培养和引进知识
产权人才的制度环境；搭建以香港 - 深圳 - 广州为核心的知
识产权服务平台；建立粤港澳知识产权司法与行政保护联动
机制；强化行为主体知识产权保护意识的教育与培养；强化
企业知识产权可持续发展创新战略。

---

* 周四清，博士，暨南大学经济学院副教授，研究方向为国际投资与政策；徐羽宣，暨南大学
经济学院硕士研究生；罗婷婷，暨南大学经济学院硕士研究生。

关键词：　粤港澳大湾区　知识产权　专利　创新发展

一　引言

改革开放以来，我国通过产业开放和利用外资，为充分发挥中国劳动力比较优势提供了条件，推动了中国劳动密集型产业发展，使中国成为世界制造业大国。随着知识经济时代的到来，知识资本将逐步取代劳动力资源和自然资源成为推动经济发展的不竭动力。从目前来看，我国许多产业位于全球价值链中低端，产品附加值偏低，可替代性强，利润空间偏小。因此必须加快转变经济发展方式，增强经济活力和发展动能，只有实施创新驱动发展，才能打造制造业强国，实现《中国制造 2025》宏伟蓝图。党的十八大明确指出："科技创新是提高社会生产力和综合国力的战略支撑，必须摆在国家发展全局的核心位置。"可见，创新驱动发展已上升为国家战略。

经过多年的创新发展，我国知识产权制度建设取得了辉煌成就。自 2001 年加入世界贸易组织（WTO）以来，中国知识产权制度不断完善，推动知识产权创新发展。自 2008 年以来，中国知识产权创新发展处于持续上升期，逐步加入世界知识产权创新的"新人领跑者"行列。2019 年，中国创新指数排名进入世界前 15 位，并成为知识产权创新领先的新成员。2020 年，中国创新指数排名稳定在第 14 位，是排名前 30 位中唯一的中等收入经济体；创新投入指数排第 26 位，与 2019 年持平；创新产出指数比 2019 年下降一个位次，排第 6 位（见表 1）。

表 1　2018～2020 年中国创新指数得分及排名

年份	创新指数		创新产出指数		创新投入指数	
	得分	排名	得分	排名	得分	排名
2018	53.06	17	50.98	10	55.13	27
2019	55.08	14	53.28	5	56.88	26
2020	53.28	14	51.04	6	55.51	26

数据来源：世界知识产权组织 2018～2020 年的《全球创新指数报告》。

2020 年《全球创新指数报告》显示中国知识产权各个指标排名情况如下。本国人的专利申请量、实用新型申请量、商标申请量和外观设计申请量4 个指标得分居世界第 1 位，还有阅读、数学和科学 PISA 量表（Programme for International Student Assessment，国际学生评估项目）、国内市场规模、知识型工人、提供正规培训的公司占比、无形资产和创意产品出口在贸易总额中的占比得分居世界第 1 位。中国创新质量排名连续八年占据中等收入经济体榜首，其中高校质量排名世界第 3 位，同族专利质量占比为 10%，远超中等收入国家平均水平。

从 2010～2019 年中国各类型知识产权申请量变化看（见表 2），发明专利申请量在 2011～2013 年增长速度最快，之后逐渐平缓，2019 年为负增长。实用新型专利申请量在 2014 年略微降低，之后快速增长，年平均增速最大。外观设计专利申请量有一定波动，增加量少于其他三种类型。PCT（Patent Cooperation Treaty，专利合作协定）国际专利申请量 2019 年排名世界第 1 位，增长率高出世界平均水平 5.4 个百分点，其中华为是 PCT 国际专利申请量最多的申请人，是第 2 位的三菱电气的 1.66 倍。国内商标申请量十年间连续增长，2017～2019 年增长速度较快。2019 年马德里商标申请量排名世界第 3 位，其中华为在企业马德里商标申请量排名中列第 3 位。集成电路布图设计登记申请量呈上涨趋势。另外，海牙外观设计申请量排名第 1位的国家为德国，中国排名第 9 位，申请量前 10 名的企业中没有中国企业。

表 2　2010～2020 年中国各类型知识产权申请量

单位：万件

年份	发明专利申请量	实用新型专利申请量	外观设计专利申请量	PCT 国际专利申请量	商标申请量（国内）	马德里商标申请量	集成电路布图设计登记申请量
2010	39.12	40.98	42.13	1.29	97.35	0.21	0.11
2011	52.64	58.55	52.15	1.75	127.38	0.21	0.15
2012	65.28	74.03	65.76	1.99	150.25	0.23	0.18
2013	82.51	89.24	65.96	2.29	173.34	0.22	0.16
2014	92.82	86.85	56.46	2.71	207.65	0.27	0.18

年份	发明专利申请量	实用新型专利申请量	外观设计专利申请量	PCT 国际专利申请量	商标申请量（国内）	马德里商标申请量	集成电路布图设计登记申请量
2015	110.19	112.76	56.91	3.10	265.87	0.20	0.21
2016	133.85	147.60	65.03	4.45	352.68	0.38	0.24
2017	138.16	168.76	62.87	5.07	553.90	0.64	0.32
2018	154.20	207.23	70.88	5.52	712.70	0.63	0.44
2019	140.07	226.82	71.16	6.10	758.24	0.61	0.83
2020	140.27	272.62	70.03	6.23	819.83	0.55	1.22

注：2020 年为 1~11 月数据。
数据来源：世界知识产权组织统计数据库、国家知识产权局知识产权统计简报、中国商标网。

但是，中国创新指数排名与发达国家相比差距十分明显。2020 年《全球创新指数报告》显示，创新指数排名前 10 的经济体均为收入较高的发达国家，其中瑞士连续十年排第 1 位。中国内地是东南亚大洋洲创新指数排名第 4 的经济体，前 3 位分别为新加坡、韩国和中国香港（见表 3）。

表 3 2020 年中国内地与全球其他主要经济体创新指数排名

指标	瑞士	瑞典	美国	新加坡	韩国	中国香港	中国内地
人口（百万）	8.6	10	329.1	5.8	51.2	7.4	1433.8
人均 GDP（PPP $）	57791	47692	21440	90080	39060	56684	17028
创新指数排名	1	2	3	8	10	11	14
创新产出指数排名	1	2	5	15	10	16	6
创新投入指数排名	2	3	4	1	10	7	26
制度排名	13	11	9	1	29	5	62
人力资本和研究排名	6	3	12	8	1	23	21
基础设施排名	3	2	24	13	14	11	36
市场成熟度排名	6	12	2	4	11	1	19
商业成熟度排名	2	1	5	6	7	24	15
知识和技术产出排名	1	2	3	14	11	54	7
创意产出排名	2	7	11	18	14	1	12

数据来源：2020 年《全球创新指数报告》。

对比分析中国内地与表 3 中其他经济体的排名情况，中国内地在创新投入指数排名、制度排名和基础设施排名方面较为靠后，创新产出指数排名、知识和技术产出排名以及创意产出排名都高于 14 位。与创新指数排名第 11 位的中国香港相比，在各指标排名中，中国香港的市场成熟度和创意产出排名均为世界第 1，制度排名高出中国内地 57 个位次。因此，应该大力发展深圳—香港—广州科技集群，协同发挥粤港澳大湾区优势，做到粤港澳科技深度融合发展，实现区域创新指数共同提高的目标。

从区域知识产权建设看，粤港澳大湾区成为我国知识产权发展的重要战略基地。2019 年 2 月，中共中央、国务院正式发布《粤港澳大湾区发展规划纲要》，明确提出要加快粤港澳三地"互联互通"进程，将粤港澳大湾区打造成具有国际竞争力的世界级科技创新发展城市群。粤港澳大湾区战略定位之一是具有全球影响力的国际科技创新中心。加强知识产权创造、保护和运用以及优化区域创新环境是实现创新成果有效转化的首要前提。2020 年《全球创新指数报告》显示：粤港澳大湾区拥有创新指数排名世界第 11 位的香港和排名第 2 位的深圳–香港–广州科技集群，还有全国唯一的知识产权运用和保护综合改革试验区——广州中新知识城等。可见粤港澳大湾区知识产权创造、保护和运用取得了较好的成就。

因此，本报告从知识产权创造、保护和运用三方面分析粤港澳大湾区知识产权发展状况及其存在问题，并提出相应的知识产权发展建议，为将粤港澳大湾区打造成为国际科技创新中心提供有益参考。

二 粤港澳大湾区知识产权发展状况

知识产权发展包括创造、保护和运用三个维度，以下从这三个维度分析粤港澳大湾区知识产权发展状况。

（一）知识产权创造

1. 粤港澳大湾区知识产权创造发展领跑全国

（1）粤港澳大湾区的专利申请量连年递增。2010～2014 年，粤港澳大湾区外观设计专利、实用新型专利和发明专利申请量相差不大（见表 4）。

2015年以后，实用新型专利申请量在全部专利申请量中所占比重逐渐提高。分地区来看，2010~2020年，珠三角九市的实用新型专利申请量一直高于发明专利和外观设计专利，且数量差逐年拉大，其中发明专利申请量占比最低；澳门的外观设计专利申请量占比为67%，为三种类型专利申请量中最高，相对最少的是实用新型专利申请量，占比为9%；香港的发明专利申请量占比最高，超过80%，实用新型专利申请量占比最少，仅为4%。由于发明专利含金量最高，最能体现知识产权发展质量，因此珠三角和澳门知识产权发展质量与香港相比存在较大差距。

表4　2010~2020年粤港澳大湾区三种类型专利申请量

单位：件，%

年份	发明专利		实用新型专利		外观设计专利		合计
	申请量	占比	申请量	占比	申请量	占比	
2010	50894	34	45058	30	53848	36	149800
2011	62677	33	63302	34	62085	33	188064
2012	70168	32	73222	33	76456	35	219846
2013	79028	32	84487	34	85349	34	248864
2014	84692	32	89059	34	90906	34	264657
2015	111872	33	124688	37	98614	30	335174
2016	163403	35	186175	39	121922	26	471500
2017	188163	32	261388	45	134648	23	584199
2018	223324	30	339777	46	174213	24	737314
2019	212601	28	341303	46	195667	26	749571
2020	172569	24	359798	50	186888	26	719255
合计	1419391	30	1968257	42	1280596	28	4668244

注：2020年数据为珠三角九市和澳门1~10月专利申请量总和。
数据来源：世界知识产权组织、澳门特别行政区政府经济局、广东省市场监督管理局。

（2）广东省知识产权创造各项指数均处于全国前列。国家知识产权局知识产权发展研究中心编制的2014~2019年《中国知识产权发展状况评价报告》给出了历年全国各地区知识产权各项指数排名。广东知识产权综合发展指数连续多年居全国第1位（见表5）、知识产权创造发展指数在2014~2015年排名第2位，2016~2018年被上海赶超，排名第3位，2019年超越北京和上海，

排名全国第 1 位。知识产权创造数量指数在 2019 年跌出全国前 5，排名第 6
位，低于四川、山东、福建、湖北和江苏。知识产权创造质量指数在 2014～
2018 年一直保持第 3 位，2019 年超越北京和上海居全国第 1 位。知识产权创
造效率指数在 2014～2016 年排名第 3 位，2017～2019 年排名上升至全国第 2
位。由此可见，广东知识产权各项发展指数一直处于全国前列，但北京和上
海知识产权发展也显示出强劲的态势。

表5　2014～2019 年广东省知识产权创造发展指数得分及排名

年份	知识产权综合发展指数		知识产权创造发展指数		知识产权创造数量指数		知识产权创造质量指数		知识产权创造效率指数	
	得分	排名	得分	排名	得分	排名	得分	排名	得分	排名
2014	89.53	1	86.17	2	91.80	3	72.10	3	94.70	3
2015	89.13	1	90.36	2	97.60	3	74.50	3	99.00	3
2016	87.63	1	95.25	3	99.41	3	86.86	3	99.47	3
2017	86.07	1	94.51	3	99.67	3	85.30	3	99.71	2
2018	86.46	1	92.30	3	92.62	5	84.02	3	99.75	2
2019	88.51	1	97.90	1	92.29	6	99.99	1	99.55	2

数据来源：国家知识产权局知识产权发展研究中心 2014～2019 年的《中国知识产权发展状况评价报告》。

2. 珠江东岸城市群知识产权创造发展优于珠江西岸

以《2019 年中国知识产权发展状况评价报告》的指标体系为基础，综
合考虑粤港澳三个地区知识产权统计口径和数据的可获得性，在知识产权创
造发展指数指标体系基础上选定 9 个二级指标，分析粤港澳大湾区各城市知
识产权创造发展状况。数据来源于国家知识产权局、广东省市场监督管理局
和广东科技统计网，其中地理标志综合量为截至 2019 年底获批的地理标志
保护产品个数和有效地理标志注册商标个数之和。

（1）珠江东岸各城市知识产权创造发展情况。对珠江东岸城市群知识
产权创造指数进行分析（见表6），从数量指标来看，深圳专利授权量和商
标注册量均高于东莞和惠州。惠州地理标志综合量领先。东莞三个数量指
标居中。从质量指标来看，深圳 PCT 国际专利申请量最多。

表6　2019年珠江东岸各城市知识产权创造发展情况

一级指标	二级指标	深圳	东莞	惠州	珠江东岸
数量	专利授权量(件)	166609	60421	14577	241607
	商标注册量(件)	395243	82345	21278	498866
	地理标志综合量(个)	2	2	8	12
质量	PCT国际专利申请量(件)	17459	3268	448	21175
效率	每万人口发明专利拥有量(件)	106.35	35.71	15.28	157.34
投入	研究与实验发展经费(亿元)	1161.93	236.32	94.19	1492.44
	地方财政科技投入额(亿元)	356.4	36.04	25.18	417.62

数据来源：国家知识产权局、广东省市场监督管理局、广东科技统计网。

从效率指标来看，深圳每万人口发明专利拥有量最多。从投入指标来看，深圳研究与实验发展经费和地方财政科技投入额最高，惠州最少，且与深圳差值较大。

（2）珠江西岸各城市知识产权创造发展情况。在珠江西岸各城市中，从数量指标来看，2019年，广州专利授权量和商标注册量均排名第1位（见表7）。佛山专利授权量和商标注册量仅次于广州，排名第2位，地理标志综合量排第3位。中山专利授权量和商标注册量处于中等位置，地理标志综合量较少。江门商标注册量最少。肇庆地理标志综合量最多，专利授权量最少。从质量指标来看，广州PCT国际专利申请量居首位，其次为佛山，肇庆最少。从效率指标来看，珠海每万人口发明专利拥有量最多，其次是广州，肇庆拥有量最少。从投入指标来看，广州研究与实验发展经费和地方财政科技投入额最高，肇庆最少。因此广州知识产权创造发展指数在珠江西岸各城市中排名第1位。

（3）珠江东岸、珠江西岸及港澳地区知识产权创造发展情况对比。以发明专利公开量和发明专利被引频次作为发明专利影响力指标，其中发明专利被引频次反映专利的质量，被引次数较高则代表专利质量较高。从发明专利影响力来看，珠江东岸发明专利公开量和被引频次在三个地区中最高。港澳地区发明专利公开量和被引频次最低，但被引频次与公开量的比值高于珠江西岸。从PCT专利影响力来看，珠江东岸PCT专利公开量和被引频次在

表7 2019年珠江西岸各城市知识产权创造发展情况

一级指标	二级指标	广州	珠海	佛山	中山	江门	肇庆	珠江西岸
数量	专利授权量(件)	104811	18967	58572	33395	13282	4524	233551
	商标注册量(件)	337354	25586	85117	38032	15469	73070	574628
	地理标志综合量(个)	22	1	12	3	8	28	74
质量	PCT国际专利申请量(件)	1622	561	853	192	104	36	3368
效率	每万人口发明专利拥有量(件)	39.21	78.58	29.15	24.54	8.87	3.88	184.23
投入	研究与实验发展经费(亿元)	2704.7	92.15	254.77	61.12	62.63	22.72	3198.09
	地方财政科技投入额(亿元)	243.74	48.88	98.16	33.33	15.4	8.71	448.22

数据来源:国家知识产权局、广东省市场监督管理局、广东科技统计网。

三个地区中最高,比值仍是港澳地区较高。从同族专利公开量来看,珠江东岸多于珠江西岸,港澳地区最少。2015~2019年,珠江东岸有252家企业入选优势创新机构,涵盖22个行业;珠江西岸有218家企业入选优势创新机构,涵盖27个行业;港澳地区有30家企业入选优势创新机构,涵盖8个行业(见表8)。

表8 2015~2019年珠江东岸、珠江西岸及港澳地区知识产权创造发展情况对比

一级指标	二级指标	珠江东岸	珠江西岸	港澳地区
发明专利影响力	发明专利公开量(件)	755121	495009	37488
	发明专利被引频次(次)	625752	311923	29820
	发明专利被引频次/公开量	0.83	0.63	0.80
PCT专利影响力	PCT专利公开量(件)	87306	13678	5440
	PCT专利被引频次(次)	30489	2682	2543
	PCT专利被引频次/公开量	0.35	0.2	0.47
同族专利影响力	同族专利公开量(件)	1125712	892349	358200
优势创新机构	优势创新机构入选数(个)	252	218	30
	入选机构涵盖行业数(个)	22	27	8

数据来源:广东日报数据和数字化研究院发布的《粤港澳大湾区协同创新发展报告(2020)》。

（二）知识产权保护

加强粤港澳大湾区知识产权保护已成为激发社会创新活力、推动知识产权创造的重要前提。中共中央办公厅和国务院办公厅于2018年2月发布《关于加强知识产权审判领域改革创新若干问题的意见》，明确指出"知识产权保护是激励创新的基本手段，是创新原动力的基本保障，是国际竞争力的核心要素"。根据《粤港澳大湾区发展规划纲要》强化知识产权保护和运用的要求，广东颁布了《广东省推进粤港澳大湾区建设三年行动计划（2018～2020年)》《关于贯彻落实〈粤港澳大湾区发展规划纲要〉的实施意见》等，都强调加强知识产权的行政执法和司法保护，优化区域创新环境。

1. 知识产权保护体系不断完善、法治化水平不断提高

2020年11月30日，中央政治局以加强中国知识产权保护工作为主题举行了集体学习。习近平同志在会议中强调"保护知识产权就是保护创新"。

（1）知识产权保护制度基本形成了完备的法律体系。我国以颁布知识产权法律、行政法规、行政规章和司法解释等形式保护知识产权，并基本形成了比较完备的知识产权法律体系，其中商标法、专利法和著作权法分别经历多次修订。知识产权法律的每次修订，都体现着中国政府鼓励和推动创新，维护权利人合法权益的立法宗旨，并在不断完善过程中积极适应国际条约的要求。比如，1993年商标法第一次修订基于20世纪80年代先后加入巴黎协定和马德里协定的背景，2000年专利法第二次修订、2001年著作权法第一次修订和商标法第二次修订均是为了推进中国加入世界贸易组织的进程。广东也相应出台了一系列政策法规，致力于打造知识产权强省，服务粤港澳大湾区知识产权保护，为实现《粤港澳大湾区发展规划纲要》对粤港澳大湾区的战略定位目标提供重要法律支撑。

（2）我国知识产权保护与国际接轨情况。中国已成为世界主要知识产权国际条约的成员。中国内地、香港和澳门同为世界贸易组织成员，与其他成员共同遵守《与贸易有关的知识产权协议》（TRIPs）。其中TRIPs涵盖了大部分知识产权类型，对知识产权保护的执法程序做出了明确规定，并引入

了世界贸易组织的争端解决机制。TRIPs 是中国知识产权立法的重要参考，它的普遍适用性奠定了中国与其他国家（地区）开展知识产权贸易往来的基础。

2020 年 9 月 14 日，中国与欧盟共同签署《中华人民共和国政府与欧洲联盟地理标志保护与合作协定》，其中广东省有 4 种地理标志产品被列入首批保护名录。该协定的签订彰显了中国对地理标志知识产权保护的决心，进一步畅通了中欧国际贸易通道，有助于增加中国地方产品的国际知名度，提高地方特色产业生产动力。

2020 年 11 月 15 日，中国与东盟十国、日本、韩国、澳大利亚、新西兰正式签署了《区域全面经济伙伴关系协定》（RCEP）。RCEP 强调缔约国之间要做好知识产权保护，保护对象几乎包含了所有知识产权客体，对知识产权执法、合作与磋商、技术援助等多方面内容做了详细规定。RCEP 给推进粤港澳大湾区贸易自由化带来了新的机遇，落实 RCEP 有关知识产权保护的内容，有利于发挥粤港澳大湾区在对接国内国际双循环新发展格局中的重要作用。

外商是否提供技术支持取决于东道国对其知识产权保护的力度。为了进一步扩大开放格局，2019 年 3 月 15 日通过的《中华人民共和国外商投资法》中规定保护外商和外国投资者的知识产权，依法维护权利人的合法权益。粤港澳三地是外商投资的首选之地，该项法律的颁布增强了外国投资者的信心。

（3）行业加强知识产权保护情况。2020 年 11 月 13 日，粤港澳大湾区知识产权交易博览会（以下简称"知交会"）暨知识产权湾区论坛开幕。在知交会论坛上，来自国内知识产权领域的专家和业界精英以粤港澳大湾区知识产权保护、运用、合作、金融创新为主题进行了探讨。本届知交会推进了《地理标志产品东西部扶贫协作采购协议》《知识产权金融产品创新合作协议》《共建知识产权金融服务体系战略合作协议》等多个重大知识产权项目落地。

2. 广东知识产权执法体系不断优化、执法迅速落地落实

2018 年 10 月 19 日，根据《中共中央关于深化党和国家机构改革的决定》和《广东省机构改革方案》的部署，广东省成立市场监督管理局，将

原来分散而治的商标、专利、原产地地理标志等知识产权相关业务整合，由同一机构统筹管理。

（1）广东省市场监督管理局在整治知识产权侵权上成效卓著。2019 年，广东省市场监督管理局开展"铁拳""蓝天"等专项整治行动，共查处各类商标、专利、不正当竞争违法案件 1.1 万件，罚没金额 8326 万元，移送司法机关 63 件。① 根据广东省市场监督管理局公布的专利行政执法统计数据，2019 年全省各级知识产权部门共收各种专利案件 6822 件，结案 6645 件，其中专利纠纷案件 6441 件，结案 6390 件。从珠三角 9 个地级市专利行政执法状况看，所有专利执法案件分为专利纠纷案件和查处假冒专利行为两类。2019 年，珠三角地区各类专利案件收案数量排名靠前的依次为广州、佛山、深圳、中山和东莞（见表9）。九市合计收案 5262 件，占广东省各市知识产权部门（包括广东省局）专利纠纷案件收案总和的 81.70%；珠三角九市各知识产权部门专利纠纷案件共结案 5197 件，占广东省各市知识产权部门（包括广东省局）专利纠纷案件结案总和的 81.33%。

表9　2019 年珠三角九市专利行政执法状况

单位：件

执法部门	专利纠纷案件（包括展会、电商领域专利纠纷等）			查处假冒专利行为	
	收案		结案	收案	结案
	侵权	其他			
广州市知识产权局	2033	1	2011	1	1
佛山市知识产权局	1032	0	1022	3	2
深圳市知识产权局	901	4	930	146	94
中山市知识产权局	806	0	784	7	3
东莞市知识产权局	285	0	258	2	0
惠州市知识产权局	97	0	95	0	0
肇庆市知识产权局	50	0	46	32	0
珠海市知识产权局	29	0	26	0	0
江门市知识产权局	24	0	25	0	0
总　　计	5257	5	5197	191	100

数据来源：广东省市场监督管理局编《2019 广东省知识产权统计数据》。

① 《广东省政府新闻办疫情防控第五十七场新闻发布会》，广东省人民政府网站，http://www.gd. gov.cn/gdywdt/zwzt/yqfk/fbh/content/post_ 2984692.html，2020 年 4 月 26 日。

从商标侵权案件执法情况看，2019 年珠三角九市共执行商标侵权假冒和一般违法案件 2678 件（见表 10），占广东全省总量的 75.99%。

表 10　2019 年珠三角九市商标侵权案件情况

地区	案件数(件)			案值(万元)			罚款金额(万元)		
	合计	侵权假冒	一般违法	合计	侵权假冒	一般违法	合计	侵权假冒	一般违法
广州	976	956	20	2063.29	2036.96	26.33	2611.86	2539.56	72.3
佛山	192	190	2	748.17	737.75	10.42	167.45	165.57	1.88
深圳	688	685	3	691.35	689.86	1.49	1394.53	1392.53	2
中山	221	219	2	113.14	110.71	2.43	212.41	210.63	1.78
东莞	296	280	16	300.9	296.56	4.34	311.79	306.06	5.73
惠州	140	140	0	57.17	57.17	0	151.44	151.44	0
肇庆	44	42	2	226.31	226.09	0.22	141.78	140.95	0.83
珠海	38	38	0	17.4	17.4	0	9.91	9.91	0
江门	83	72	11	63.4	50.96	12.44	94.68	82.19	12.49
总计	2678	2622	56	4281.13	4223.46	57.67	5095.85	4998.84	97.01

数据来源：广东省市场监督管理局编《2019 广东省知识产权统计数据》。

（2）优化知识产权保护机制，不断提高执法效率和创新执法手段。为了进一步提高知识产权案件审理的效率，增强公民知识产权保护意识，《中共中央关于全面深化改革若干重大问题的决定》（2013 年 11 月）指出积极探索建立知识产权法院。2019 年 1 月 1 日，最高人民法院知识产权法庭成立，初步形成知识产权"1 + 3 + 20"司法保护格局：全国共设 1 个最高人民法院知识产权法庭、3 个地方知识产权法院（北京、上海、广州）、20 个知识产权法庭，其中广州知识产权法院和深圳知识产权法庭具有对粤港澳大湾区部分市知识产权纠纷案件审理的管辖权。

围绕《粤港澳大湾区发展规划纲要》提出"更好发挥广州知识产权法院等机构作用"的要求。广州知识产权法院积极开展工作，2020 年上半年共受理各类案件 5858 件，办结 4672 件，其中涉及专利权、著作权、商标权及不正当竞争纠纷案件各 1525 件、2771 件、156 件。在维护境内知识产权所有人权益的同时加强法院司法裁判的国际影响力，上半年共受理涉外案件99件，涉港澳台案件58件，比去年同期分别增长了8.79%、41.46%。① 广州知识产权法院成为畅通知识产权维权渠道，推动粤港澳大湾区知识产权合作的重要力量。

根据《2019年中国知识产权发展状况评价报告》对知识产权保护发展指数的测算，广东是唯一一位在行政和司法保护水平及保护效果综合评分第一梯队的地区，是全国知识产权保护示范区。在司法保护水平上，2019年广东知识产权司法保护指数达到了90.0②，远超第二位的北京。2020年4月20日，广东省高级人民法院发布了2019年《广东法院知识产权司法保护状况白皮书》，据统计，2019年全省法院共审结一审知识产权各类民事、刑事、行政案件分别为125694件、1450件、69件，同比分别增长56.56%、17.41%和13.11%。著作权、商标权和反不正当竞争案件增幅较大，分别达66.27%、40.48%、47.44%。③

为了落实《粤港澳大湾区发展规划纲要》提出的鼓励以非诉讼方式解决知识产权纠纷案件的要求，2019年11月13日，粤港澳大湾区知识产权调解中心正式成立，调解中心集结了来自高校、研究所、法院等机构的专业人士，通过调解方式解决跨境知识产权纠纷，推动粤港澳大湾区多元化知识产权纠纷解决机制的建立，促进粤港澳三地知识产权贸易的自由化和便利化。

（三）知识产权运用

知识产权的无形资产属性可以为企业创造潜在收益、质押融资以及显示技术进步水平。与知识产权创造指数和保护指数相比，2015~2019年，广

① 《2020半年人大报告》，广州知识产权法院网站，http：//www.gipc.gov.cn/front/channel.action？id=9fbdb1d27adb457291aef9c8c12a8d0e。
② 《2019年中国知识产权发展状况评价报告》，国家知识产权局知识产权发展研究中心网站，http：//www.cnipa-ipdrc.org.cn/article.aspx？id=606，2020年9月18日。
③ 《广东高院发布知识产权司法保护状况白皮书》，广东法院网，http：//www.gdcourts.gov.cn/index.php？v=show&cid=62&id=55245，2020年4月21日。

东省知识产权运用指数和环境指数排名略有波动，其中运用指数排名一直在第1~2位波动，2015年排名低于北京，2018年排名低于江苏。2015~2019年环境指数排名均低于上海，2019年排名低于山东、上海和北京。这说明广东知识产权运用还存在很大的发展空间。

1. 知识产权成为创造企业收益的重要来源

（1）知识产权创造的转移和交易收入。从珠三角九市知识产权运用指数数据看（见表11），2019年珠三角九市共有高新技术企业48116家，其中深圳和广州的高新技术企业数之和超过整体数量的一半。广州拥有最多的高校和重点实验室，因此在高校向企业转移的技术成果和服务收入上同样领先。广州的技术交易额和技术合同成交额在珠三角九市中遥遥领先，占总体的比例分别为49.81%和56.12%。综合对比可以看出，珠三角九市知识产权运用发展极不平衡，深圳和广州知识产权运用指数在珠三角九市中排名前列，与其他城市之间拉开较大差距。

表11　2019年珠三角九市知识产权运用指数

城市	高新技术企业数（家）	高校向企业转移的技术成果数（项）	高校向企业转移的技术成果服务收入（亿元）	省级新型研发机构成果转化和技术服务收入（亿元）	技术交易额（亿元）	技术合同成交额（亿元）
深圳	17153	1284	5.30	48.59	697.41	705.02
东莞	6181	373	1.04	36.24	221.47	222.07
惠州	1315	124	0.30	2.9	5.35	5.62
广州	11731	3231	8.94	112	975.07	1273.36
珠海	2211	346	0.63	47.23	33.61	35.91
佛山	4873	616	1.53	8.85	11.17	12.01
中山	2510	281	0.48	97.87	3.53	3.68
江门	1594	298	0.51	0.45	8.69	9.46
肇庆	548	136	0.26	0.63	1.44	1.8
合计	48116	6689	18.99	354.76	1957.74	2268.93

数据来源：《2020广东科技创新动态数据》（广东科技统计网）。

（2）知识产权质押融资发展态势良好。知识产权质押融资能够有效解决科技型企业融资困境，成为推动科技创新的重要引擎。国家和地方知识产权局积极推进知识产权质押融资业务，推出了一系列加强知识产权质押融资的支持政策，充分发挥知识产权质押融资的创新激励效应，提高区域创新效率。2009年1月，佛山南海区知识产权局成为第一批国家知识产权质押融资试点单位，随后广州知识产权局、东莞知识产权局等被列入第二批试点名单。2012年12月7日，广东省知识产权局等9部门印发了《关于加快推进广东省知识产权质押融资工作的若干意见》，为建立和完善知识产权质押融资综合服务体系做出了具体指导。为了进一步鼓励和引导银行对中小企业加大信贷支持力度，广州、深圳、珠海、中山、惠州五市知识产权局分别出台了关于知识产权质押融资风险补偿基金管理办法，以中央财政和市财政补贴的方式补偿银行开展知识产权质押融资服务时产生的部分风险损失。以广州为例，2020年风险补偿基金由中央财政出资1000万元和市财政出资3000万元，存续期为5年，若发生贷款本金损失，基金和合作银行各承担损失的50%。2020年上半年，近200家企业通过知识产权质押获得企业发展所急需的资金，融资总额超过27亿元，质押专利总数超过740件。[1] 截至2020年7月底，广东已为750多家企业办理了知识产权质押业务，融资金额近190亿元，知识产权质押融资取得良好效果。[2]

根据《2019广东省知识产权统计数据》，2019年广东专利权质押金额为165.6亿元，平均每件质押登记的金额为1840.26万元（见表12）；全省商标权质押金额为15.7亿元，平均每件质押登记的金额为4243.2万元。

2. 知识产权成为高新企业成长发展的前置条件

（1）政府为粤港澳大湾区企业知识产权发展提供优惠政策。以广州黄埔区为例，作为广深科技走廊的核心、经过国务院批准的知识

---

[1] 《融资总额3年增长22倍！广州上半年知识产权质押融资超27亿元》，广东省人民政府网站，http：//www.gd.gov.cn/zwgk/zdlyxxgkzl/zscq/content/post_3055809.html，2020年7月30日。

[2] 《粤东西北片区知识产权质押融资工作现场推进座谈会在韶关召开》，广东省市场监督管理局网站，http：//amr.gd.gov.cn/zwdt/xwfbt/content/post_3081273.html，2020年9月8日。

表 12 　 2008～2019 年广东省专利权质押登记情况

年份	质押金额（万元）	质押数（件）	涉及专利数（件）	平均每件质押登记的金额（万元）	平均每件专利的质押金额（万元）
2008	39409.57	11	28	3582.69	1407.48
2009	144365.24	16	75	9022.83	1924.87
2010	143618.52	24	105	5984.11	1367.80
2011	191894.00	40	237	4797.35	809.68
2012	193788.14	78	407	2484.46	476.14
2013	498153.34	126	734	3953.60	678.68
2014	467996.46	184	994	2543.46	470.82
2015	589424.99	169	1025	3487.72	575.05
2016	484884.15	196	1013	2473.90	478.66
2017	1345971.98	440	2729	3059.03	493.21
2018	2103691.52	656	3326	3206.85	632.50
2019	1656231.90	900	4917	1840.26	336.84

数据来源：广东省市场监督管理局编《2019 广东省知识产权统计数据》。

产权运用和保护综合改革试验区，2018 年 3 月，发布《广州市黄埔区　广州开发区加强知识产权运用和保护促进办法》（以下简称《办法》），《办法》中给出了一系列针对企业知识产权发展的有利政策，包括 3 条奖励政策（服务机构落户奖励、经营贡献奖励、信息分析奖励）、2 条扶持政策（金融扶持、培训扶持）、1 条激励政策（交易激励）和 1 条资助政策（保护资助）。2020 年 4 月 17 日，发布《广州市黄埔区　广州开发区推进粤港澳知识产权互认互通办法（试行）实施细则》，细则中对"粤港澳知识产权互认广州 10 条"做了详细的补充和说明。基于该"互认 10 条"，广州开发区知识产权局在 2020 年 5 月 8 日发布《广州市黄埔区、广州开发区、广州高新区进一步加强知识产权运用和保护促进办法》，将知识产权运用和保护的范围扩大到粤港澳大湾区。并在 2020 年公布了 10 家知识产权示范企业和 3 家知识产权综合服务平台。

（2）知识产权成为衡量企业技术进步的标志，特别是专利成为科创板上市企业科创属性的"硬指标"。设立科创板的目的是便于符合国家认定的科技创新能力强的企业上市。2019年1月，证监会制定了拟上市企业的五大标准和两种额外情形。2020年3月，证监会制定发布的《科创属性评价指引（试行）》中有3项常规指标和5项例外条款均包含企业拥有的发明专利数量情况，专利成为科创板上市企业科创属性的"硬指标"。

2019年7月，第一批科创板挂牌上市企业共25家，广东有3家，排名第4位。截至2020年9月30日，科创板上市企业183家，广东有25家，排名第3位。2015～2020年，广东25家科创板上市企业专利申请量连年递增，2019年专利申请量为1313件，2020年前9个月公开专利申请量已达到541件（见表13）。25个科创板上市企业专利申请趋势可分为两类：第一类，六年间专利申请量较为平均，波动幅度较小，如光峰科技、嘉元科技等；第二类，2018年前专利申请量极少，申请上市的两年内专利申请量骤增，如方邦股份、传音控股等。从行业分布看，25家上市企业中有11家属于信息技术领域。相较于全国其他地区，粤港澳大湾区知识产权综合发展一直名列前茅，很多国内外创新技术和要素汇聚于深圳、香港和广州，科创板的设立有利于提高企业研发积极性、加快粤港澳大湾区知识产权创新发展，为大湾区经济发展注入活力。

表13　2015～2020年广东25家科创板上市公司专利申请量

单位：件

股票代码	简称	上市时间	行业	2015年	2016年	2017年	2018年	2019年	2020年(1～9月)
688007. SH	光峰科技	2019.07	信息技术	125	210	252	368	206	15
688020. SH	方邦股份	2019.07	新材料	0	1	1	124	47	0
688388. SH	嘉元科技	2019.07	新材料	16	28	10	40	23	39
688321. SH	微芯生物	2019.08	生物医药	0	4	3	7	15	3
688036. SH	传音控股	2019.09	信息技术	1	0	55	9	360	102

股票代码	简称	上市时间	行业	2015 年	2016 年	2017 年	2018 年	2019 年	2020 年 (1~9 月)
688025. SH	杰普特	2019.10	高端装备	4	10	102	116	103	11
688128. SH	中国电研	2019.11	其他	27	30	39	36	27	5
688138. SH	清溢光电	2019.11	信息技术	11	4	4	4	2	0
688389. SH	普门科技	2019.11	生物医药	7	19	2	15	0	1
688268. SH	华特气体	2019.12	新材料	0	43	2	7	24	0
688026. SH	洁特生物	2020.01	其他	19	16	19	9	13	7
688159. SH	有方科技	2020.01	信息技术	5	5	11	16	24	8
688086. SH	紫晶存储	2020.02	信息技术	2	0	7	1	35	16
688090. SH	瑞松科技	2020.02	高端装备	43	8	60	31	17	0
688177. SH	百奥泰	2020.02	生物医药	1	0	2	14	6	0
688208. SH	道通科技	2020.02	信息技术	6	27	65	139	167	53
688228. SH	开普云	2020.03	信息技术	0	0	0	11	4	2
688318. SH	财富趋势	2020.04	信息技术	0	0	2	0	0	0
688312. SH	燕麦科技	2020.06	高端装备	0	36	14	10	8	6
688518. SH	联赢激光	2020.06	高端装备	3	42	36	39	26	2
688418. SH	震有科技	2020.07	信息技术	0	20	17	6	121	170
688589. SH	力合微	2020.07	信息技术	11	0	2	23	8	4
688393. SH	安必平	2020.08	生物医药	14	14	6	16	7	2
688559. SH	海目星	2020.09	高端装备	15	51	75	115	27	13
688595. SH	芯海科技	2020.09	信息技术	18	96	114	50	43	82
合计				328	664	900	1206	1313	541

数据来源：广东省市场监督管理局：《广东科创板上市企业知识产权蓝皮书》，2020 年 9 月。

三 粤港澳大湾区知识产权发展存在的三大问题

广东省市场监督管理局、香港知识产权署和澳门知识产权局出台了一系列政策法规将粤港澳大湾区打造成国际科技创新中心，致力于推进知识产权创造和落实知识产权保护以及加强知识产权运用，在取得卓越成就的同时，也存在一些亟待解决的问题。

（一）粤港澳大湾区三种专利授权量与申请量结构不合理

粤港澳大湾区专利申请量和授权量在全国各地区中一直名列前茅，申请量增速也远高于国家平均水平。但从知识产权建设来看，还存在专利申请量与授权量结构不合理、三种专利申请通过率差别较大的问题。含金量高的发明专利申请通过率偏低以及粤港澳大湾区城市间知识产权发展不均衡是粤港澳大湾区知识产权创造发展存在的主要问题。

根据广东省市场监督管理局 2010 年至 2020 年 10 月专利授权量和申请量的数据，计算珠三角九市知识产权专利申请通过率（见表14）。在三种专利类型中，外观设计专利申请通过率（授权量与申请量之比）最高，年平均通过率达到80%，其中两次超过90%。实用新型专利申请通过率围绕平均值78%上下波动，2016～2017 年实用新型专利申请量平均增速最大，但专利授权量增速缓慢，申请通过率降为近 10 年最低。发明专利申请量和授权量在三种专利类型中均为最低，申请通过率也远低于另外两类。因此，粤港澳大湾区专利申请量较多，但知识产权质量偏低，尤其是发明专利申请通过率更低。

表14　2010～2020 年 10 月珠三角九市三种专利申请通过率

单位：%

年份	发明专利申请通过率	实用新型专利申请通过率	外观设计专利申请通过率	专利申请平均通过率
2010	34.04	92.26	100.00	78.85
2011	36.17	76.57	84.74	67.83
2012	37.54	84.37	72.25	66.82
2013	29.75	84.16	72.09	64.58
2014	29.78	86.91	69.34	64.13
2015	32.43	77.96	88.15	66.80
2016	25.03	58.89	70.57	50.82
2017	25.38	60.50	73.53	52.71
2018	24.92	73.64	74.58	59.79
2019	29.69	77.48	79.51	65.17
2020	31.04	81.88	94.59	72.98
平均通过率	30.52	77.69	79.94	64.59

注：2020 年为 1～10 月数据。

数据来源：广东省市场监督管理局。

从粤港澳大湾区各城市知识产权发展指标数据来看，珠江东岸城市在知识产权数量上显著优于珠江西岸和港澳地区，珠江西岸城市知识产权创造效率较高，港澳地区在知识产权质量指标上远超珠三角地区。从城市层面来看，香港、深圳和广州知识产权发展在粤港澳大湾区中位列第一梯队，东莞和佛山为第二梯队，澳门、珠海、中山、江门、惠州和肇庆处于第三梯队。

（二）粤港澳知识产权制度存在差异

香港和澳门具有高度自治权，粤港澳三地在知识产权立法、司法和行政管理上存在很大的制度差异，这也是三地知识产权法律纠纷产生的直接原因。在"内地与港澳关于建立更紧密经贸关系的安排"（Closer Economic Partnership Arrangement，CEPA）框架下，三地积极探索解决粤港澳大湾区知识产权法律冲突的办法，比如建立"粤港澳知识产权资料库"，方便知识产权所有人了解粤港澳三地对商标、专利、著作权（版权）等知识产权保护的具体法律规定，这在一定程度上缓解了知识产权纠纷的发生，但是三地知识产权法律冲突本质问题并未得到有效解决。

（三）知识产权成为竞争对手企业博弈的新"武器"

从知识产权运用看，主要问题是粤港澳大湾区知识产权成为竞争对手企业博弈的新"武器"。申请科创板IPO的知识产权企业不但要属于高新技术领域、拥有关键核心技术，而且企业不能有与核心技术有关的重大权属纠纷。在IPO过程中企业容易受到竞争对手或非实施主体发起的知识产权诉讼狙击。截至2020年5月，有29家企业终止科创板IPO申请，其中因知识产权原因终止的有15家，占比超过50%。因此企业将重心放在科研创新上的同时，还要做好保密工作，预防知识产权资源要素和技术先进性信息泄露，确保IPO前知识产权的归属问题明确，避免竞争对手的干扰甚至破坏。

四 粤港澳大湾区知识产权可持续发展的对策

粤港澳大湾区作为国家创新高地和战略重点，在对接国际资源上具有得天独厚的优势。粤港澳三地应该加强知识产权合作，优化区域创新环境，积极应对环境不确定性，抢占科技创新制高点。

（一）优化专利申请流程，推进粤港澳三地知识产权"互认互通"

在粤港澳大湾区知识产权发展进程中，既要鼓励企业、高校、科研单位等进行专利申请以提升知识产权创造数量，更要优化专利申请程序，减少不必要的申请材料和申请流程，缩短审核时间，提高专利申请的便捷性。其次要积极推进粤港澳大湾区知识产权"互认互通"，推进知识产权职业资格互认，构建大湾区合作新机制，为港澳企业在内地开展业务提供完善的金融支持和便利的维权服务，有效实现三地知识产权的优势互补和协同创新。

（二）营造尊重、培养和引进知识产权人才的制度环境

针对粤港澳大湾区创新活力不足，高价值发明专利明显较少的状况，必须努力做好知识产权的人才培养，出台相关人才引进和支持政策，扶持创新人才，保证知识产权人才的数量和质量。整合大湾区各地区优势资源，优化人才引进渠道，发挥广州、深圳、香港、澳门的核心引擎作用，加强人才国际化培养合作，建立知识产权保护人才库，打造大湾区科技教育合作平台。尤其是惠州、肇庆、珠海、江门在知识产权保护上明显落后于其他地区，应当充分发挥政府部门在人才引进和教育方面的规划作用，建立知识产权保护人才激励机制，畅通人才引进通道。

（三）搭建以香港－深圳－广州为核心的知识产权服务平台

粤港澳大湾区三个地区的知识产权发展各有优劣，应分别选取三个地区知识产权发展排名第一的城市，以大湾区建设为契机，搭建香港－深圳－广州知识产权服务平台，建立知识产权保护和运用试验区。利用"先富带动后富"的思维，联合区域内其他城市，推进大湾区知识产权协同发展，强化三地知识产权海外协作，探索推动大湾区以知识产权进出口为特征的国际贸易发展。

（四）建立粤港澳知识产权司法与行政保护联动机制

构建粤港澳大湾区知识产权保护行政和司法信息合作平台，明确各地海关、法院、检察院、经济局和市场监督管理局的具体职能，对知识产权侵权案件的移送、立案、结案和执行过程进行实时监督，实现知识产权行政保护与司法保护的有效衔接，提高执法保护工作效率。进一步推进粤港澳三地相关职能机构开展联合执法活动，集中时间和力量严厉打击各种知识产权侵权假冒和违法犯罪行为。

（五）强化行为主体知识产权保护意识的教育与培养

行政机关如地方各级人民政府要加大对知识产权保护的宣传力度，以普法教育、现场咨询和培训等多样化形式开展知识产权宣传教育，为企业提供知识产权法律咨询和指导服务，增强消费者和企业的知识产权保护意识。建立企业知识产权诚信机制，将知识产权侵权假冒行为记录在案，取消失信企业相关扶持政策，并实现大湾区内部信息共享。

（六）加强企业知识产权可持续发展创新战略

创新是粤港澳大湾区知识产权发展的核心动力，动力的载体包括个人、高校、企业、科研单位和机关团体。根据国家知识产权局官方统计年报数据，截至 2018 年底，粤港澳大湾区累计专利申请量最高的单位为企业，占比为 60%。由此可见，企业是推动粤港澳大湾区知识产权发展的主要动力，知识产权战略根植于企业创新土壤。因此，不但要培养企业学会运用知识产权法律来保护自己的合法权益，更要求企业将知识产权作为重要发展战略，提高对专利技术的研发和转化投入，进而提高知识产权的运用率。另外还可以鼓励企业加强与其他知识产权单位的合作，搭建企业与高校和科研单位的沟通桥梁，建立技术交流平台，实现知识产权转化的便捷和快速，保证知识产权的可持续运用和发展。

B.13
后　记

自 2009 年以来，广东外语外贸大学国际经济贸易研究中心根据学术委员会要求，坚持"蓝皮书"的资讯特色，坚持"公正立场、专家观点"的宗旨，以专家和学者关于广东外经贸发展及开放型经济建设等各类研究成果为主，既注重现实问题又不乏学理分析，既探讨当前现实问题又兼顾长远战略问题研究，既关注资讯信息又兼顾中长期趋势分析，目的是为政府部门决策和企业发展选择提供参考依据。

2020 年，中美贸易摩擦未了，新冠肺炎疫情突袭而至，对世界经济和贸易产生了巨大冲击。中国取得了阶段性抗击疫情的成功，社会生活、生产活动逐步恢复。外贸也得到一定程度的恢复，取得了小幅增长。尽管新冠肺炎疫情还在世界各地流行，对外经贸发展仍然有较大影响，但是社会各界仍要继续探讨广东外贸、外资、外经发展的情况。2020～2021 年度的广东外经贸蓝皮书除了分析外经贸形势外，主要探讨外贸发展质量、区域协调、外贸业态、产业发展等问题。经过公开招标程序，确定了暨南大学、深圳大学、广东工业大学、广东金融学院和广东外语外贸大学的 12 个研究小组。

本书初稿形成后，我们组成编委进行了初步审稿，编委由广东外语外贸大学国际经济贸易研究中心、广东数字经济与贸易研究院、经济贸易学院、广东国际战略研究院、国际服务外包研究院、国际治理创新研究院、非洲研究院、广州国际商贸中心重点研究基地等机构的专家构成，他们对各篇报告提出了宝贵的修改意见，使本书的研究成果得以完善。

本书研究还得到了国际经济贸易研究中心学术顾问和学术委员的指导，他们是隋广军、温思美、林桂军、霍建国、张捷、黄静波、刘德学、黄建忠、屠新泉、崔日明、熊启泉、黄新飞、张建武、刘继森、孙楚仁等；另外，还得到《国际经贸探索》杂志、粤商研究中心和粤港澳大湾区研究院等的支持。国际经济贸易研究中心将继续聚集广东乃至全国同行专家和学者，坚持对广东外经贸发展、开放型经济建设进行跟踪研究，以创新的研究成果不断为政府和企业提供咨询服务。

在此，对上述提到的专家、学者的热心参与和贡献以及机构的支持表示衷心的感谢！欢迎关心广东外经贸发展和开放型经济建设的广大读者和各界人士多提宝贵意见。

"广东外经贸蓝皮书"编委会

2021 年 3 月

Abstract

The international economic and trade situation in recent years has become very complicated. Sino-US competition went from "tariff", "real economy" to "science and technology". When the first phase of economic and trade agreement between China and United States was signed in January 2020, novel coronavirus pneumonia has brought another serious impact on Guangdong's foreign trade.

Generally, Guangdong's foreign trade has some new features, showing a certain degree of resilience. In 2020, the scale of Guangdong's import and export shrank slightly, and foreign capital utilization and outward direct investment kept growing. In terms of RMB, in 2020, the total import and export volume of goods was 7. 08 trillion yuan, down 0. 9% over the previous year, of which 4. 35 trillion yuan was exported, up 0. 2% over the previous year. Imports reached 2. 73 trillion yuan, down 2. 6% from the previous year. Affected by the epidemic situation, the development of Guangdong's foreign trade has experienced ups and downs. In the first quarter, Guangdong's foreign trade declined significantly compared with the same period of the last year, then gradually rebounded, reached the highest value in the third quarter and declined slightly in the fourth quarter. The structure of Guangdong's foreign trade partners has also undergone great changes. ASEAN has replaced Hong Kong as Guangdong's largest trading partner. The United States surpassed the European Union to become Guangdong's third largest trading partner. From the perspective of trade mode and format, the dominant position of general trade is gradually strengthening. The processing trade showed negative growth at the same time, and its status continued to weaken. Cross border e-commerce and market procurement trade grew against the trend.

The growth rate of foreign trade in the Guangdong-Hong Kong-Macao

Greater Bay Area shows a slowing down trend. The growth of foreign trade of Hong Kong continued to slow down. Its entrepot trade decreased but offshore trade increased. The nine cities in the Pearl River Delta have always contributed to accounts for about 95% of the province's total foreign trade, while the foreign trade of the eastern and northwestern regions of Guangdong only accounts for about 5% of the total. The share of the Pearl River Delta's foreign trade in the national total remains at about 20%. The foreign trade capacities of Guangzhou, Shenzhen, Dongguan and Zhuhai have been continuously enhanced, supporting the stable development of the trade between the nine cities of the Pearl River Delta and Hong Kong and Macao.

From the perspective of foreign trade structure, the differentiation of exporting industries is obvious. The rapid growth of exports of epidemic prevention materials, such as medical instruments and apparatus, medical materials and drugs, masks and protective clothing, has largely supported Guangdong's foreign trade to not decline significantly. There are several characteristics of foreign trade in Guangdong's pharmaceutical industry. First, the export of Guangdong's pharmaceutical products has maintained a rapid growth in recent years, but showing a deficit situation. Second, the international competitive advantage of medical devices manufacturing in Guangdong has been gradually improved, but the export growth in the pharmaceutical manufacturing industry is weak. Third, in terms of Guangdong pharmaceutical trade, chemical preparations are the main exports, but the export of Chinese herbal and patent medicine has decreased significantly. The novel coronavirus pneumonia has stimulated the demand for medicine, and this would make the pharmaceutical industry, especially the Chinese medicine, to revive.

Under the background of severe foreign trade situation, the comprehensive score of high-quality development of Guangdong's foreign trade shows a downward trend. Foreign trade's competitiveness score, sustainable development score and scale score all decreased slightly. However, the foreign trade structure score shows a gradual growth trend. Guangdong, Hong Kong and Macao have their own advantages in high-quality development of foreign trade, while Shenzhen, Guangzhou and Hong Kong are in the forefront in terms of the overall trade level.

In terms of the foreign trade foundation, Hong Kong, Shenzhen, Guangzhou, Foshan and Dongguan are in the forefront. In terms of the foreign trade optimization, Shenzhen, Dongguan, Guangzhou and Hong Kong are in the forefront. In terms of the foreign trade structure, Zhaoqing, Huizhou, Dongguan and Shenzhen ranked the first. In terms of foreign trade benefits, Dongguan and Shenzhen are more prominent.

In 2020, the actual utilization of foreign capital in Guangdong increased steadily, and the scale reached a new record, showing a trend of stabilization. In the long run, the utilization of foreign capital has entered the stage of all-round development, which has the characteristics as follows. First, the regional distribution is uneven, and the actual utilization of foreign capital in the Pearl River Delta region accounts for about 95% of the province's total. Second, Hong Kong and Macao are the main source of foreign capital, accounting for more than 80% of Guangdong's total utilization. Third, the actual utilization of foreign capital in the service industry far exceeds that in the secondary industry. Fourth, the trend of wholly foreign-owned enterprises has enhanced.

To deal with the complex economic and trade situation, Guangdong actively responded to the central government's requirements of "six stabilities" and "six guarantees", and adopted a series of measures, such as tax reduction and fee reduction policies, monetary and financial policies, and policies to continue optimization of the business environment. Taking consideration of the effects of various factors, it is estimated that Guangdong's foreign trade situation will become better in 2021 as a whole, and the import and export will continue to maintain the development trend of the last three years, with a growth rate close to zero in terms of RMB valuation.

For the problems in various fields of foreign trade, this report puts forward a series of countermeasures and policy suggestions. First, Guangdong should seize the opportunity of the new development pattern of "double circulation" to cultivate new competitive advantages in foreign trade. Second, Guangdong should promote the coordinated development of foreign trade, further tap the potential in the east and northwest areas, and vigorously explore new markets especially along the "One Belt, One Road". Third, the trade structure should be continuously optimized to stimulate the stable development of service trade, strengthen cross-border e-commerce and promote the integrated development of market procurement, comprehensive trade services and other new formats. Fourth, the potential of foreign trade platform and export base should be tapped to strengthen the development of private enterprises and general trade mode. Fifth, the scale of utilizing FDI should be further expanded with improved utilization quality. Sixth, benchmarking international high standard of openness, Guangdong should further optimize the business environment, particularly paying attention to cultivating the awareness of intellectual property protection, establishing the linkage mechanism of judicial and administrative protection of intellectual property between Guangdong, Hong Kong and Macao, and create a new era of opening-up and innovation.

Keywords: Foreign Trade; Industry Development; the Guangdong-Hong Kong-Macao Greater Bay Area; Guangdong

Contents

Ⅰ General Report

Abstract: Faced with that the world economy was in severe recession, and international trade and investment was shrinking due to the impact of COVID –19 epidemic in 2020, the economic performance of Guangdong province was still showing resilience. In 2020, Guangdong's GDP exceeded 11 trillion yuan, with a year-on-year growth of 2. 3% . The scale of import and export shrank slightly, and the utilization of foreign capital and foreign direct investment kept growing. In terms of RMB, the total import and export volume of goods in 2020 was 7. 08 trillion yuan, down 0. 9% from the previous year. Of this total, the export of goods was 4. 35 trillion yuan, an increase of 0. 2% over the previous year, while the import of goods was 2. 73 trillion yuan, a decrease of 2. 6% over the previous year. In terms of US dollars, the import and export volume of goods in 2020 totaled US \$ 1. 02 trillion, down 1. 3% from the previous year. Of this total, the export of goods was 628. 3 billion US dollars, down 0. 2% over the previous year, and the import of goods was 395. 2 billion US dollars, down 2. 9% over the previous year. The actual utilization of foreign capital increased by 6. 5% over the previous year, and the actual foreign direct investment increased by 53. 9% over the previous year. With the effective control of the epidemic situation at home and abroad, and the promotion and application of COVID −19 vaccine, the overall foreign trade situation of Guangdong province in 2021 will improve. The total import and export volume of goods will remain at the level of 7. 0 −7. 2 trillion yuan, which is equivalent to the average level of the previous three years.

Keywords: Foreign Trade; Foreign Investment; the Utilization of Foreign Capital; Guangdong

II Sub Reports

B . 2 Evaluation Index Construction and Measurement Analysis of Guangdong Foreign Trade High −quality Development

Liu Weili, Yang Jingyuan / 029

Abstract: This report constructs the evaluation index system of high quality development of foreign trade, which specifically covers four first-class indexes: foreign trade structure, foreign trade competitiveness, foreign trade sustainable development and foreign trade scale, and calculates and analyzes the high quality development of Guangdong's foreign trade from 2005 to 2019 by using the entropy method. The results show that: as far as the overall index is concerned, the comprehensive score of high quality development of Guangdong's foreign trade is in the fluctuation, the number shows a trend of first increasing and then decreasing. In terms of sub dimension indicators, Guangdong's foreign trade structure score shows a gradual growth trend, while foreign trade competitiveness score, foreign trade sustainable development score and foreign trade scale score show a slight decline in fluctuations.

Keywords: Foreign Trade; Foreign Economy; High Quality Development; Guangdong

B . 3 Analysis on the High-quality Development of

Foreign Trade in the Guangdong-Hong Kong-Macao

Greater Bay Area   *Cai Chunlin* , *Zhang Shuang* / 047

Abstract: Based on the relevant data of foreign trade development of 11 regions in Guangdong-Hong Kong-Macao Greater Bay Area in 2018, this report establishes a set of index system of the foreign trade high-quality development, and obtains the comprehensive evaluation results of the foreign trade high-quality development of 11 regions by using the Factor Analysis, so as to intuitively analyze the level and differences of the foreign trade high-quality development of 11 regions. It is found that the foreign trade infrastructure, foreign trade optimization degree and foreign trade competitiveness of Guangdong-Hong Kong-Macao Greater Bay Area need to be strengthened and improved, and there is a big gap in the high-quality development level of foreign trade among different regions in Guangdong-Hong Kong-Macao Greater Bay Area. Therefore, in view of the existing problems, this report believes that Guangdong-Hong Kong-Macao Greater Bay Are must improve the degree of foreign trade optimization, cultivate new competitive advantages in foreign trade, optimize the foreign trade business environment and narrow the development gap among regions.

Keywords: Foreign Trade; High-quality Development; Guangdong; the Guangdong-Hong Kong-Macao Greater Bay Area

B . 4 Thoughts and Countermeasures on the Regional Balanced

Development of Guangdong's Foreign Trade

Lin Chuangwei / 067

Abstract: In 2019, the total foreign trade of 12 cities in Eastern, Western, and Northern Guangdong accounted for only 4. 5% of the total foreign trade in Guangdong. The degree of dependence on foreign trade in Eastern, Western, and

Northern Guangdong is only about 15% , which is not only far lower than the level of the Pearl River Delta, but also only about half of the national average. In view of the huge regional imbalance in Guangdong's foreign trade, based on the analysis of the causes of the regional imbalance in Guangdong's foreign trade, this report proposes to speed up the development of foreign trade in the Eastern, Western, and Northern Guangdong. Thoughts and policy suggestions to promote the regional balanced development of Guangdong foreign trade are given as followed.

Keywords: Foreign Trade; Region Balanced Development; Guangdong

B.5　Development Status and Future Direction of Foreign Trade in the Guangdong-Hong Kong-Macao Greater Bay Area

Chen Wanling, Hu Yao and Liu Zhuhui / 079

Abstract: With the development of Guangdong-Hong Kong-Macao Greater Bay Area (also called GBA), its foreign trade is becoming more and more important. The annual growth rate of Hong Kong foreign trade in 2010 − 2020 is 2. 51% , which is 4. 56% lower than that of the previous 10 years. The change of its foreign trade mode shows the trend of reducing the entrepot trade and increasing offshore trade. From 2015 to 2020, the average annual growth rate of foreign trade of the nine cities in the Pearl River Delta was 1. 60% , of export was 1. 17% , and of import was 2. 30% . The trade between the nine cities in the Pearl River Delta and Hong Kong and Macao showed a shrinking trend. The total foreign trade decreased from 1240886 billion yuan in 2015 to 981175 billion yuan in 2020, with an average annual growth rate of −4. 59% , of exports was −4. 57% , of imports was −5. 55% . Under the influence of some positive policy factors, the foreign trade of the GBA is expected to achieve high-quality growth, will continue to maintain a certain growth rate, the regional structure will be greatly adjusted, the trade field and new business forms will have new features, the service trade will develop rapidly, and the technology trade and intellectual property trade will develop by great progress.

Keywords: Foreign Trade; Pearl River Delta Foreign Trade; Hong Kong Foreign Trade; the Guangdong－Hong Kong－Macao Greater Bay Area

B.6 The Development History and Trend of Guangdong's Utilization of Foreign Capital　　　　*Liu Sheng, Chen Huatong* / 096

Abstract: This report divides the development history of Guangdong's utilization of foreign capital into four stages, and analyses its policy environment, characteristics and deficiencies since the reform and opening up, as well as the impact of industrial structure changes on the utilization of foreign capital. Based on the above analysis, we predict the development trend of foreign capital in Guangdong during the normalization period of epidemic prevention and control, and draw several conclusions as follows. First, Guangdong will further expand and improve the scale and quality of FDI utilization. Second, Africa and Europe will become important FDI sources for Guangdong. Third, Guangdong should expand to utilize FDI in the service sector, and promote the optimization, transformation and upgrading of Guangdong's industrial structure. Fourth, we should break through the single pattern of "sole proprietorship" and encourage the formation of multiple ways to attract FDI. Fifth, we should make rational spatial distribution to narrow the gap of FDI utilization in different economic zones in Guangdong province, and enhance the leading role of the Guangdong-Hong Kong-Macao Greater Bay Area.

Keywords: Guangdong; Foreign Direct Investment; Industrial Structure

B.7 Outward Foreign Direct Investment and High-quality
Development of Guangdong's Economy

Tan Na, Gao Feng and Chang Liang / 119

Abstract: This report investigates the impact of OFDI on the quality of
Guangdong's economic growth and the impact channels. Based on the provincial
panel data from 2008 to 2019, using principal component analysis to construct the
quality evaluation index system of economic growth, we find that: First, OFDI has
a significant positive effect on China's provincial economic growth quality. For every
1% increase of OFDI, the quality of local economic growth will improve 0.1%
averagely. And the effect is no significant difference in Guangdong and other
provinces. Second, from the perspective of the impact channels, OFDI mainly
improves the quality of economic growth by promoting its efficiency, while the
stability and sustainability of economic growth is not significant. Third, compared
with the western provinces, OFDI in the eastern and central provinces has a greater
impact on the quality of local economic growth, and its growth efficiency
sustainability, but its impact on growth stability is not significantly different. Fourth,
the economic quality and efficiency of Guangdong are better than the national
average, but in terms of the stability of economic growth, Guangdong is weaker
than the national average. This results shows that OFDI plays a positive role in the
high-quality development of Guangdong's economy. We should continue to
promote the "going out" policy, make full use of the global market and
technology, and improve the quality of Guangdong's economic growth.

Keywords: Outward Foreign Direct Investment; Quality of Economic
Growth; Principal Component Analysis; Guangdong

Ⅲ Special Reports

B. 8 A Study on the International Business of Guangdong's Pharmaceutical Industry   *Li Weiwu* / 132

Abstract: Pharmaceutical industry and its foreign trade is an important part of Guangdong's economy, including pharmaceutical manufacturing and medical devices manufacturing. Through in-depth study, the following findings on Guangdong's pharmaceutical industry are obtained. First, from 2000 to 2019, except for the surplus in 2010, the balance of import and export of pharmaceutical products in Guangdong was in deficit in other years, and the deficit has been constantly expanding. Second, Guangdong's medical devices manufacturing have a stronger export competitive advantage than its pharmaceutical manufacturing. Third, compared with the export of chemical raw materials and chemical preparations, the export of Chinese medicinal materials and proprietary Chinese medicines in Guangdong declined especially seriously. Fourth, since 2010, the proportion of foreign-funded enterprises in the output value and export of Guangdong's pharmaceutical manufacturing industry has been declining, and the competitiveness and position have been weakened. In addition, the contribution of foreign enterprises to Guangdong's pharmaceutical manufacturing investment has been declining since 2006. Fifth, under the influence of Sino-US trade friction, Guangdong's pharmaceutical manufacturers mainly maintain their export to the US by lowering prices. Sixth, pharmaceutical enterprises in Guangdong need to increase investment in research and development in the future, otherwise, the gap with other several pharmaceutical manufacturing strong provinces would get bigger. Seventh, the proportion of export revenue of new pharmaceutical products in Guangdong has been lower than the national average level for a long time, and is also significantly lower than that of other strong pharmaceutical manufacturing provinces, indicating that the export competitiveness of new pharmaceutical products in Guangdong is weak. Finally, based on the characteristics, facts and weaknesses of the foreign economic and trade development of Guangdong's pharmaceutical industry, this report gives some policy suggestions with strong pertinence.

Keywords: Pharmaceutical Foreign Trade; Pharmaceutical Industry; Guangdong

B.9 Present Situation and Countermeasures of Domestic and Foreign Trade of Guangdong's Home Furnishing Trade Development *Wang Xiaodong, Zhang Qinglin / 169*

Abstract: In recent years, home furnishing trade is the main force of Guangdong trade, and its proportion of domestic trade and its foreign trade quantity have declined. There are some problems in Guangdong's home furnishing trade, such as lack of chain shopping platform, lack of product bundling selling cooperation, lack of independent foreign trade channels and so on. According to the characteristics and problems of Guangdong's home furnishing industry and international home furnishing distribution channels, this report puts forward these suggestions: encourage the leading enterprises to expand the domestic and foreign channel, support to establish home furnishing industry alliance, and coordinate the home furnishing purchasing and marketing activities of the cities in Guangdong.

Keywords: Home Furnishing; Trade; Sales Model; Guangdong

B.10 The Impact of COVID-19 on New Format of Foreign Trade in Guangzhou and the Relative Countermeasures *Zhou Junyu / 189*

Abstract: This report introduces the development trend of Guangzhou's new trade format before the COVID-19 crisis; and analyzes the influence of COVID-19 on Guangzhou's new trade format, including cross-border e-commerce, market purchase trade and foreign trade comprehensive service; parallel import and cruise tourism. This report also analyzes the obstacles to the development of new trade formats in Guangzhou, and puts forward with some countermeasures to promote the development of new trade formats in Guangzhou during the period of crisis.

Keywords: the New Format of Foreign Trade; the COVID − 19; Cross-Border E-commerce; Market Purchase Trade; Guangzhou

B.11 A Study on the Opportunities and Challenges of the Construction of Hainan Free Trade Port to the Opening-up of Guangdong Province

Han Yonghui, Tan Shuting, Zhang Fan and Deng Jiali / 206

Abstract: As the world today is marked by major changes that's rarely unseen in a century, the construction of Hainan Free Trade Port Plan has marked the beginning of full implementation of the opening up strategy in the new era. As a strategic location connecting Hainan and the hinterland economy, Guangdong will develop in cooperation with complementary advantages. Building upon the research on the construction of Hainan Free Trade Port and the status quo of Guangdong's opening to the outside world, this report analyzes the impact of Hainan Free Trade Port construction on Guangdong's development. It finds that against the background of Hainan Free Trade Port, the opportunities and challenges of Guangdong's opening-up coexist. On the one hand, Guangdong can seize the major opportunities in the construction of Hainan's Free Trade Port, utilize strong reform forces to promote the formation of a high-quality and open economic structure, make use of the Hainan-Guangdong linkage effect to increase the level of all-round opening up, and accelerate the formation of complementary advantages with Hainan so to inject new impetus into the expansion of opening up. On the other hand, Guangdong is still faced with the three challenges of intensified regional competition brought about by the construction of the Hainan

Free Trade Port, the risk of diversion of high-end resources and factors, and Hainan's implementation of catching up with the support of digital economy development and intensifying competition in the development of emerging industries. Therefore, it is of essence that Guangdong adopt the following policy suggestions so as to strive to be in the forefront of the country in further opening up to the outside world, and support the construction of a new development pattern. It includes that actively innovating and constructing a coordination and cooperation mechanism between Guangdong and Hainan, giving full play to the advantages of the "dual zone" strategy to enhance the competitiveness of opening up, leading the optimization and upgrading of the layout of emerging industries, and creating a new era of opening up and innovation. It is in the forefront of the country in further opening up to the outside world, and is responsible for Guangdong to support the construction of a new development pattern.

Keywords: High-level Opening-Up; High-quality Economic Development; Hainan Free Trade Port; Guangdong Province; New Industry

B.12 Analysis on the Developments of Intellectual Property
in the Guangdong-Hong Kong-Macao Greater
Bay Area　　　　　*Zhou Siqing, Xu Yuxuan and Luo Tingting* / 228

Abstract: Intellectual property is an important means to enhance regional competitiveness This report analyzes the intellectual property development status of the Guangdong-Hong Kong-Macao Greater Bay Area, the following conclusions are drawn: First, the Guangdong-Hong Kong-Macao Greater Bay Area leads the country in the intellectual property creation, and the intellectual property creation in the urban agglomeration on the East Bank of the Pearl River is better than that on the West Bank of the Pearl River; Second, the level of legalization of intellectual property protection is constantly improving, and the intellectual property protection system is constantly improving and in line with international rules; Third, the intellectual property utilization is in good condition, which promotes the technological progress, financing guarantee and income improvement of enterprises.

And, it is found that the main problems existing in the development of intellectual property in the Guangdong-Hong Kong-Macao Greater Bay Area are as follows: First, the proportion of invention authorization, utility model authorization and design authorization is uneven, and the quality of intellectual property needs to be improved; Second, the development of intellectual property among cities is unbalanced; Third, the difference of the right system among Guangdong, Hong-Kong, Macao is easy to cause legal disputes; Fourth, the intellectual property litigation cases of IPO Financing of enterprises occur frequently.

Based on the comprehensive analysis, the following countermeasures are put forward: to optimize the patent application process and promote the "mutual recognition" of intellectual property in the Guangdong-Hong Kong-Macao Greater Bay Area; to create an environment for respecting, training and introducing intellectual property talents; to build an intellectual property service platform with HongKong-Shenzhen-Guangzhou; to establish a linkage mechanism of judicial and administrative protection of intellectual property in the Guangdong-Hong Kong-Macao Greater Bay Area; to strengthen the intellectual property protection of actors; to strengthen the innovation strategy for the sustainable development of intellectual property.

Keywords: the Guangdong-Hong Kong-Macao Greater Bay Area; Intellectual Property; Patent; Innovation and Development

社会科学文献出版社

皮 书

智库报告的主要形式
同一主题智库报告的聚合

✤ 皮书定义 ✤

皮书是对中国与世界发展状况和热点问题进行年度监测，以专业的角度、专家的视野和实证研究方法，针对某一领域或区域现状与发展态势展开分析和预测，具备前沿性、原创性、实证性、连续性、时效性等特点的公开出版物，由一系列权威研究报告组成。

✤ 皮书作者 ✤

皮书系列报告作者以国内外一流研究机构、知名高校等重点智库的研究人员为主，多为相关领域一流专家学者，他们的观点代表了当下学界对中国与世界的现实和未来最高水平的解读与分析。截至 2021 年，皮书研创机构有近千家，报告作者累计超过 7 万人。

✤ 皮书荣誉 ✤

皮书系列已成为社会科学文献出版社的著名图书品牌和中国社会科学院的知名学术品牌。2016 年皮书系列正式列入"十三五"国家重点出版规划项目；2013~2021 年，重点皮书列入中国社会科学院承担的国家哲学社会科学创新工程项目。

中国皮书网

（网址：www.pishu.cn）

发布皮书研创资讯，传播皮书精彩内容
引领皮书出版潮流，打造皮书服务平台

栏目设置

◆ 关于皮书
何谓皮书、皮书分类、皮书大事记、
皮书荣誉、皮书出版第一人、皮书编辑部

◆ 最新资讯
通知公告、新闻动态、媒体聚焦、
网站专题、视频直播、下载专区

◆ 皮书研创
皮书规范、皮书选题、皮书出版、
皮书研究、研创团队

◆ 皮书评奖评价
指标体系、皮书评价、皮书评奖

◆ 皮书研究院理事会
理事会章程、理事单位、个人理事、高级
研究员、理事会秘书处、入会指南

◆ 互动专区
皮书说、社科数托邦、皮书微博、留言板

所获荣誉

◆ 2008 年、2011 年、2014 年，中国皮书
网均在全国新闻出版业网站荣誉评选中
获得"最具商业价值网站"称号；
◆ 2012 年，获得"出版业网站百强"称号。

网库合一

2014年，中国皮书网与皮书数据库端口
合一，实现资源共享。

中国皮书网

S 基本子库
UB DATABASE

中国社会发展数据库（下设 12 个子库）

    整合国内外中国社会发展研究成果，汇聚独家统计数据、深度分析报告，涉及社会、人口、政治、教育、法律等 12 个领域，为了解中国社会发展动态、跟踪社会核心热点、分析社会发展趋势提供一站式资源搜索和数据服务。

中国经济发展数据库（下设 12 个子库）

    围绕国内外中国经济发展主题研究报告、学术资讯、基础数据等资料构建，内容涵盖宏观经济、农业经济、工业经济、产业经济等 12 个重点经济领域，为实时掌控经济运行态势、把握经济发展规律、洞察经济形势、进行经济决策提供参考和依据。

中国行业发展数据库（下设 17 个子库）

    以中国国民经济行业分类为依据，覆盖金融业、旅游、医疗卫生、交通运输、能源矿产等 100 多个行业，跟踪分析国民经济相关行业市场运行状况和政策导向，汇集行业发展前沿资讯，为投资、从业及各种经济决策提供理论基础和实践指导。

中国区域发展数据库（下设 6 个子库）

    对中国特定区域内的经济、社会、文化等领域现状与发展情况进行深度分析和预测，研究层级至县及县以下行政区，涉及省份、区域经济体、城市、农村等不同维度，为地方经济社会宏观态势研究、发展经验研究、案例分析提供数据服务。

中国文化传媒数据库（下设 18 个子库）

    汇聚文化传媒领域专家观点、热点资讯，梳理国内外中国文化发展相关学术研究成果、一手统计数据，涵盖文化产业、新闻传播、电影娱乐、文学艺术、群众文化等 18 个重点研究领域。为文化传媒研究提供相关数据、研究报告和综合分析服务。

世界经济与国际关系数据库（下设 6 个子库）

    立足"皮书系列"世界经济、国际关系相关学术资源，整合世界经济、国际政治、世界文化与科技、全球性问题、国际组织与国际法、区域研究 6 大领域研究成果，为世界经济与国际关系研究提供全方位数据分析，为决策和形势研判提供参考。

法律声明

"皮书系列"（含蓝皮书、绿皮书、黄皮书）之品牌由社会科学文献出版社最早使用并持续至今，现已被中国图书市场所熟知。"皮书系列"的相关商标已在中华人民共和国国家工商行政管理总局商标局注册，如LOGO（ ）、皮书、Pishu、经济蓝皮书、社会蓝皮书等。"皮书系列"图书的注册商标专用权及封面设计、版式设计的著作权均为社会科学文献出版社所有。未经社会科学文献出版社书面授权许可，任何使用与"皮书系列"图书注册商标、封面设计、版式设计相同或者近似的文字、图形或其组合的行为均系侵权行为。

经作者授权，本书的专有出版权及信息网络传播权等为社会科学文献出版社享有。未经社会科学文献出版社书面授权许可，任何就本书内容的复制、发行或以数字形式进行网络传播的行为均系侵权行为。

社会科学文献出版社将通过法律途径追究上述侵权行为的法律责任，维护自身合法权益。

欢迎社会各界人士对侵犯社会科学文献出版社上述权利的侵权行为进行举报。电话：010-59367121，电子邮箱：fawubu@ssap.cn。

社会科学文献出版社